ALSO SPRACH ZARATHUSTRA

查拉图斯特拉如是说

[德] 弗里德里希·威廉·尼采 著

上海三联书店

图书在版编目(CIP)数据

查拉图斯特拉如是说：德文/(德) 弗里德里希·
威廉·尼采著. —影印本. —上海：上海三联书店，
2022.9

（寰宇文献）

ISBN 978-7-5426-7829-4

Ⅰ.①查… Ⅱ.①弗… Ⅲ.①超人哲学
Ⅳ.①B516.47

中国版本图书馆CIP数据核字(2022)第150659号

查拉图斯特拉如是说

著　　者：[德]弗里德里希·威廉·尼采
责任编辑：吴　慧
装帧设计：崔　明
监　　制：姚　军
责任校对：张大伟
出版发行：上海三联书店
　　　　　(200030)上海市漕溪北路331号A座6楼
邮购电话：021-22895540
印　　刷：广东虎彩云印刷有限公司
开　　本：700×1000毫米　16开
印　　张：11
字　　数：141千字
版　　次：2022年9月第1版
印　　次：2022年9月第1次印刷
书　　号：ISBN 978-7-5426-7829-4/B·792
定　　价：300.00元

敬告读者，如发现本书有印装质量问题，请与印刷厂联系0769-85252189

出版说明

　　有位建筑师着迷于尼采，他是比利时人亨利·范·德·维尔德（Henry van de Velde），"新艺术"运动的重要代表人物，也是现代设计史上最重要的奠基人之一，他在德国魏玛建立了包豪斯的前身——魏玛工艺与实用美术学校。

　　维尔德自称许多的夜晚是在阅读《查拉图斯特拉如是说》和尼采的其他作品中度过的。他还是尼采的妹妹——伊丽莎白·弗尔斯特尔-尼采的私人朋友。1900 年在尼采去世后，伊丽莎白把自己在魏玛的房子改建为尼采的纪念馆，尼采档案馆也设在那里。凡·德·维尔德负责档案馆的布置，并为尼采纪念堂草拟了方案。维尔德还重新设计了《查拉图斯特拉如是说》，这完全是一件开创性的艺术作品，令人想起中世纪泥金装饰手抄本，而扉页更以其精美的几何图形、丰富的配色，以及由大写衬线字体构成的完整标题独树一帜。今据 1908 年初版，彩色影印，以飨读者。

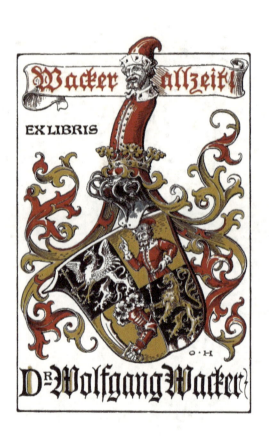

Wacker allzeit!

EX LIBRIS

Dr Wolfgang Wacker

ALSO
SPRACH
ZARATHUSTRA

FRIEDRICH
NIETZSCHE

EIN
BUCH FÜR
ALLE UND KEINEN

INSEL VER -
LAG. LEIPZIG

ALSO SPRACH ZARATHUSTRA
EIN BUCH FÜR ALLE UND KEINEN

FRIEDRICH NIETZSCHE

ERSCHIENEN 1908
IM INSEL-VERLAG
LEIPZIG

ERSTER THEIL

ZARATHUSTRA'S VORREDE

VOM ÜBERMENSCHEN UND VOM LETZTEN MENSCHEN

ALS ZARATHUSTRA DREISSIG JAHR ALT WAR, VERLIESS ER SEINE HEIMATH UND DEN SEE SEINER HEIMATH UND GIENG IN DAS GEBIRGE. HIER GENOSS ER SEINES GEISTES UND SEINER EINSAMKEIT UND WURDE DESSEN ZEHN JAHRE NICHT MÜDE. ENDLICH ABER VERWANDELTE SICH SEIN HERZ, – UND EINES MORGENS STAND ER MIT DER MORGENRÖTHE AUF, TRAT VOR DIE SONNE HIN UND SPRACH ZU IHR ALSO:

„Du großes Gestirn! Was wäre dein Glück, wenn du nicht Die hättest, welchen du leuchtest! Zehn Jahre kamst du hier herauf zu meiner Höhle: du würdest deines Lichtes und dieses Weges satt geworden sein, ohne mich, meinen Adler und meine Schlange. Aber wir warteten deiner an jedem Morgen, nahmen dir deinen Überfluß ab und segneten dich dafür. Siehe! Ich bin meiner Weisheit überdrüssig, wie die Biene, die des Honigs zu viel gesammelt hat, ich bedarf der Hände, die sich ausstrecken. Ich möchte verschenken und austheilen, bis die Weisen unter den Menschen wieder einmal ihrer Thorheit und die Armen wieder einmal ihres Reichthums froh geworden sind. Dazu muß ich in die Tiefe steigen: wie du des Abends thust, wenn du hinter das Meer gehst und noch der Unterwelt Licht bringst, du überreiches Gestirn! Ich muß, gleich dir, untergehen, wie die Menschen es nennen, zu denen ich hinab will. So segne mich denn, du ruhiges Auge, das ohne Neid auch ein allzugroßes Glück sehen kann! Segne den Becher, welcher überfließen will, daß das Wasser golden aus ihm fließe und überallhin den Abglanz deiner Wonne trage! Siehe! Dieser Becher will wieder leer werden, und Zarathustra will wieder Mensch werden." – Also begann Zarathustra's Untergang.

2.

Zarathustra stieg allein das Gebirge abwärts und Niemand begegnete ihm. Als er aber in die Wälder kam, stand auf einmal ein Greis vor ihm, der seine heilige Hütte verlassen hatte, um Wurzeln im Walde zu suchen. Und also sprach der Greis zu Zarathustra: „Nicht fremd ist mir dieser Wanderer: vor manchem Jahre gieng er hier vorbei. Zarathustra hieß er; aber er hat sich verwandelt. Damals trugst du deine Asche zu Berge: willst du heute dein Feuer in die Thäler tragen? Fürchtest du nicht des Brandstifters Strafen? Ja, ich erkenne Zarathustra. Rein ist sein Auge, und an seinem Munde birgt sich kein Ekel. Geht er nicht daher wie ein Tänzer? Verwandelt ist Zarathustra, zum Kind ward Zarathustra, ein Erwachter ist Zarathustra: was willst du nun bei den Schlafenden? Wie im Meere lebtest du in der Einsamkeit, und das Meer trug dich. Wehe, du willst an's Land steigen? Wehe, du willst deinen Leib wieder selber schleppen?" Zarathustra antwortete: „Ich liebe die Menschen." „Warum, sagte der Heilige, gieng ich doch in den Wald und die Einöde? War es nicht, weil ich die Menschen allzu sehr liebte? Jetzt liebe ich Gott: die Menschen liebe ich nicht. Der Mensch ist mir eine zu unvollkommene Sache. Liebe zum Menschen würde mich umbringen." Zarathustra antwortete: „Was sprach ich von Liebe! Ich bringe den Menschen ein Geschenk." „Gieb ihnen Nichts, sagte der Heilige. Nimm ihnen lieber Etwas ab und trage es mit ihnen – das wird ihnen am wohlsten thun: wenn es dir nur wohlthut! Und willst du ihnen geben, so gieb nicht mehr als ein Almosen, und laß sie noch darum betteln!" „Nein, antwortete Zarathustra, ich gebe kein Al-

mofen. Dazu bin ich nicht arm genug." Der Heilige lachte über Zarathuftra und fprach alfo: „So fieh zu, daß fie deine Schätze annehmen! Sie find
mißtrauifch gegen die Einfiedler und glauben nicht, daß wir kommen, um zu
fchenken. Unfre Schritte klingen ihnen zu einfam durch die Gaffen. Und
wie wenn fie Nachts in ihren Betten einen Mann gehen hören, lange bevor
die Sonne auffteht, fo fragen fie fich wohl: wohin will der Dieb? Gehe
nicht zu den Menfchen und bleibe im Walde! Gehe lieber noch zu den Thieren! Warum willft du nicht fein wie ich, – ein Bär unter Bären, ein Vogel
unter Vögeln?" „Und was macht der Heilige im Walde?"fragte Zarathuftra. Der Heilige antwortete: „Ich mache Lieder und finge fie, und
wenn ich Lieder mache, lache, weine und brumme ich: alfo lobe ich Gott.
Mit Singen, Weinen, Lachen und Brummen lobe ich den Gott, der mein
Gott ift. Doch was bringft du uns zum Gefchenke?" Als Zarathuftra diefe
Worte gehört hatte, grüßte er den Heiligen und fprach: „Was hätte ich
euch zu geben! Aber laßt mich fchnell davon, daß ich euch Nichts nehme!" –
Und fo trennten fie fich von einander, der Greis und der Mann, lachend,
gleichwie zwei Knaben lachen. Als Zarathuftra aber allein war,
fprach er alfo zu feinem Herzen: „Sollte es denn möglich fein! Diefer alte
Heilige hat in feinem Walde noch Nichts davon
gehört, daß Gott todt ift!"
3.
Als Zarathuftra in die näch-
fte Stadt kam, die an den Wäldern liegt, fand er
dafelbft viel Volk verfammelt auf dem Markte: denn es war verheißen worden, daß man einen Seiltänzer fehen folle. Und Zarathuftra fprach alfo zum
Volke: Ich lehre euch den Übermenfchen. Der Menfch ift Etwas, das
überwunden werden foll. Was habt ihr gethan, ihn zu überwinden?
Alle Wefen bisher fchufen Etwas über fich hinaus: und ihr wollt die Ebbe
diefer großen Fluth fein und lieber noch zum Thiere zurückgehn, als den
Menfchen überwinden? Was ift der Affe für den Menfchen? Ein Gelächter oder eine fchmerzliche Scham. Und ebendas foll der Menfch für den
Übermenfchen fein: ein Gelächter oder eine fchmerzliche Scham. Ihr
habt den Weg vom Wurme zum Menfchen gemacht, und Vieles ift in euch
noch Wurm. Einft wart ihr Affen, und auch jetzt noch ift der Menfch mehr
Affe, als irgend ein Affe. Wer aber der Weifefte von euch ift, der ift auch
nur ein Zwiefpalt und Zwitter von Pflanze und von Gefpenft. Aber heiße ich
euch zu Gefpenftern oder Pflanzen werden? Seht, ich lehre euch den
Übermenfchen! Der Übermenfch ift der Sinn der Erde. Euer Wille fage:
der Übermenfch fei der Sinn der Erde! Ich befchwöre euch, meine Brüder, bleibt der Erde treu und glaubt Denen nicht, welche euch von über-
irdifchen Hoffnungen reden! Giftmifcher find es, ob fie es wiffen oder nicht.
Verächter des Lebens find es, Abfterbende und felber Vergiftete, deren
die Erde müde ift: fo mögen fie dahinfahren! Einft war der Frevel an
Gott der größte Frevel, aber Gott ftarb, und damit ftarben auch diefe Frevel-
haften. An der Erde zu freveln ift jetzt das Furchtbarfte, und die Eingeweide
des Unerforfchlichen höher zu achten, als den Sinn der Erde! Einft
blickte die Seele verächtlich auf den Leib: und damals war diefe Verachtung
das Höchfte: – fie wollte ihn mager, gräßlich, verhungert. So dachte fie ihm
und der Erde zu entfchlüpfen. Oh diefe Seele war felber noch mager,
gräßlich und verhungert: und Graufamkeit war die Wolluft diefer Seele!
Aber auch ihr noch, meine Brüder, fprecht mir: was kündet euer Leib
von eurer Seele? Ift eure Seele nicht Armuth und Schmutz und ein erbärmliches Behagen? Wahrlich, ein fchmutziger Strom ift der Menfch. Man
muß fchon ein Meer fein, um einen fchmutzigen Strom aufnehmen zu können,
ohne unrein zu werden. Seht, ich lehre euch den Übermenfchen: der ift
dieß Meer, in ihm kann eure große Verachtung untergehn. Was ift das
Größte, das ihr erleben könnt? Das ift die Stunde der großen Verachtung.
Die Stunde, in der euch auch euer Glück zum Ekel wird und ebenfo eure Vernunft und eure Tugend. Die Stunde, wo ihr fagt: „Was liegt an meinem

Glücke! Es ist Armuth und Schmutz und ein erbärmliches Behagen. Aber mein Glück sollte das Dasein selber rechtfertigen!" Die Stunde, wo ihr sagt: "Was liegt an meiner Vernunft! Begehrt sie nach Wissen wie der Löwe nach seiner Nahrung? Sie ist Armuth und Schmutz und ein erbärmliches Behagen!" Die Stunde, wo ihr sagt: "Was liegt an meiner Tugend! Noch hat sie mich nicht rasen gemacht. Wie müde bin ich meines Guten und meines Bösen! Alles das ist Armuth und Schmutz und ein erbärmliches Behagen!" Die Stunde, wo ihr sagt: "Was liegt an meiner Gerechtigkeit! Ich sehe nicht, daß ich Gluth und Kohle wäre. Aber der Gerechte ist Gluth und Kohle!" Die Stunde, wo ihr sagt: "Was liegt an meinem Mitleiden! Ist nicht Mitleid das Kreuz, an das Der genagelt wird, der die Menschen liebt? Aber mein Mitleiden ist keine Kreuzigung." Spracht ihr schon so? Schriet ihr schon so? Ach, daß ich euch schon so schreien gehört hätte! Nicht eure Sünde – eure Genügsamkeit schreit gen Himmel, euer Geiz selbst in eurer Sünde schreit gen Himmel! Wo ist doch der Blitz, der euch mit seiner Zunge lecke? Wo ist der Wahnsinn, mit dem ihr geimpft werden müßtet? Seht, ich lehre euch den Übermenschen: der ist dieser Blitz, der ist dieser Wahnsinn! – Als Zarathustra so gesprochen hatte, schrie Einer aus dem Volke: "Wir hörten nun genug von dem Seiltänzer; nun laßt uns ihn auch sehen!" Und alles Volk lachte über Zarathustra. Der Seiltänzer aber, welcher glaubte, daß das Wort ihm gälte, machte sich an sein Werk. 4. Zarathustra aber sahe das Volk an und wunderte sich. Dann sprach er also: Der Mensch ist ein Seil, geknüpft zwischen Thier und Übermensch, – ein Seil über einem Abgrunde. Ein gefährliches Hinüber, ein gefährliches Auf-dem-Wege, ein gefährliches Zurückblicken, ein gefährliches Schaudern und Stehenbleiben. Was groß ist am Menschen, das ist, daß er eine Brücke und kein Zweck ist: was geliebt werden kann am Menschen, das ist, daß er ein Übergang und ein Untergang ist. Ich liebe Die, welche nicht zu leben wissen, es sei denn als Untergehende, denn es sind die Hinübergehenden. Ich liebe die großen Verachtenden, weil sie die großen Verehrenden sind und Pfeile der Sehnsucht nach dem andern Ufer. Ich liebe Die, welche nicht erst hinter den Sternen einen Grund suchen, unterzugehen und Opfer zu sein: sondern die sich der Erde opfern, daß die Erde einst des Übermenschen werde. Ich liebe Den, welcher lebt, damit er erkenne, und welcher erkennen will, damit einst der Übermensch lebe. Und so will er seinen Untergang. Ich liebe Den, welcher arbeitet und erfindet, daß er dem Übermenschen das Haus baue und zu ihm Erde, Thier und Pflanze vorbereite: denn so will er seinen Untergang. Ich liebe Den, welcher seine Tugend liebt: denn Tugend ist Wille zum Untergang und ein Pfeil der Sehnsucht. Ich liebe Den, welcher nicht einen Tropfen Geist für sich zurückbehält, sondern ganz der Geist seiner Tugend sein will: so schreitet er als Geist über die Brücke. Ich liebe Den, welcher aus seiner Tugend seinen Hang und sein Verhängniß macht: so will er um seiner Tugend willen noch leben und nicht mehr leben. Ich liebe Den, welcher nicht zu viele Tugenden haben will. Eine Tugend ist mehr Tugend als zwei, weil sie mehr Knoten ist, an den sich das Verhängniß hängt. Ich liebe Den, dessen Seele sich verschwendet, der nicht Dank haben will und nicht zurückgiebt: denn er schenkt immer und will sich nicht bewahren. Ich liebe Den, welcher sich schämt, wenn der Würfel zu seinem Glücke fällt und der dann fragt: bin ich denn ein falscher Spieler? – denn er will zu Grunde gehen. Ich liebe Den, welcher goldne Worte seinen Thaten voraus wirft und immer noch mehr hält, als er verspricht: denn er will seinen Untergang. Ich liebe Den, welcher die Zukünftigen rechtfertigt und die Vergangenen erlöst: denn er will an den Gegenwärtigen zu Grunde gehen. Ich liebe Den, welcher seinen Gott züchtigt, weil er seinen Gott liebt: denn er muß am Zorne seines Gottes zu Grunde gehen. Ich liebe Den, dessen Seele tief ist auch

7

in der Verwundung, und der an einem kleinen Erlebniſſe zu Grunde gehen kann: ſo geht er gerne über die Brücke. Ich liebe Den, deſſen Seele übervoll iſt, ſo daß er ſich ſelber vergißt, und alle Dinge in ihm ſind: ſo werden alle Dinge ſein Untergang. Ich liebe Den, der freien Geiſtes und freien Herzens iſt: ſo iſt ſein Kopf nur das Eingeweide ſeines Herzens, ſein Herz aber treibt ihn zum Untergang. Ich liebe alle Die, welche wie ſchwere Tropfen ſind, einzeln fallend aus der dunklen Wolke, die über den Menſchen hängt: ſie verkündigen, daß der Blitz kommt, und gehn als Verkündiger zu Grunde. Seht, ich bin ein Verkündiger des Blitzes und ein ſchwerer Tropfen aus der Wolke: dieſer Blitz aber heißt Übermenſch. —

5.

Als Zarathuſtra dieſe Worte geſprochen hatte, ſahe er wieder das Volk an und ſchwieg. „Da ſtehen ſie“, ſprach er zu ſeinem Herzen, „da lachen ſie: ſie verſtehen mich nicht, ich bin nicht der Mund für dieſe Ohren. Muß man ihnen erſt die Ohren zerſchlagen, daß ſie lernen, mit den Augen hören? Muß man raſſeln gleich Pauken und Bußpredigern? Oder glauben ſie nur dem Stammelnden? Sie haben Etwas, worauf ſie ſtolz ſind. Wie nennen ſie es doch, was ſie ſtolz macht? Bildung nennen ſie's, es zeichnet ſie aus vor den Ziegenhirten. Drum hören ſie ungern von ſich das Wort „Verachtung“. So will ich denn zu ihrem Stolze reden. So will ich ihnen vom Verächtlichſten ſprechen: das aber iſt der letzte Menſch.“ Und alſo ſprach Zarathuſtra zum Volke: Es iſt an der Zeit, daß der Menſch ſich ſein Ziel ſtecke. Es iſt an der Zeit, daß der Menſch den Keim ſeiner höchſten Hoffnung pflanze. Noch iſt ſein Boden dazu reich genug. Aber dieſer Boden wird einſt arm und zahm ſein, und kein hoher Baum wird mehr aus ihm wachſen können. Wehe! Es kommt die Zeit, wo der Menſch nicht mehr den Pfeil ſeiner Sehnſucht über den Menſchen hinaus wirft, und die Sehne ſeines Bogens verlernt hat, zu ſchwirren! Ich ſage euch: man muß noch Chaos in ſich haben, um einen tanzenden Stern gebären zu können. Ich ſage euch: ihr habt noch Chaos in euch. Wehe! Es kommt die Zeit, wo der Menſch keinen Stern mehr gebären wird. Wehe! Es kommt die Zeit des verächtlichſten Menſchen, der ſich ſelber nicht mehr verachten kann. Seht! Ich zeige euch den letzten Menſchen. „Was iſt Liebe? Was iſt Schöpfung? Was iſt Sehnſucht? Was iſt Stern?“ — ſo fragt der letzte Menſch und blinzelt. Die Erde iſt dann klein geworden, und auf ihr hüpft der letzte Menſch, der Alles klein macht. Sein Geſchlecht iſt unaustilgbar wie der Erdfloh; der letzte Menſch lebt am längſten. „Wir haben das Glück erfunden“ — ſagen die letzten Menſchen und blinzeln. Sie haben die Gegenden verlaſſen, wo es hart war zu leben: denn man braucht Wärme. Man liebt noch den Nachbar und reibt ſich an ihm: denn man braucht Wärme. Krank werden und Mißtrauen haben gilt ihnen ſündhaft: man geht achtſam einher. Ein Thor, der noch über Steine oder Menſchen ſtolpert! Ein wenig Gift ab und zu: das macht angenehme Träume. Und viel Gift zuletzt, zu einem angenehmen Sterben. Man arbeitet noch, denn Arbeit iſt eine Unterhaltung. Aber man ſorgt, daß die Unterhaltung nicht angreife. Man wird nicht mehr arm und reich: Beides iſt zu beſchwerlich. Wer will noch regieren? Wer noch gehorchen? Beides iſt zu beſchwerlich. Kein Hirt und Eine Heerde! Jeder will das Gleiche, Jeder iſt gleich: wer anders fühlt, geht freiwillig in's Irrenhaus. „Ehemals war alle Welt irre“ — ſagen die Feinſten und blinzeln. Man iſt klug und weiß Alles, was geſchehn iſt: ſo hat man kein Ende zu ſpotten. Man zankt ſich noch, aber man verſöhnt ſich bald — ſonſt verdirbt es den Magen. Man hat ſein Lüſtchen für den Tag und ſein Lüſtchen für die Nacht: aber man ehrt die Geſundheit. „Wir haben das Glück erfunden“ — ſagen die letzten Menſchen und blinzeln. — Und hier endete die erſte Rede Zarathuſtra's, welche man auch „die Vorrede“ heißt: denn an dieſer Stelle unterbrach ihn das Geſchrei und die Luſt der Menge. „Gieb uns dieſen letzten Menſchen, oh Zarathuſtra, — ſo riefen ſie — mache uns zu dieſen letz-

8

ten Menschen! So schenken wir dir den Übermenschen!" Und alles Volk jubelte und schnalzte mit der Zunge. Zarathustra aber wurde traurig und sagte zu seinem Herzen: „Sie verstehen mich nicht: ich bin nicht der Mund für diese Ohren. Zu lange wohl lebte ich im Gebirge, zu viel horchte ich auf Bäche und Bäume: nun rede ich ihnen gleich den Ziegenhirten. Unbewegt ist meine Seele und hell wie das Gebirge am Vormittag. Aber sie meinen, ich sei kalt und ein Spötter in furchtbaren Späßen. Und nun blicken sie mich an und lachen: und indem sie lachen, hassen sie mich noch. Es ist Eis in ihrem Lachen."

6.

Da aber geschah Etwas, das jeden Mund stumm und jedes Auge starr machte. Inzwischen nämlich hatte der Seiltänzer sein Werk begonnen: er war aus einer kleinen Thür hinausgetreten und gieng über das Seil, welches zwischen zwei Thürmen gespannt war, also, daß es über dem Markt und dem Volke hieng. Als er eben in der Mitte seines Weges war, öffnete sich die kleine Thür noch einmal, und ein bunter Gesell, einem Possenreißer gleich, sprang heraus und gieng mit schnellen Schritten dem Ersten nach. „Vorwärts, Lahmfuß, rief seine fürchterliche Stimme, vorwärts Faulthier, Schleichhändler, Bleichgesicht! Daß ich dich nicht mit meiner Ferse kitzle! Was treibst du hier zwischen Thürmen? In den Thurm gehörst du, einsperren sollte man dich, einem Bessern, als du bist, sperrst du die freie Bahn!" — Und mit jedem Worte kam er ihm näher und näher: als er aber nur noch einen Schritt hinter ihm war, da geschah das Erschreckliche, das jeden Mund stumm und jedes Auge starr machte: — er stieß ein Geschrei aus wie ein Teufel und sprang über Den hinweg, der ihm im Wege war. Dieser aber, als er so seinen Nebenbuhler siegen sah, verlor dabei den Kopf und das Seil; er warf seine Stange weg und schoß schneller als diese, wie ein Wirbel von Armen und Beinen, in die Tiefe. Der Markt und das Volk glich dem Meere, wenn der Sturm hineinfährt: Alles floh aus einander und über einander, und am meisten dort, wo der Körper niederschlagen mußte. Zarathustra aber blieb stehen, und gerade neben ihn fiel der Körper hin, übel zugerichtet und zerbrochen, aber noch nicht todt. Nach einer Weile kam dem Zerschmetterten das Bewußtsein zurück, und er sah Zarathustra neben sich knieen. „Was machst du da? sagte er endlich, ich wußte es lange, daß mir der Teufel ein Bein stellen werde. Nun schleppt er mich zur Hölle: willst du's ihm wehren?"

„Bei meiner Ehre, Freund, antwortete Zarathustra, das giebt es Alles nicht, wovon du sprichst: es giebt keinen Teufel und keine Hölle. Deine Seele wird noch schneller todt sein als dein Leib: fürchte nun Nichts mehr!" Der Mann blickte mißtrauisch auf. „Wenn du die Wahrheit sprichst, sagte er dann, so verliere ich Nichts, wenn ich das Leben verliere. Ich bin nicht viel mehr als ein Thier, das man tanzen gelehrt hat, durch Schläge und schmale Bissen." „Nicht doch, sprach Zarathustra; du hast aus der Gefahr deinen Beruf gemacht, daran ist Nichts zu verachten. Nun gehst du an deinem Beruf zu Grunde: dafür will ich dich mit meinen Händen begraben." Als Zarathustra dieß gesagt hatte, antwortete der Sterbende nicht mehr; aber er bewegte die Hand, wie als ob er die Hand Zarathustra's zum Danke suche. —

7.

Inzwischen kam der Abend, und der Markt barg sich in Dunkelheit: da verlief sich das Volk, denn selbst Neugierde und Schrecken werden müde. Zarathustra aber saß neben dem Todten auf der Erde und war in Gedanken versunken: so vergaß er die Zeit. Endlich aber wurde es Nacht, und ein kalter Wind blies über den Einsamen. Da erhob sich Zarathustra und sagte zu seinem Herzen: „Wahrlich, einen schönen Fischfang that heute Zarathustra! Keinen Menschen fieng er, wohl aber einen Leichnam. Unheimlich ist das menschliche Dasein und immer noch ohne Sinn: ein Possenreißer kann ihm zum Verhängniß werden. Ich will die Men-

9

fchen den Sinn ihres Seins lehren: welcher ift der Übermenfch, der Blitz aus der dunklen Wolke Menfch. Aber noch bin ich ihnen ferne, und mein Sinn redet nicht zu ihren Sinnen. Eine Mitte bin ich noch den Menfchen zwifchen einem Narren und einem Leichnam. Dunkel ift die Nacht, dunkel find die Wege Zarathuftra's. Komm, du kalter und fteifer Gefährte! Ich trage dich dorthin, wo ich dich mit meinen Händen begrabe."

8.

Als Zarathuftra dieß zu feinem Herzen gefagt hatte, lud er den Leichnam auf feinen Rücken und machte fich auf den Weg. Und noch nicht war er hundert Schritte gegangen, da fchlich ein Menfch an ihn heran und flüfterte ihm in's Ohr – und fiehe! Der, welcher redete, war der Poffenreißer vom Thurme. „Geh weg von diefer Stadt, oh Zarathuftra, fprach er; es haffen dich hier zu Viele. Es haffen dich die Guten und Gerechten, und fie nennen dich ihren Feind und Verächter; es haffen dich die Gläubigen des rechten Glaubens, und fie nennen dich die Gefahr der Menge. Dein Glück war es, daß man über dich lachte: und wahrlich, du redeteft gleich einem Poffenreißer. Dein Glück war es, daß du dich dem todten Hunde gefelfteft; als du dich fo erniedrigteft, haft du dich felber für heute errettet. Geh aber fort aus diefer Stadt – oder morgen fpringe ich über dich hinweg, ein Lebendiger über einen Todten." Und als er dieß gefagt hatte, verfchwand der Menfch; Zarathuftra aber gieng weiter durch die dunklen Gaffen. Am Thore der Stadt begegneten ihm die Todtengräber: fie leuchteten ihm mit der Fackel in's Geficht, erkannten Zarathuftra und fpotteten fehr über ihn. „Zarathuftra trägt den todten Hund davon: brav, daß Zarathuftra zum Todtengräber wurde! Denn unfere Hände find zu reinlich für diefen Braten. Will Zarathuftra wohl dem Teufel feinen Biffen ftehlen? Nun wohlan! Und gut Glück zur Mahlzeit! Wenn nur nicht der Teufel ein befferer Dieb ift als Zarathuftra! – er ftiehlt fie Beide, er frißt fie Beide!" Und fie lachten mit einander und fteckten die Köpfe zufammen. Zarathuftra fagte dazu kein Wort und gieng feines Weges. Als er zwei Stunden gegangen war, an Wäldern und Sümpfen vorbei, da hatte er zu viel das hungrige Geheul der Wölfe gehört, und ihm felber kam der Hunger. So blieb er an einem einfamen Haufe ftehn, in dem ein Licht brannte. „Der Hunger überfällt mich, fagte Zarathuftra, wie ein Räuber. In Wäldern und Sümpfen überfällt mich mein Hunger, und in tiefer Nacht. Wunderliche Launen hat mein Hunger. Oft kommt er mir erft nach der Mahlzeit, und heute kam er den ganzen Tag nicht: wo weilte er doch?" Und damit fchlug Zarathuftra an das Thor des Haufes. Ein alter Mann erfchien; er trug das Licht und fragte: „Wer kommt zu mir und zu meinem fchlimmen Schlafe?" „Ein Lebendiger und ein Todter, fagte Zarathuftra. Gebt mir zu effen und zu trinken, ich vergaß es am Tage. Der, welcher den Hungrigen fpeifet, erquickt feine eigene Seele: fo fpricht die Weisheit. Der Alte gieng fort, kam aber gleich zurück und bot Zarathuftra Brod und Wein. „Eine böfe Gegend ift's für Hungernde, fagte er; darum wohne ich hier. Thier und Menfch kommen zu mir, dem Einfiedler. Aber heiße auch deinen Gefährten effen und trinken, er ift müder als du." Zarathuftra antwortete: „Todt ift mein Gefährte, ich werde ihn fchwerlich dazu überreden." „Das geht mich Nichts an, fagte der Alte mürrifch; wer an meinem Haufe anklopft, muß auch nehmen, was ich ihm biete. Eßt und gehabt euch wohl!" – Darauf gieng Zarathuftra wieder zwei Stunden und vertraute dem Wege und dem Lichte der Sterne: denn er war ein gewohnter Nachtgänger und liebte es, allem Schlafenden in's Geficht zu fehn. Als aber der Morgen graute, fand fich Zarathuftra in einem tiefen Walde, und kein Weg zeigte fich ihm mehr. Da legte er den Todten in einen hohlen Baum fich zu Häupten – denn er wollte ihn vor den Wölfen fchützen – und fich felber auf den Boden und das Moos. Und alsbald fchlief er ein, müden Leibes, aber mit einer unbewegten Seele.

9 Lange schlief Zarathustra, und nicht nur die Morgenröthe gieng über sein Antlitz, sondern auch der Vormittag. Endlich aber that sein Auge sich auf: verwundert sah Zarathustra in den Wald und die Stille, verwundert sah er in sich hinein. Dann erhob er sich schnell, wie ein Seefahrer, der mit Einem Male Land sieht, und jauchzte: denn er sah eine neue Wahrheit. Und also redete er dann zu seinem Herzen: Ein Licht gieng mir auf: Gefährten brauche ich, und lebendige, – nicht todte Gefährten und Leichname, die ich mit mir trage, wohin ich will. Sondern lebendige Gefährten brauche ich, die mir folgen, weil sie sich selber folgen wollen – und dorthin, wo ich will. Ein Licht gieng mir auf: nicht zum Volke rede Zarathustra, sondern zu Gefährten! Nicht soll Zarathustra einer Heerde Hirt und Hund werden! Viele wegzulocken von der Heerde – dazu kam ich. Zürnen soll mir Volk und Heerde: Räuber will Zarathustra den Hirten heißen. Hirten sage ich, aber sie nennen sich die Guten und Gerechten. Hirten sage ich: aber sie nennen sich die Gläubigen des rechten Glaubens. Siehe die Guten und Gerechten! Wen hassen sie am meisten? Den, der zerbricht ihre Tafeln der Werthe, den Brecher, den Verbrecher: – das aber ist der Schaffende. Siehe die Gläubigen aller Glauben! Wen hassen sie am meisten? Den, der zerbricht ihre Tafeln der Werthe, den Brecher, den Verbrecher: – das aber ist der Schaffende. Gefährten sucht der Schaffende und nicht Leichname, und auch nicht Heerden und Gläubige. Die Mitschaffenden sucht der Schaffende, Die, welche neue Werthe auf neue Tafeln schreiben. Gefährten sucht der Schaffende, und Miterntende: denn Alles steht bei ihm reif zur Ernte. Aber ihm fehlen die hundert Sicheln: so rauft er Ähren aus und ist ärgerlich. Gefährten sucht der Schaffende, und Solche, die ihre Sicheln zu wetzen wissen. Vernichter wird man sie heißen und Verächter des Guten und Bösen. Aber die Erntenden sind es und die Feiernden. Mitschaffende sucht Zarathustra, Miterntende und Mitfeiernde sucht Zarathustra: was hat er mit Heerden und Hirten und Leichnamen zu schaffen! Und du, mein erster Gefährte, gehab dich wohl! Gut begrub ich dich in deinem hohlen Baume, gut barg ich dich vor den Wölfen. Aber ich scheide von dir, die Zeit ist um. Zwischen Morgenröthe und Morgenröthe kam mir eine neue Wahrheit. Nicht Hirt soll ich sein, nicht Todtengräber. Nicht reden einmal will ich wieder mit dem Volke; zum letzten Male sprach ich zu einem Todten. Den Schaffenden, den Erntenden, den Feiernden will ich mich zugesellen: den Regenbogen will ich ihnen zeigen und alle die Treppen des Übermenschen. Den Einsiedlern werde ich mein Lied singen und den Zweisiedlern; und wer noch Ohren hat für Unerhörtes, dem will ich sein Herz schwer machen mit meinem Glücke. Zu meinem Ziele will ich, ich gehe meinen Gang; über die Zögernden und Saumseligen werde ich hinwegspringen. Also sei mein Gang ihr Untergang!

10.

Dieß hatte Zarathustra zu seinem Herzen gesprochen, als die Sonne im Mittag stand: da blickte er fragend in die Höhe – denn er hörte über sich den scharfen Ruf eines Vogels. Und siehe! Ein Adler zog in weiten Kreisen durch die Luft, und an ihm hieng eine Schlange, nicht einer Beute gleich, sondern einer Freundin: denn sie hielt sich um seinen Hals geringelt. „Es sind meine Thiere!" sagte Zarathustra und freute sich von Herzen. Das stolzeste Thier unter der Sonne und das klügste Thier unter der Sonne – sie sind ausgezogen auf Kundschaft. Erkunden wollen sie, ob Zarathustra noch lebe. Wahrlich, lebe ich noch? Gefährlicher fand ich's unter Menschen als unter Thieren, gefährliche Wege geht Zarathustra. Mögen mich meine Thiere führen!" Als Zarathustra dieß gesagt hatte, gedachte er der Worte des Heiligen im Walde, seufzte und sprach also zu seinem Herzen: Möchte ich klüger sein! Möchte ich klug von Grund aus sein, gleich meiner Schlange! Aber Unmögliches bitte ich da: so bitte ich denn meinen Stolz, daß er immer mit meiner Klugheit gehe! Und wenn mich einst meine Klugheit verläßt: – ach, sie liebt es davonzufliegen! – möge mein Stolz dann noch mit meiner Thorheit fliegen! – ALSO BEGANN ZARATHUSTRA'S UNTERGANG.

DIE REDEN ZARATHUSTRA'S

VON DEN DREI VERWANDLUNGEN

DREI Verwandlungen nenne ich euch des Geistes: wie der Geist zum Kameele wird, und zum Löwen das Kameel, und zum Kinde zuletzt der Löwe. ⌐¬⌐¬ Vieles Schwere giebt es dem Geiste, dem starken, tragsamen Geiste, dem Ehrfurcht innewohnt: nach dem Schweren und Schwersten verlangt seine Stärke. ⌐¬⌐¬ Was ist schwer? so fragt der tragsame Geist, so kniet er nieder, dem Kameele gleich, und will gut beladen sein. ⌐¬⌐¬ Was ist das Schwerste, ihr Helden? so fragt der tragsame Geist, daß ich es auf mich nehme und meiner Stärke froh werde. ⌐¬⌐¬ Ist es nicht das: sich erniedrigen, um seinem Hochmuth wehe zu thun? Seine Thorheit leuchten lassen, um seiner Weisheit zu spotten? ⌐¬⌐¬ Oder ist es das: von unserer Sache scheiden, wenn sie ihren Sieg feiert? Auf hohe Berge steigen, um den Versucher zu versuchen? ⌐¬⌐¬ Oder ist es das: sich von Eicheln und Gras der Erkenntniß nähren und um der Wahrheit willen an der Seele Hunger leiden? ⌐¬⌐¬ Oder ist es das: krank sein und die Tröster heimschicken und mit Tauben Freundschaft schließen, die niemals hören, was du willst? ⌐¬⌐¬ Oder ist es das: in schmutziges Wasser steigen, wenn es das Wasser der Wahrheit ist, und kalte Frösche und heiße Kröten nicht von sich weisen? ⌐¬⌐¬ Oder ist es das: Die lieben, die uns verachten, und dem Gespenste die Hand reichen, wenn es uns fürchten machen will? ⌐¬⌐¬ Alles dieß Schwerste nimmt der tragsame Geist auf sich: dem Kameele gleich, das beladen in die Wüste eilt, also eilt er in seine Wüste. ⌐¬⌐¬ Aber in der einsamsten Wüste geschieht die zweite Verwandlung: zum Löwen wird hier der Geist, Freiheit will er sich erbeuten und Herr sein in seiner eignen Wüste. ⌐¬⌐¬ Seinen letzten Herrn sucht er sich hier: feind will er ihm werden und seinem letzten Gotte, um Sieg will er mit dem großen Drachen ringen. ⌐¬⌐¬ Welches ist der große Drache, den der Geist nicht mehr Herr und Gott heißen mag? „Du-sollst" heißt der große Drache. Aber der Geist des Löwen sagt „ich will". ⌐¬⌐¬ „Du-sollst" liegt ihm am Wege, goldfunkelnd, ein Schuppenthier, und auf jeder Schuppe glänzt golden „Du sollst!" ⌐¬⌐¬ Tausendjährige Werthe glänzen an diesen Schuppen, und also spricht der mächtigste aller Drachen: „aller Werth der Dinge – der glänzt an mir." ⌐¬⌐¬ „Aller Werth ward schon geschaffen, und aller geschaffene Werth – das bin ich. Wahrlich, es soll kein „Ich will" mehr geben!" Also spricht der Drache. ⌐¬⌐¬ Meine Brüder, wozu bedarf es des Löwen im Geiste? Was genügt nicht das lastbare Thier, das entsagt und ehrfürchtig ist? ⌐¬⌐¬ Neue Werthe schaffen – das vermag auch der Löwe noch nicht: aber Freiheit sich schaffen zu neuem Schaffen – das vermag die Macht des Löwen. ⌐¬⌐¬ Freiheit sich schaffen und ein heiliges Nein auch vor der Pflicht: dazu, meine Brüder, bedarf es des Löwen. ⌐¬⌐¬ Recht sich nehmen zu neuen Werthen – das ist das furchtbarste Nehmen für einen tragsamen und ehrfürchtigen Geist. Wahrlich, ein Rauben ist es ihm und eines raubenden Thieres Sache. ⌐¬⌐¬ Als sein Heiligstes liebte er einst das „Du-sollst": nun muß er Wahn und Willkür auch noch im Heiligsten finden, daß er sich Freiheit raube von seiner Liebe: des Löwen bedarf es zu diesem Raube. ⌐¬⌐¬ Aber sagt, meine Brüder, was vermag noch das Kind, das auch der Löwe nicht vermochte? Was muß der raubende Löwe auch noch zum Kinde werden? ⌐¬⌐¬ Unschuld ist das Kind und Vergessen, ein Neubeginnen, ein Spiel, ein aus sich rollendes Rad, eine erste Bewegung, ein heiliges Ja-sagen. ⌐¬⌐¬ Ja, zum Spiele des Schaffens, meine Brüder, bedarf es eines heiligen Ja-sagens: seinen Willen will nun der Geist, seine Welt gewinnt sich der Weltverlorene. ⌐¬⌐¬ Drei Verwandlungen nannte ich euch des Geistes: wie der Geist zum Kameele ward, und zum Löwen das Kameel, und der Löwe zuletzt zum Kinde. – ⌐¬⌐¬ ALSO SPRACH ZARATHUSTRA. ⌐¬⌐¬ Und damals weilte er in der Stadt, welche genannt wird: die bunte Kuh.

VON DEN LEHRSTÜHLEN DER TUGEND

MAN rühmte Zarathuſtra einen Weiſen, der gut vom Schlafe und von der Tugend zu reden wiſſe: ſehr werde er geehrt und gelohnt dafür, und alle Jünglinge ſäßen vor ſeinem Lehrſtuhle. Zu ihm gieng Zarathuſtra, und mit allen Jünglingen ſaß er vor ſeinem Lehrſtuhle. Und alſo ſprach der Weiſe: Ehre und Scham vor dem Schlafe! Das iſt das Erſte! Und Allen aus dem Wege gehn, die ſchlecht ſchlafen und Nachts wachen! Schamhaft iſt noch der Dieb vor dem Schlafe: ſtets ſtiehlt er ſich leiſe durch die Nacht. Schamlos aber iſt der Wächter der Nacht, ſchamlos trägt er ſein Horn. Keine geringe Kunſt iſt ſchlafen: es thut ſchon noth, den ganzen Tag darauf hin zu wachen. Zehn Mal mußt du des Tages dich ſelber überwinden: das macht eine gute Müdigkeit und iſt Mohn der Seele. Zehn Mal mußt du dich wieder mit dir ſelber verſöhnen: denn Überwindung iſt Bitterniß, und ſchlecht ſchläft der Unverſöhnte. Zehn Wahrheiten mußt du des Tages finden: ſonſt ſuchſt du noch des Nachts nach Wahrheit, und deine Seele blieb hungrig. Zehn Mal mußt du lachen am Tage und heiter ſein: ſonſt ſtört dich der Magen in der Nacht, dieſer Vater der Trübſal. Wenige wiſſen das: aber man muß alle Tugenden haben, um gut zu ſchlafen. Werde ich falſch Zeugniß reden? Werde ich ehebrechen? Werde ich mich gelüſten laſſen meines Nächſten Magd? Das Alles vertrüge ſich ſchlecht mit gutem Schlafe. Und ſelbſt wenn man alle Tugenden hat, muß man ſich noch auf Eins verſtehn: ſelber die Tugenden zur rechten Zeit ſchlafen ſchicken. Daß ſie ſich nicht mit einander zanken, die artigen Weiblein! Und über dich, du Unglückſeliger! Friede mit Gott und dem Nachbar: ſo will es der gute Schlaf. Und Friede auch noch mit des Nachbars Teufel! Sonſt geht er bei dir des Nachts um. Ehre der Obrigkeit und Gehorſam, und auch der krummen Obrigkeit! So will es der gute Schlaf. Was kann ich dafür, daß die Macht gerne auf krummen Beinen wandelt? Der ſoll mir immer der beſte Hirt heißen, der ſein Schaf auf die grünſte Aue führt: ſo verträgt es ſich mit gutem Schlafe. Viel Ehren will ich nicht, noch große Schätze: das entzündet die Milz. Aber ſchlecht ſchläft es ſich ohne einen guten Namen und einen kleinen Schatz. Eine kleine Geſellſchaft iſt mir willkommener als eine böſe: doch muß ſie gehn und kommen zur rechten Zeit. So verträgt es ſich mit gutem Schlafe. Sehr gefallen mir auch die Geiſtig-Armen: ſie fördern den Schlaf. Selig ſind die, ſonderlich wenn man ihnen immer Recht giebt. Alſo läuft der Tag dem Tugendſamen. Kommt nun die Nacht, ſo hüte ich mich wohl, den Schlaf zu rufen! Nicht will er gerufen ſein, der Schlaf, der der Herr der Tugenden iſt! Sondern ich denke, was ich des Tages gethan und gedacht. Wiederkäuend frage ich mich, geduldſam gleich einer Kuh: welches waren doch deine zehn Überwindungen? Und welches waren die zehn Verſöhnungen und die zehn Wahrheiten und die zehn Gelächter, mit denen ſich mein Herz gütlich that? Solcherlei erwägend und gewiegt von vierzig Gedanken, überfällt mich auf einmal der Schlaf, der Ungerufne, der Herr der Tugenden. Der Schlaf klopft mir auf mein Auge: da wird es ſchwer. Der Schlaf berührt mir den Mund: da bleibt er offen. Wahrlich, auf weichen Sohlen kommt er mir, der liebſte der Diebe, und ſtiehlt mir meine Gedanken: dumm ſtehe ich da wie dieſer Lehrſtuhl. Aber nicht lange mehr ſtehe ich dann: da liege ich ſchon. — Als Zarathuſtra den Weiſen alſo ſprechen hörte, lachte er bei ſich im Herzen: denn ihm war dabei ein Licht aufgegangen. Und alſo ſprach er zu ſeinem Herzen: Ein Narr iſt mir dieſer Weiſe da mit ſeinen vierzig Gedanken: aber ich glaube, daß er ſich wohl auf das Schlafen verſteht. Glücklich ſchon, wer in der Nähe dieſes Weiſen wohnt! Solch ein Schlaf ſteckt an, noch durch eine dicke Wand hindurch ſteckt er an. Ein Zauber wohnt ſelbſt in ſeinem Lehrstuhle. Und nicht vergebens faßen die Jünglinge vor dem Prediger der Tugend. ❧❧ Seine Weisheit heißt: wachen, um gut zu schlafen. Und wahrlich, hätte das Leben keinen Sinn, und müßte ich Unsinn wählen, so wäre auch mir dieß der wählenswürdigste Unsinn. ❧❧ Jetzo verstehe ich klar, was einst man vor Allem suchte, wenn man Lehrer der Tugend suchte. Guten Schlaf suchte man sich und mohnblumige Tugenden dazu! ❧❧ Allen diesen gelobten Weisen der Lehrstühle war Weisheit der Schlaf ohne Träume: sie kannten keinen beffern Sinn des Lebens. ❧❧ Auch noch heute wohl giebt es Einige, wie diesen Prediger der Tugend, und nicht immer so Ehrliche: aber ihre Zeit ist um. Und nicht mehr lange stehen sie noch: da liegen sie schon. ❧❧ Selig sind diese Schläfrigen: denn sie sollen bald einnicken. —

ALSO SPRACH ZARATHUSTRA.

VON DEN HINTERWELTLERN

EINST warf auch Zarathustra seinen Wahn jenseits des Menschen, gleich allen Hinterweltlern. Eines leidenden und zerquälten Gottes Werk schien mir da die Welt. ❧❧ Traum schien mir da die Welt, und Dichtung eines Gottes; farbiger Rauch vor den Augen eines göttlich Unzufriednen. ❧❧ Gut und böse und Lust und Leid und Ich und Du — farbiger Rauch dünkte mich's vor schöpferischen Augen. Wegsehn wollte der Schöpfer von sich, — da schuf er die Welt. ❧❧ Trunkne Lust ist's dem Leidenden, wegzusehn von seinem Leiden und sich zu verlieren. Trunkne Lust und Selbst-sich-Verlieren dünkte mich einst die Welt. ❧❧ Diese Welt, die ewig unvollkommene, eines ewigen Widerspruches Abbild und unvollkommnes Abbild — eine trunkne Lust ihrem unvollkommnen Schöpfer: — also dünkte mich einst die Welt. ❧❧ Also warf auch ich einst meinen Wahn jenseits des Menschen, gleich allen Hinterweltlern. Jenseits des Menschen in Wahrheit? ❧❧ Ach, ihr Brüder, dieser Gott, den ich schuf, war Menschen-Werk und -Wahnsinn, gleich allen Göttern! ❧❧ Mensch war er, und nur ein armes Stück Mensch und Ich: aus der eigenen Asche und Gluth kam es mir, dieses Gespenst, und wahrlich! Nicht kam es mir von Jenseits! ❧❧ Was geschah, meine Brüder? Ich überwand mich, den Leidenden, ich trug meine eigne Asche zu Berge, eine hellere Flamme erfand ich mir. Und siehe! Da wich das Gespenst von mir! ❧❧ Leiden wäre es mir jetzt und Qual dem Genesenen, solche Gespenster zu glauben: Leiden wäre es mir jetzt und Erniedrigung. Also rede ich zu den Hinterweltlern. ❧❧ Leiden war's und Unvermögen — das schuf alle Hinterwelten; und jener kurze Wahnsinn des Glücks, den nur der Leidendste erfährt. ❧❧ Müdigkeit, die mit Einem Sprunge zum Letzten will, mit einem Todessprunge, eine arme unwissende Müdigkeit, die nicht einmal mehr wollen will: die schuf alle Götter und Hinterwelten. ❧❧ Glaubt es mir, meine Brüder! Der Leib war's, der am Leibe verzweifelte, — der tastete mit den Fingern des bethörten Geistes an die letzten Wände. ❧❧ Glaubt es mir, meine Brüder! Der Leib war's, der an der Erde verzweifelte, — der hörte den Bauch des Seins zu sich reden. ❧❧ Und da wollte er mit dem Kopfe durch die letzten Wände, und nicht nur mit dem Kopfe, — hinüber zu „jener Welt". ❧❧ Aber „jene Welt" ist gut verborgen vor dem Menschen, jene entmenschte unmenschliche Welt, die ein himmlisches Nichts ist; und der Bauch des Seins redet gar nicht zum Menschen, es sei denn als Mensch. ❧❧ Wahrlich, schwer zu beweisen ist alles Sein und schwer zum Reden zu bringen. Sagt mir, ihr Brüder, ist nicht das Wunderlichste aller Dinge noch am besten bewiesen? ❧❧ Ja, dieß Ich und des Ich's Widerspruch und Wirrsal redet noch am redlichsten von seinem Sein, dieses schaffende, wollende, werthende

16

Ich, welches das Maaß und der Werth der Dinge ist. ꙮ Und dieß redlichste Sein, das Ich – das redet vom Leibe, und es will noch den Leib, selbst wenn es dichtet und schwärmt und mit zerbrochnen Flügeln flattert. ꙮ Immer redlicher lernt es reden, das Ich: und je mehr es lernt, um so mehr findet es Worte und Ehren für Leib und Erde. ꙮ Einen neuen Stolz lehrte mich mein Ich, den lehre ich die Menschen: nicht mehr den Kopf in den Sand der himmlischen Dinge zu stecken, sondern frei ihn zu tragen, einen Erden-Kopf, der der Erde Sinn schafft! ꙮ Einen neuen Willen lehre ich die Menschen: diesen Weg wollen, den blindlings der Mensch gegangen, und gut ihn heißen und nicht mehr von ihm bei Seite schleichen, gleich den Kranken und Absterbenden! ꙮ Kranke und Absterbende waren es, die verachteten Leib und Erde und erfanden das Himmlische und die erlösenden Blutstropfen: aber auch noch diese süßen und düstern Gifte nahmen sie von Leib und Erde! ꙮ Ihrem Elende wollten sie entlaufen, und die Sterne waren ihnen zu weit. Da seufzten sie: „Oh daß es doch himmlische Wege gäbe, sich in ein andres Sein und Glück zu schleichen!" – da erfanden sie sich ihre Schliche und blutigen Tränklein! ꙮ Ihrem Leibe und dieser Erde nun entrückt wähnten sie sich, diese Undankbaren. Doch wem dankten sie ihrer Entrückung Krampf und Wonne? Ihrem Leibe und dieser Erde. ꙮ Milde ist Zarathustra den Kranken. Wahrlich, er zürnt nicht ihren Arten des Trostes und Undanks. Mögen sie Genesende werden und Überwindende und einen höheren Leib sich schaffen! ꙮ Nicht auch zürnt Zarathustra dem Genesenden, wenn er zärtlich nach seinem Wahne blickt und Mitternachts um das Grab seines Gottes schleicht: aber Krankheit und kranker Leib bleiben mir auch seine Thränen noch. ꙮ Vieles krankhafte Volk gab es immer unter Denen, welche dichten und gottsüchtig sind; wüthend hassen sie den Erkennenden und jene jüngste der Tugenden, welche heißt: Redlichkeit. ꙮ Rückwärts blicken sie immer nach dunklen Zeiten: da freilich war Wahn und Glaube ein ander Ding; Raserei der Vernunft war Gottähnlichkeit, und Zweifel Sünde. ꙮ Allzugut kenne ich diese Gottähnlichen: sie wollen, daß an sie geglaubt werde, und Zweifel Sünde sei. Allzugut weiß ich auch, woran sie selber am besten glauben. ꙮ Wahrlich nicht an Hinterwelten und erlösende Blutstropfen: sondern an den Leib glauben auch sie am besten, und ihr eigener Leib ist ihnen ihr Ding an sich. ꙮ Aber ein krankhaftes Ding ist er ihnen: und gerne möchten sie aus der Haut fahren. Darum horchen sie nach den Predigern des Todes und predigen selber Hinterwelten. ꙮ Hört mir lieber, meine Brüder, auf die Stimme des gesunden Leibes: eine redlichere und reinere Stimme ist dieß. ꙮ Redlicher redet und reiner der gesunde Leib, der vollkommene und rechtwinklige: und er redet vom Sinn der Erde. –

ALSO SPRACH ZARATHUSTRA.

VON DEN VERÄCHTERN DES LEIBES

DEN Verächtern des Leibes will ich mein Wort sagen. Nicht umlernen und umlehren sollen sie mir, sondern nur ihrem eignen Leibe Lebewohl sagen – und also stumm werden. ꙮ „Leib bin ich und Seele" – so redet das Kind. Und warum sollte man nicht wie die Kinder reden? ꙮ Aber der Erwachte, der Wissende sagt: Leib bin ich ganz und gar, und Nichts außerdem; und Seele ist nur ein Wort für ein Etwas am Leibe. ꙮ Der Leib ist eine große Vernunft, eine Vielheit mit Einem Sinne, ein Krieg und ein Frieden, eine Heerde und ein Hirt. ꙮ Werkzeug deines Leibes ist auch deine

kleine Vernunft, mein Bruder, die du „Geiſt" nennſt, ein kleines Werk- und Spielzeug deiner großen Vernunft. ⚏ „Ich" ſagſt du und biſt ſtolz auf dieß Wort. Aber das Größere iſt – woran du nicht glauben willſt – dein Leib und ſeine große Vernunft: die ſagt nicht Ich, aber thut Ich. ⚏ Was der Sinn fühlt, was der Geiſt erkennt, das hat niemals in ſich ſein Ende. Aber Sinn und Geiſt möchten dich überreden, ſie ſeien aller Dinge Ende: ſo eitel ſind ſie. ⚏ Werk- und Spielzeuge ſind Sinn und Geiſt: hinter ihnen liegt noch das Selbſt. Das Selbſt ſucht auch mit den Augen der Sinne, es horcht auch mit den Ohren des Geiſtes. ⚏ Immer horcht das Selbſt und ſucht: es vergleicht, bezwingt, erobert, zerſtört. Es herrſcht und iſt auch des Ich's Beherrſcher. ⚏ Hinter deinen Gedanken und Gefühlen, mein Bruder, ſteht ein mächtiger Gebieter, ein unbekannter Weiſer – der heißt Selbſt. In deinem Leibe wohnt er, dein Leib iſt er. ⚏ Es iſt mehr Vernunft in deinem Leibe, als in deiner beſten Weisheit. Und wer weiß denn, wozu dein Leib gerade deine beſte Weisheit nöthig hat? ⚏ Dein Selbſt lacht über dein Ich und ſeine ſtolzen Sprünge. „Was ſind mir dieſe Sprünge und Flüge des Gedankens? ſagt es ſich. Ein Umweg zu meinem Zwecke. Ich bin das Gängelband des Ich's und der Einbläſer ſeiner Begriffe." ⚏ Das Selbſt ſagt zum Ich: „hier fühle Schmerz!" Und da leidet es und denkt nach, wie es nicht mehr leide – und dazu eben ſoll es denken. ⚏ Das Selbſt ſagt zum Ich: „hier fühle Luſt!" Da freut es ſich und denkt nach, wie es noch oft ſich freue – und dazu eben ſoll es denken. ⚏ Den Verächtern des Leibes will ich ein Wort ſagen. Daß ſie verachten, das macht ihr Achten. Was iſt es, das Achten und Verachten und Werth und Willen ſchuf? ⚏ Das ſchaffende Selbſt ſchuf ſich Achten und Verachten, es ſchuf ſich Luſt und Weh. Der ſchaffende Leib ſchuf ſich den Geiſt als eine Hand ſeines Willens. ⚏ Noch in eurer Thorheit und Verachtung, ihr Verächter des Leibes, dient ihr eurem Selbſt. Ich ſage euch: euer Selbſt ſelber will ſterben und kehrt ſich vom Leben ab. ⚏ Nicht mehr vermag es Das, was es am liebſten will: – über ſich hinaus zu ſchaffen. Das will es am liebſten, das iſt ſeine ganze Inbrunſt. ⚏ Aber zu ſpät ward es ihm jetzt dafür: – ſo will euer Selbſt untergehn, ihr Verächter des Leibes. ⚏ Untergehn will euer Selbſt, und darum wurdet ihr zu Verächtern des Leibes! Denn nicht mehr vermögt ihr über euch hinaus zu ſchaffen. ⚏ Und darum zürnt ihr nun dem Leben und der Erde. Ein ungewußter Neid iſt im ſcheelen Blick eurer Verachtung. ⚏ Ich gehe nicht euren Weg, ihr Verächter des Leibes! Ihr ſeid mir keine Brücken zum Übermenſchen! –

ALSO SPRACH ZARATHUSTRA.

VON DEN FREUDEN- UND LEIDENSCHAFTEN

MEIN Bruder, wenn du eine Tugend haſt, und es deine Tugend iſt, ſo haſt du ſie mit Niemandem gemeinſam. ⚏ Freilich, du willſt ſie bei Namen nennen und liebkoſen; du willſt ſie am Ohre zupfen und Kurzweil mit ihr treiben. ⚏ Und ſiehe! Nun haſt du ihren Namen mit dem Volke gemeinſam und biſt Volk und Heerde geworden mit deiner Tugend! ⚏ Beſſer thäteſt du, zu ſagen: „unausſprechbar iſt und namenlos, was meiner Seele Qual und Süße macht und auch noch der Hunger meiner Eingeweide iſt." ⚏ Deine Tugend ſei zu hoch für die Vertraulichkeit der Namen: und mußt du von ihr reden, ſo ſchäme dich nicht, von ihr zu ſtammeln. ⚏ So ſprich und ſtammle: „Das iſt mein Gutes, das liebe ich, ſo gefällt es mir ganz, ſo allein will ich das Gute. ⚏ Nicht will ich es als eines Gottes Geſetz, nicht will ich es als eine

Menschen-Satzung und -Nothdurft: kein Wegweiser sei es mir für Über-Erden und Paradiese. Eine irdische Tugend ist es, die ich liebe: wenig Klugheit ist darin, und am wenigsten die Vernunft Aller. Aber dieser Vogel baute bei mir sich das Nest: darum liebe und herze ich ihn, – nun sitzt er bei mir auf seinen goldnen Eiern." So sollst du stammeln und deine Tugend loben. Einst hattest du Leidenschaften und nanntest sie böse. Aber jetzt hast du nur noch deine Tugenden: sie wuchsen aus deinen Leidenschaften. Du legtest dein höchstes Ziel diesen Leidenschaften an's Herz: da wurden sie deine Tugenden und Freudenschaften. Und ob du aus dem Geschlechte der Jähzornigen wärest oder aus dem der Wollüstigen oder der Glaubens-Wüthigen oder der Rachsüchtigen: Am Ende wurden alle deine Leidenschaften zu Tugenden und alle deine Teufel zu Engeln. Einst hattest du wilde Hunde in deinem Keller: aber am Ende verwandelten sie sich zu Vögeln und lieblichen Sängerinnen. Aus deinen Giften brautest du dir deinen Balsam; deine Kuh Trübsal melktest du, – nun trinkst du die süße Milch ihres Euters. Und nichts Böses wächst mehr fürderhin aus dir, es sei denn das Böse, das aus dem Kampfe deiner Tugenden wächst. Mein Bruder, wenn du Glück hast, so hast du Eine Tugend und nicht mehr: so gehst du leichter über die Brücke. Auszeichnend ist es, viele Tugenden zu haben, aber ein schweres Loos; und Mancher gieng in die Wüste und tödtete sich, weil er müde war, Schlacht und Schlachtfeld von Tugenden zu sein. Mein Bruder, ist Krieg und Schlacht böse? Aber nothwendig ist dieß Böse, nothwendig ist der Neid und das Mißtrauen und die Verleumdung unter deinen Tugenden. Siehe, wie jede deiner Tugenden begehrlich ist nach dem Höchsten: sie will deinen ganzen Geist, daß er ihr Herold sei, sie will deine ganze Kraft in Zorn, Haß und Liebe. Eifersüchtig ist jede Tugend auf die andre, und ein furchtbares Ding ist Eifersucht. Auch Tugenden können an Eifersucht zu Grunde gehn. Wen die Flamme der Eifersucht umringt, der wendet zuletzt gleich dem Scorpione, gegen sich selber den vergifteten Stachel. Ach, mein Bruder, sahst du noch nie eine Tugend sich selber verleumden und erstechen? Der Mensch ist Etwas, das überwunden werden muß: und darum sollst du deine Tugenden lieben –: denn du wirst an ihnen zu Grunde gehn. –

ALSO SPRACH ZARATHUSTRA.

VOM BLEICHEN VERBRECHER

IHR wollt nicht tödten, ihr Richter und Opferer, bevor das Thier nicht genickt hat? Seht, der bleiche Verbrecher hat genickt: aus seinem Auge redet die große Verachtung. "Mein Ich ist Etwas, das überwunden werden soll: mein Ich ist mir die große Verachtung des Menschen": so redet es aus diesem Auge. Daß er sich selber richtete, war sein höchster Augenblick: laßt den Erhabenen nicht wieder zurück in sein Niederes! Es giebt keine Erlösung für Den, der so an sich selber leidet, es sei denn der schnelle Tod. Euer Tödten, ihr Richter, soll ein Mitleid sein und keine Rache. Und indem ihr tödtet, seht zu, daß ihr selber das Leben rechtfertiget! Es ist nicht genug, daß ihr euch mit Dem versöhnt, den ihr tödtet. Eure Traurigkeit sei Liebe zum Übermenschen: so rechtfertigt ihr euer Noch-Leben! "Feind" sollt ihr sagen, aber nicht "Bösewicht"; "Kranker" sollt ihr sagen, aber nicht "Schuft"; "Thor" sollt ihr sagen, aber nicht "Sünder". Und du, rother Richter, wenn du laut sagen wolltest, was du Alles schon in Gedanken gethan hast: so würde Jedermann schreien: "Weg mit diesem Unflath und Giftwurm!" Aber ein Anderes ist der Gedanke, ein Anderes die That, ein Anderes

19

das Bild der That. Das Rad des Grundes rollt nicht zwischen ihnen. ⟐ Ein Bild machte diesen bleichen Menschen bleich. Gleichwüchsig war er seiner That, als er sie that: aber ihr Bild ertrug er nicht, als sie gethan war. ⟐ Immer sah er sich nun als Einer That Thäter. Wahnsinn heiße ich dieß: die Ausnahme verkehrte sich ihm zum Wesen. ⟐ Der Strich bannt die Henne; der Streich, den er führte, bannte seine arme Vernunft – den Wahnsinn nach der That heiße ich dieß. ⟐ Hört, ihr Richter! Einen anderen Wahnsinn giebt es noch: und der ist vor der That. Ach, ihr krocht mir nicht tief genug in diese Seele! ⟐ So spricht der rothe Richter: „was mordete doch dieser Verbrecher? Er wollte rauben." Aber ich sage euch: seine Seele wollte Blut, nicht Raub: er dürstete nach dem Glück des Messers! ⟐ Seine arme Vernunft aber begriff diesen Wahnsinn nicht und überredete ihn. „Was liegt an Blut! sprach sie; willst du nicht zum mindesten einen Raub dabei machen? Eine Rache nehmen?" ⟐ Und er horchte auf seine arme Vernunft: wie Blei lag ihre Rede auf ihm, – da raubte er, als er mordete. Er wollte sich nicht seines Wahnsinns schämen. ⟐ Und nun wieder liegt das Blei seiner Schuld auf ihm, und wieder ist seine arme Vernunft so steif, so gelähmt, so schwer. ⟐ Wenn er nur den Kopf schütteln könnte, so würde seine Last herabrollen: aber wer schüttelt diesen Kopf? ⟐ Was ist dieser Mensch? Ein Haufen von Krankheit, welche durch den Geist in die Welt hinausgreifen: da wollen sie ihre Beute machen. ⟐ Was ist dieser Mensch? Ein Knäuel wilder Schlangen, welche selten bei einander Ruhe haben, – da gehn sie für sich fort und suchen Beute in der Welt. ⟐ Seht diesen armen Leib! Was er litt und begehrte, das deutete sich diese arme Seele, – sie deutete es als mörderische Lust und Gier nach dem Glück des Messers. ⟐ Wer jetzt krank wird, den überfällt das Böse, das jetzt böse ist: wehe will er thun, mit dem, was ihm wehe thut. Aber es gab andre Zeiten und ein andres Böses und Gutes. ⟐ Einst war der Zweifel böse und der Wille zum Selbst. Damals wurde der Kranke zum Ketzer und zur Hexe: als Ketzer und Hexe litt er und wollte leiden machen. ⟐ Aber dieß will nicht in eure Ohren: euren Guten schade es, sagt ihr mir. Aber was liegt mir an euren Guten! ⟐ Vieles an euren Guten macht mir Ekel, und wahrlich nicht ihr Böses. Wollte ich doch, sie hätten einen Wahnsinn, an dem sie zu Grunde giengen, gleich diesem bleichen Verbrecher! ⟐ Wahrlich, ich wollte, ihr Wahnsinn hieße Wahrheit oder Treue oder Gerechtigkeit: aber sie haben ihre Tugend, um lange zu leben, und in einem erbärmlichen Behagen. ⟐ Ich bin ein Geländer am Strome: fasse mich, wer mich fassen kann! Eure Krücke aber bin ich nicht. –

ALSO SPRACH ZARATHUSTRA.

VOM LESEN UND SCHREIBEN

VON allem Geschriebenen liebe ich nur Das, was Einer mit seinem Blute schreibt. Schreibe mit Blut: und du wirst erfahren, daß Blut Geist ist. ⟐ Es ist nicht leicht möglich, fremdes Blut zu verstehen: ich hasse die lesenden Müßiggänger. ⟐ Wer den Leser kennt, der thut Nichts mehr für den Leser. Noch ein Jahrhundert Leser – und der Geist selber wird stinken. ⟐ Daß Jedermann lesen lernen darf, verdirbt auf die Dauer nicht allein das Schreiben, sondern auch das Denken. ⟐ Einst war der Geist Gott, dann wurde er zum Menschen, und jetzt wird er gar noch Pöbel. ⟐ Wer in Blut und Sprüchen schreibt, der will nicht gelesen, sondern auswendig gelernt werden. ⟐ Im Gebirge ist der nächste Weg von Gipfel zu Gipfel: aber dazu mußt du lange Beine haben. Sprüche sollen Gipfel sein: und Die, zu denen gesprochen wird, Große und Hochwüchsige. ⟐ Die Luft dünn und rein, die

Gefahr nahe und der Geist voll einer fröhlichen Bosheit: so paßt es gut zu einander. Ich will Kobolde um mich haben, denn ich bin muthig. Muth, der die Gespenster verscheucht, schafft sich selber Kobolde, – der Muth will lachen. Ich empfinde nicht mehr mit euch: diese Wolke, die ich unter mir sehe, diese Schwärze und Schwere, über die ich lache, – gerade das ist eure Gewitterwolke. Ihr seht nach Oben, wenn ihr nach Erhebung verlangt. Und ich sehe hinab, weil ich erhoben bin. Wer von euch kann zugleich lachen und erhoben sein? Wer auf den höchsten Bergen steigt, der lacht über alle Trauer-Spiele und Trauer-Ernste. Unbekümmert, spöttisch, gewaltthätig – so will uns die Weisheit: sie ist ein Weib und liebt immer nur einen Kriegsmann. Ihr sagt mir: „das Leben ist schwer zu tragen." Aber wozu hättet ihr Vormittags euren Stolz und Abends eure Ergebung? Das Leben ist schwer zu tragen: aber so thut mir doch nicht so zärtlich! Wir sind allesammt hübsche lastbare Esel und Eselinnen. Was haben wir gemein mit der Rosenknospe, welche zittert, weil ihr ein Tropfen Thau auf dem Leibe liegt? Es ist wahr: wir lieben das Leben, nicht, weil wir an's Leben, sondern weil wir an's Lieben gewöhnt sind. Es ist immer etwas Wahnsinn in der Liebe. Es ist aber immer auch etwas Vernunft im Wahnsinn. Und auch mir, der ich dem Leben gut bin, scheinen Schmetterlinge und Seifenblasen und was ihrer Art unter Menschen ist, am meisten vom Glücke zu wissen. Diese leichten thörichten zierlichen beweglichen Seelchen flattern zu sehen – das verführt Zarathustra zu Thränen und Liedern. Ich würde nur an einen Gott glauben, der zu tanzen verstünde. Und als ich meinen Teufel sah, da fand ich ihn ernst, gründlich, tief, feierlich: es war der Geist der Schwere, – durch ihn fallen alle Dinge. Nicht durch Zorn, sondern durch Lachen tödtet man. Auf, laßt uns den Geist der Schwere tödten! Ich habe gehen gelernt: seitdem lasse ich mich laufen. Ich habe fliegen gelernt: seitdem will ich nicht erst gestoßen sein, um von der Stelle zu kommen. Jetzt bin ich leicht, jetzt fliege ich, jetzt sehe ich mich unter mir, jetzt tanzt ein Gott durch mich.

ALSO SPRACH ZARATHUSTRA.

VOM BAUM AM BERGE

Zarathustra's Auge hatte gesehn, daß ein Jüngling ihm auswich. Und als er eines Abends allein durch die Berge gieng, welche die Stadt umschließen, die genannt wird „die bunte Kuh": siehe, da fand er im Gehen diesen Jüngling, wie er an einen Baum gelehnt saß und müden Blickes in das Thal schaute. Zarathustra faßte den Baum an, bei welchem der Jüngling saß, und sprach also: „Wenn ich diesen Baum da mit meinen Händen schütteln wollte, ich würde es nicht vermögen. Aber der Wind, den wir nicht sehen, der quält und biegt ihn, wohin er will. Wir werden am schlimmsten von unsichtbaren Händen gebogen und gequält." Da erhob sich der Jüngling bestürzt und sagte: „ich höre Zarathustra und eben dachte ich an ihn." Zarathustra entgegnete: „Was erschrickst du deßhalb? – Aber es ist mit dem Menschen wie mit dem Baume. Je mehr er hinauf in die Höhe und Helle will, um so stärker streben seine Wurzeln erdwärts, abwärts, in's Dunkle, Tiefe, – in's Böse." „Ja in's Böse! rief der Jüngling. Wie ist es möglich, daß du meine Seele entdecktest?" Zarathustra lächelte und sprach: „Manche Seele wird man nie entdecken, es sei denn, daß man sie zuerst erfindet." „Ja in's Böse! rief der Jüngling nochmals. Du sagtest die Wahrheit, Zarathustra. Ich traue mir selber nicht mehr, seitdem ich in die Höhe will, und Niemand traut mir mehr, – wie geschieht dieß doch? Ich verwandele mich zu schnell: mein Heute widerlegt mein Gestern. Ich überspringe oft die Stufen, wenn ich steige, – das verzeiht mir keine Stufe. Bin ich oben, so finde ich mich immer allein. Niemand redet mit mir, der Frost der Einsamkeit macht mich zittern. Was will ich doch in der Höhe? Meine Verachtung und meine Sehnsucht wachsen mit einander; je höher ich steige, um so mehr verachte ich Den, der steigt. Was will er doch in der Höhe? Wie schäme ich mich meines Steigens und Stolperns! Wie spotte ich meines heftigen Schnaubens! Wie hasse ich den Fliegenden! Wie müde bin ich in der Höhe!" Hier schwieg der Jüngling. Und Zarathustra betrachtete den Baum, an dem sie standen, und sprach also: "Dieser Baum steht einsam hier am Gebirge; er wuchs hoch hinweg über Mensch und Thier. Und wenn er reden wollte, er würde Niemanden haben, der ihn verstünde: so hoch wuchs er. Nun wartet er und wartet, – worauf wartet er doch? Er wohnt dem Sitze der Wolken zu nahe: er wartet wohl auf den ersten Blitz?" Als Zarathustra dieß gesagt hatte, rief der Jüngling mit heftigen Gebärden: "Ja, Zarathustra, du sprichst die Wahrheit. Nach meinem Untergange verlangte ich, als ich in die Höhe wollte, und du bist der Blitz, auf den ich wartete! Siehe, was bin ich noch, seitdem du uns erschienen bist? Der Neid auf dich ist's, der mich zerstört hat!" – So sprach der Jüngling und weinte bitterlich. Zarathustra aber legte seinen Arm um ihn und führte ihn mit sich fort. Und als sie eine Weile mit einander gegangen waren, hob Zarathustra also an zu sprechen: Es zerreißt mir das Herz. Besser als deine Worte es sagen, sagt mir dein Auge alle deine Gefahr. Noch bist du nicht frei, du suchst noch nach Freiheit. Übernächtig machte dich dein Suchen und überwach. In die freie Höhe willst du, nach Sternen dürstet deine Seele. Aber auch deine schlimmen Triebe dürsten nach Freiheit. Deine wilden Hunde wollen in die Freiheit; sie bellen vor Lust in ihrem Keller, wenn dein Geist alle Gefängnisse zu lösen trachtet. Noch bist du mir ein Gefangner, der sich Freiheit ersinnt: ach, klug wird solchen Gefangnen die Seele, aber auch arglistig und schlecht. Reinigen muß sich auch noch der Befreite des Geistes. Viel Gefängniß und Moder ist noch in ihm zurück: rein muß noch sein Auge werden. Ja, ich kenne deine Gefahr. Aber bei meiner Liebe und Hoffnung beschwöre ich dich: wirf deine Liebe und Hoffnung nicht weg! Edel fühlst du dich noch, und edel fühlen dich auch die Andern noch, die dir gram sind und böse Blicke senden. Wisse, daß Allen ein Edler im Wege steht. Auch den Guten steht ein Edler im Wege: und selbst wenn sie ihn einen Guten nennen, so wollen sie ihn damit bei Seite bringen. Neues will der Edle schaffen und eine neue Tugend. Altes will der Gute, und daß Altes erhalten bleibe. Aber nicht Das ist die Gefahr des Edlen, daß er ein Guter werde, sondern ein Frecher, ein Höhnender, ein Vernichter. Ach, ich kannte Edle, die verloren ihre höchste Hoffnung. Und nun verleumdeten sie alle hohen Hoffnungen. Nun lebten sie frech in kurzen Lüsten, und über den Tag hin warfen sie kaum noch Ziele. "Geist ist auch Wollust" – so sagten sie. Da zerbrachen ihrem Geiste die Flügel: nun kriecht er herum und beschmutzt im Nagen. Einst dachten sie Helden zu werden: Lüstlinge sind es jetzt. Ein Gram und ein Grauen ist ihnen der Held. Aber bei meiner Liebe und Hoffnung beschwöre ich dich: wirf den Helden in deiner Seele nicht weg! Halte heilig deine höchste Hoffnung! –

ALSO SPRACH ZARATHUSTRA.

VON DEN PREDIGERN DES TODES

Es giebt Prediger des Todes: und die Erde ist voll von Solchen, denen Abkehr gepredigt werden muß vom Leben. Voll ist die Erde von

Überflüſſigen, verdorben iſt das Leben durch die Viel-zu-Vielen. Möge man sie mit dem „ewigen Leben" aus dieſem Leben weglocken! 🗝🗝 „Gelbe": ſo nennt man die Prediger des Todes, oder „Schwarze". Aber ich will ſie euch noch in andern Farben zeigen. 🗝🗝 Da ſind die Fürchterlichen, welche in ſich das Raubthier herumtragen und keine Wahl haben, es ſei denn Lüſte oder Selbſtzerfleiſchung. Und auch ihre Lüſte ſind noch Selbſtzerfleiſchung. 🗝🗝 Sie ſind noch nicht einmal Menſchen geworden, dieſe Fürchterlichen: mögen ſie Abkehr predigen vom Leben und ſelber dahinfahren! 🗝🗝 Da ſind die Schwindſüchtigen der Seele: kaum ſind ſie geboren, ſo fangen ſie ſchon an zu ſterben und ſehnen ſich nach Lehren der Müdigkeit und Entſagung. 🗝🗝 Sie wollen gerne todt ſein, und wir ſollten ihren Willen gut heißen! Hüten wir uns, dieſe Todten zu erwecken und dieſe lebendigen Särge zu verſehren! 🗝🗝 Ihnen begegnet ein Kranker oder ein Greis oder ein Leichnam; und gleich ſagen ſie „das Leben iſt widerlegt!" 🗝🗝 Aber nur ſie ſind widerlegt und ihr Auge, welches nur das Eine Geſicht ſieht am Daſein. 🗝🗝 Eingehüllt in dicke Schwermuth und begierig auf die kleinen Zufälle, welche den Tod bringen: ſo warten ſie und beißen die Zähne auf einander. 🗝🗝 Oder aber: ſie greifen nach Zuckerwerk und ſpotten ihrer Kinderei dabei: ſie hängen an ihrem Strohhalm Leben und ſpotten, daß ſie noch an einem Strohhalm hängen. 🗝🗝 Ihre Weisheit lautet: „ein Thor, der leben bleibt, aber ſo ſehr ſind wir Thoren! Und das eben iſt das Thörichtſte am Leben!" – 🗝🗝 „Das Leben iſt nur Leiden" – ſo ſagen Andre und lügen nicht: ſo ſorgt doch, daß ihr aufhört! So ſorgt doch, daß das Leben aufhört, welches nur Leiden iſt! 🗝🗝 Und alſo laute die Lehre eurer Tugend „du ſollſt dich ſelber tödten! Du ſollſt dich ſelber davonſtehlen!" – 🗝🗝 „Wolluſt iſt Sünde, – ſo ſagen die Einen, welche den Tod predigen – laßt uns bei Seite gehn und keine Kinder zeugen!" 🗝🗝 „Gebären iſt mühſam, – ſagen die Andern – wozu noch gebären? Man gebiert nur Unglückliche!" Und auch ſie ſind Prediger des Todes. 🗝🗝 „Mitleid thut noth – ſo ſagen die Dritten. Nehmt hin, was ich habe! Nehmt hin, was ich bin! Um ſo weniger bindet mich das Leben!" 🗝🗝 Wären ſie Mitleidige von Grund aus, ſo würden ſie ihren Nächſten das Leben verleiden. Böſe ſein – das wäre ihre rechte Güte. 🗝🗝 Aber ſie wollen loskommen vom Leben: was ſchiert es ſie, daß ſie Andre mit ihren Ketten und Geſchenken noch feſter binden! – 🗝🗝 Und auch ihr, denen das Leben wilde Arbeit und Unruhe iſt: ſeid ihr nicht ſehr müde des Lebens? Seid ihr nicht ſehr reif für die Predigt des Todes? 🗝🗝 Ihr Alle, denen die wilde Arbeit lieb iſt und das Schnelle, Neue, Fremde, – ihr ertragt euch ſchlecht, euer Fleiß iſt Flucht und Wille, ſich ſelber zu vergeſſen. 🗝🗝 Wenn ihr mehr an das Leben glaubtet, würdet ihr weniger euch dem Augenblicke hinwerfen. Aber ihr habt zum Warten nicht Inhalt genug in euch – und ſelbſt zur Faulheit nicht! 🗝🗝 Überall ertönt die Stimme Derer, welche den Tod predigen: und die Erde iſt voll von Solchen, welchen der Tod gepredigt werden muß. 🗝🗝 Oder „das ewige Leben": das gilt mir gleich, – wofern ſie nur ſchnell dahinfahren!

ALSO SPRACH ZARATHUSTRA.

VOM KRIEG UND KRIEGSVOLKE

VON unſern beſten Feinden wollen wir nicht geſchont ſein, und auch von Denen nicht, welche wir von Grund aus lieben. So laßt mich denn euch die Wahrheit ſagen! 🗝🗝 Meine Brüder im Kriege! Ich liebe euch von Grund aus, ich bin und war Euresgleichen. Und ich bin auch euer beſter Feind. So laßt mich denn euch die Wahrheit ſagen! 🗝🗝 Ich weiß um den Haß und Neid eures Herzens. Ihr ſeid nicht groß genug, um Haß und Neid nicht zu kennen. So seid denn groß genug, euch ihrer nicht zu schämen! Und wenn ihr nicht Heilige der Erkenntniß sein könnt, so seid mir wenigstens deren Kriegsmänner. Das sind die Gefährten und Vorläufer solcher Heiligkeit. Ich sehe viel Soldaten: möchte ich viel Kriegsmänner sehn! „Ein-form" nennt man's, was sie tragen: möge es nicht Ein-form sein, was sie damit verstecken! Ihr sollt mir Solche sein, deren Auge immer nach einem Feinde sucht — nach eurem Feinde. Und bei Einigen von euch giebt es einen Haß auf den ersten Blick. Euren Feind sollt ihr suchen, euren Krieg sollt ihr führen, und für eure Gedanken! Und wenn euer Gedanke unterliegt, so soll eure Red-lichkeit darüber noch Triumph rufen! Ihr sollt den Frieden lieben als Mittel zu neuen Kriegen. Und den kurzen Frieden mehr als den langen. Euch rathe ich nicht zur Arbeit, sondern zum Kampfe. Euch rathe ich nicht zum Frieden, sondern zum Siege. Eure Arbeit sei ein Kampf, euer Friede sei ein Sieg! Man kann nur schweigen und stillsitzen, wenn man Pfeil und Bogen hat: sonst schwätzt und zankt man. Euer Friede sei ein Sieg! Ihr sagt, die gute Sache sei es, die sogar den Krieg heilige? Ich sage euch: der gute Krieg ist es, der jede Sache heiligt. Der Krieg und der Muth haben mehr große Dinge gethan, als die Nächstenliebe. Nicht euer Mitleiden, son-dern eure Tapferkeit rettete bisher die Verunglückten. Was ist gut? fragt ihr. Tapfer sein ist gut. Laßt die kleinen Mädchen reden: „gut sein ist, was hübsch zugleich und rührend ist." Man nennt euch herzlos: aber euer Herz ist echt, und ich liebe die Scham eurer Herzlichkeit. Ihr schämt euch eu-rer Fluth, und Andre schämen sich ihrer Ebbe. Ihr seid häßlich? Nun wohlan, meine Brüder! So nehmt das Erhabne um euch, den Mantel des Häß-lichen! Und wenn eure Seele groß wird, so wird sie übermüthig, und in eurer Erhabenheit ist Bosheit. Ich kenne euch. In der Bosheit begegnet sich der Übermüthige mit dem Schwächlinge. Aber sie mißverstehen einan-der. Ich kenne euch. Ihr dürft nur Feinde haben, die zu hassen sind, aber nicht Feinde zum Verachten. Ihr müßt stolz auf euern Feind sein: dann sind die Erfolge eures Feindes auch eure Erfolge. Auflehnung — das ist die Vornehmheit am Sclaven. Eure Vornehmheit sei Gehorsam! Euer Befehlen selber sei ein Gehorchen! Einem guten Kriegsmanne klingt „du sollst" angenehmer als „ich will". Und Alles, was euch lieb ist, sollt ihr euch erst noch befehlen lassen. Eure Liebe zum Leben sei Liebe zu eurer höchsten Hoffnung: und eure höchste Hoffnung sei der höchste Gedanke des Lebens! Euren höchsten Gedanken aber sollt ihr euch von mir befehlen lassen — und er lautet: der Mensch ist Etwas, das überwunden werden soll. So lebt euer Leben des Gehorsams und des Krieges! Was liegt am Lang-Leben! Welcher Krieger will geschont sein! Ich schone euch nicht, ich liebe euch von Grund aus, meine Brüder im Kriege! —

ALSO SPRACH ZARATHUSTRA.

VOM NEUEN GÖTZEN

IRGENDWO giebt es noch Völker und Heerden, doch nicht bei uns, meine Brüder: da giebt es Staaten. Staat? Was ist das? Wohlan! Jetzt thut mir die Ohren auf, denn jetzt sage ich euch mein Wort vom Tode der Völker. Staat heißt das kälteste aller kalten Ungeheuer. Kalt lügt es auch; und diese Lüge kriecht aus seinem Munde: „Ich, der Staat, bin das Volk". Lüge ist's! Schaffende waren es, die schufen die Völ-ker und hängten einen Glauben und eine Liebe über sie hin: also dienten sie dem Leben. Vernichter sind es, die stellen Fallen auf für Viele und heißen sie Staat: sie hängen ein Schwert und hundert Begierden über sie

hin. ◄► Wo es noch Volk giebt, da versteht es den Staat nicht und haßt
ihn als bösen Blick und Sünde an Sitten und Rechten. ◄► Dieses Zeichen
gebe ich euch: jedes Volk spricht seine Zunge des Guten und Bösen: die
versteht der Nachbar nicht. Seine Sprache erfand es sich in Sitten und Rechten. ◄► Aber der Staat lügt in allen Zungen des Guten und Bösen; und
was er auch redet, er lügt – und was er auch hat, gestohlen hat er's. ◄►
Falsch ist Alles an ihm; mit gestohlenen Zähnen beißt er, der Bissige. Falsch
sind selbst seine Eingeweide. ◄► Sprachverwirrung des Guten und Bösen:
dieses Zeichen gebe ich euch als Zeichen des Staates. Wahrlich, den Willen zum Tode deutet dieses Zeichen! Wahrlich, es winkt den Predigern
des Todes! ◄► Viel zu Viele werden geboren: für die Überflüssigen ward
der Staat erfunden! ◄► Seht mir doch, wie er sie an sich lockt, die Viel-
zu-Vielen! Wie er sie schlingt und kaut und wiederkäut! ◄► „Auf der
Erde ist nichts Größeres als ich: der ordnende Finger bin ich Gottes" – also
brüllt das Unthier. Und nicht nur Langgeohrte und Kurzgeäugte sinken
auf die Kniee! ◄► Ach, auch in euch, ihr großen Seelen, raunt er seine düsteren Lügen! Ach, er erräth die reichen Herzen, die gerne sich verschwenden! ◄► Ja, auch euch erräth er, ihr Besieger des alten Gottes! Müde
wurdet ihr im Kampfe, und nun dient eure Müdigkeit noch dem neuen
Götzen! ◄► Helden und Ehrenhafte möchte er um sich aufstellen, der neue
Götze! Gerne sonnt er sich im Sonnenschein guter Gewissen, – das kalte
Unthier! ◄► Alles will er euch geben, wenn ihr ihn anbetet, der neue
Götze: also kauft er sich den Glanz eurer Tugend und den Blick eurer stolzen Augen. ◄► Ködern will er mit euch die Viel-zu-Vielen! Ja, ein Höl-
lenkunststück ward da erfunden, ein Pferd des Todes, klirrend im Putz göttlicher Ehren! ◄► Ja, ein Sterben für Viele ward da erfunden, das sich
selber als Leben preist: wahrlich, ein Herzensdienst allen Predigern des Todes! ◄► Staat nenne ich's, wo Alle Gifttrinker sind, Gute und Schlimme:
Staat, wo Alle sich selber verlieren, Gute und Schlimme: Staat, wo der langsame Selbstmord Aller – „das Leben" heißt. ◄► Seht mir doch diese Überflüssigen! Sie stehlen sich die Werke der Erfinder und die Schätze der Weisen: Bildung nennen sie ihren Diebstahl – und Alles wird ihnen zu Krankheit und Ungemach! ◄► Seht mir doch diese Überflüssigen! Krank sind
sie immer, sie erbrechen ihre Galle und nennen es Zeitung. Sie verschlingen
einander und können sich nicht einmal verdauen. ◄► Seht mir doch diese
Überflüssigen! Reichthümer erwerben sie und werden ärmer damit. Macht
wollen sie, und zuerst das Brecheisen der Macht, viel Geld, – diese Unver-
mögenden! ◄► Seht sie klettern, diese geschwinden Affen! Sie klettern
über einander hinweg und zerren sich also in den Schlamm und die Tiefe.
◄► Hin zum Throne wollen sie Alle: ihr Wahnsinn ist es, – als ob das
Glück auf dem Throne säße! Oft sitzt der Schlamm auf dem Thron – und
oft auch der Thron auf dem Schlamme. ◄► Wahnsinnige sind sie mir Alle
und kletternde Affen und Überheiße. Übel riecht mir ihr Götze, das kalte
Unthier: übel riechen sie mir alle zusammen, diese Götzendiener. ◄► Meine Brüder, wollt ihr denn ersticken im Dunste ihrer Mäuler und Begierden!
Lieber zerbrecht doch die Fenster und springt in's Freie! ◄► Geht doch
dem schlechten Geruche aus dem Wege! Geht fort von der Götzendienerei
der Überflüssigen! ◄► Geht doch dem schlechten Geruche aus dem Wege!
Geht fort von dem Dampfe dieser Menschenopfer! ◄► Frei steht großen
Seelen auch jetzt noch die Erde. Leer sind noch viele Sitze für Einsame und
Zweisame, um die der Geruch stiller Meere weht. ◄► Frei steht noch großen
Seelen ein freies Leben. Wahrlich, wer wenig besitzt, wird um so weniger
besessen: gelobt sei die kleine Armuth! ◄► Dort, wo der Staat aufhört,
da beginnt erst der Mensch, der nicht überflüssig ist: da beginnt das Lied des
Nothwendigen, die einmalige und unersetzliche Weise. ◄► Dort, wo der

Staat aufhört, – so seht mir doch hin, meine Brüder! Seht ihr ihn nicht, den Regenbogen und die Brücken des Übermenschen? –

ALSO SPRACH ZARATHUSTRA.

VON DEN FLIEGEN DES MARKTES

FLIEHE, mein Freund, in deine Einsamkeit! Ich sehe dich betäubt vom Lärme der großen Männer und zerstochen von den Stacheln der kleinen. ✎✎ Würdig wissen Wald und Fels mit dir zu schweigen. Gleiche wieder dem Baume, den du liebst, dem breitästigen: still und aufhorchend hängt er über dem Meere. ✎✎ Wo die Einsamkeit aufhört, da beginnt der Markt; und wo der Markt beginnt, da beginnt auch der Lärm der großen Schauspieler und das Geschwirr der giftigen Fliegen. ✎✎ In der Welt taugen die besten Dinge noch Nichts, ohne Einen, der sie erst aufführt: große Männer heißt das Volk diese Aufführer. ✎✎ Wenig begreift das Volk das Große, das ist: das Schaffende. Aber Sinne hat es für alle Aufführer und Schauspieler großer Sachen. ✎✎ Um die Erfinder von neuen Werthen dreht sich die Welt: – unsichtbar dreht sie sich. Doch um die Schauspieler dreht sich das Volk und der Ruhm: so ist es „der Welt Lauf". ✎✎ Geist hat der Schauspieler, doch wenig Gewissen des Geistes. Immer glaubt er an Das, womit er am stärksten glauben macht, – glauben an sich macht! ✎✎ Morgen hat er einen neuen Glauben und übermorgen einen neueren. Rasche Sinne hat er, gleich dem Volke, und veränderliche Witterungen. ✎✎ Umwerfen – das heißt ihm: beweisen. Toll machen – das heißt ihm: überzeugen. Und Blut gilt ihm als aller Gründe bester. ✎✎ Eine Wahrheit, die nur in feine Ohren schlüpft, nennt er Lüge und Nichts. Wahrlich, er glaubt nur an Götter, die großen Lärm in der Welt machen! ✎✎ Voll von feierlichen Possenreißern ist der Markt – und das Volk rühmt sich seiner großen Männer! das sind ihm die Herrn der Stunde. ✎✎ Aber die Stunde drängt sie: so drängen sie dich. Und auch von dir wollen sie Ja oder Nein. Wehe, du willst zwischen Für und Wider deinen Stuhl setzen? ✎✎ Dieser Unbedingten und Drängenden halber sei ohne Eifersucht, du Liebhaber der Wahrheit! Niemals noch hängte sich die Wahrheit an den Arm eines Unbedingten. ✎✎ Dieser Plötzlichen halber gehe zurück in deine Sicherheit: nur auf dem Markt wird man mit Ja? oder Nein? überfallen. ✎✎ Langsam ist das Erleben allen tiefen Brunnen: lange müssen sie warten, bis sie wissen, was in ihre Tiefe fiel. ✎✎ Abseits vom Markte und Ruhme begiebt sich alles Große: abseits vom Markte und Ruhme wohnten von je die Erfinder neuer Werthe. ✎✎ Fliehe, mein Freund, in deine Einsamkeit: ich sehe dich von giftigen Fliegen zerstochen. Fliehe dorthin, wo rauhe, starke Luft weht! ✎✎ Fliehe in deine Einsamkeit! Du lebtest den Kleinen und Erbärmlichen zu nahe. Fliehe vor ihrer unsichtbaren Rache! Gegen dich sind sie Nichts als Rache. ✎✎ Hebe nicht mehr den Arm gegen sie! Unzählbar sind sie, und es ist nicht dein Loos, Fliegenwedel zu sein. ✎✎ Unzählbar sind diese Kleinen und Erbärmlichen; und manchem stolzen Baue gereichten schon Regentropfen und Unkraut zum Untergange. ✎✎ Du bist kein Stein, aber schon wurdest du hohl von vielen Tropfen. Zerbrechen und zerbersten wirst du mir noch von vielen Tropfen. ✎✎ Ermüdet sehe ich dich durch giftige Fliegen, blutig geritzt sehe ich dich an hundert Stellen; und dein Stolz will nicht einmal zürnen. ✎✎ Blut möchten sie von dir in aller Unschuld, Blut begehren ihre blutlosen Seelen – und sie stechen daher in aller Unschuld. ✎✎ Aber du Tiefer, du leidest zu tief, auch an kleinen Wunden; und ehe du dich noch geheilt hast, kroch dir der gleiche Giftwurm über die Hand. ✎✎ Zu stolz bist du mir dafür, diese Naschhaften zu tödten. Hüte dich aber, daß

26

es nicht dein Verhängniß werde, all ihr giftiges Unrecht zu tragen! Sie summen um dich auch mit ihrem Lobe: Zudringlichkeit ist ihr Loben. Sie wollen die Nähe deiner Haut und deines Blutes. Sie schmeicheln dir wie einem Gotte oder Teufel; sie winseln vor dir wie vor einem Gotte oder Teufel. Was macht es! Schmeichler sind es und Winsler, und nicht mehr. Auch geben sie sich dir oft als Liebenswürdige. Aber das war immer die Klugheit der Feigen. Ja, die Feigen sind klug! Sie denken viel über dich mit ihrer engen Seele, – bedenklich bist du ihnen stets! Alles, was viel bedacht wird, wird bedenklich. Sie bestrafen dich für alle deine Tugenden. Sie verzeihen dir von Grund aus nur – deine Fehlgriffe. Weil du milde bist und gerechten Sinnes, sagst du: „unschuldig sind sie an ihrem kleinen Dasein". Aber ihre enge Seele denkt: „Schuld ist alles große Dasein". Auch wenn du ihnen milde bist, fühlen sie sich noch von dir verachtet; und sie geben dir deine Wohlthat zurück mit versteckten Wehthaten. Dein wortloser Stolz geht immer wider ihren Geschmack; sie frohlocken, wenn du einmal bescheiden genug bist, eitel zu sein. Das, was wir an einem Menschen erkennen, das entzünden wir an ihm auch. Also hüte dich vor den Kleinen! Vor dir fühlen sie sich klein, und ihre Niedrigkeit glimmt und glüht gegen dich in unsichtbarer Rache. Merktest du nicht, wie oft sie stumm wurden, wenn du zu ihnen tratest, und wie ihre Kraft von ihnen gieng, wie der Rauch von einem erlöschenden Feuer? Ja, mein Freund, das böse Gewissen bist du deinen Nächsten: denn sie sind deiner unwerth. Also hassen sie dich und möchten gerne an deinem Blute saugen. Deine Nächsten werden immer giftige Fliegen sein; Das, was groß an dir ist, – das selber muß sie giftiger machen und immer fliegenhafter. Fliehe, mein Freund, in deine Einsamkeit und dorthin, wo eine rauhe, starke Luft weht. Nicht ist es dein Loos, Fliegenwedel zu sein. –

ALSO SPRACH ZARATHUSTRA.

VON DER KEUSCHHEIT

ICH liebe den Wald. In den Städten ist schlecht zu leben: da giebt es zu Viele der Brünstigen. Ist es nicht besser, in die Hände eines Mörders zu gerathen, als in die Träume eines brünstigen Weibes? Und seht mir doch diese Männer an: ihr Auge sagt es – sie wissen nichts Besseres auf Erden, als bei einem Weibe zu liegen. Schlamm ist auf dem Grunde ihrer Seele; und wehe, wenn ihr Schlamm gar noch Geist hat! Daß ihr doch wenigstens als Thiere vollkommen wäret! Aber zum Thiere gehört die Unschuld. Rathe ich euch, eure Sinne zu tödten? Ich rathe euch zur Unschuld der Sinne. Rathe ich euch zur Keuschheit? Die Keuschheit ist bei Einigen eine Tugend, aber bei Vielen beinahe ein Laster. Diese enthalten sich wohl: aber die Hündin Sinnlichkeit blickt mit Neid aus Allem, was sie thun. Noch in den Höhen ihrer Tugend und bis in den kalten Geist hinein folgt ihnen dieß Gethier und sein Unfrieden. Und wie artig weiß die Hündin Sinnlichkeit um ein Stück Geist zu betteln, wenn ihr ein Stück Fleisch versagt wird! Ihr liebt Trauerspiele und Alles, was das Herz zerbricht? Aber ich bin mißtrauisch gegen eure Hündin. Ihr habt mir zu grausame Augen und blickt lüstern nach Leidenden. Hat sich nicht nur eure Wollust verkleidet und heißt sich Mitleiden? Und auch dieß Gleichniß gebe ich euch: nicht Wenige, die ihren Teufel austreiben wollten, fuhren dabei selber in die Säue. Wem die Keuschheit schwer fällt, dem ist sie zu widerrathen: daß sie nicht der Weg zur Hölle werde – das ist zu Schlamm und Brunst der Seele. Rede ich von schmutzigen Dingen? Das ist mir nicht das Schlimmste.

 Nicht, wenn die Wahrheit schmutzig ist, sondern wenn sie seicht ist, steigt der Erkennende ungern in ihr Wasser. Wahrlich, es giebt Keusche von Grund aus: sie sind milder von Herzen, sie lachen lieber und reichlicher als ihr. Sie lachen auch über die Keuschheit und fragen: „was ist Keuschheit! Ist Keuschheit nicht Thorheit? Aber diese Thorheit kam zu uns, und nicht wir zu ihr. Wir boten diesem Gaste Herberge und Herz: nun wohnt er bei uns, – mag er bleiben, wie lange er will!"

ALSO SPRACH ZARATHUSTRA.

VOM FREUNDE

EINER ist immer zu viel um mich – also denkt der Einsiedler. „Immer Ein-mal Eins – das giebt auf die Dauer Zwei!" Ich und Mich sind immer zu eifrig im Gespräche: wie wäre es auszuhalten, wenn es nicht einen Freund gäbe? Immer ist für den Einsiedler der Freund der Dritte: der Dritte ist der Kork, der verhindert, daß das Gespräch der Zweie in die Tiefe sinkt. Ach, es giebt zu viele Tiefen für alle Einsiedler. Darum sehnen sie sich so nach einem Freunde und nach seiner Höhe. Unser Glaube an Andre verräth, worin wir gerne an uns selber glauben möchten. Unsre Sehn-sucht nach einem Freunde ist unser Verräther. Und oft will man mit der Liebe nur den Neid überspringen. Und oft greift man an und macht sich einen Feind, um zu verbergen, daß man angreifbar ist. „Sei wenigstens mein Feind!" – so spricht die wahre Ehrfurcht, die nicht um Freundschaft zu bitten wagt. Will man einen Freund haben, so muß man auch für ihn Krieg führen wollen: und um Krieg zu führen, muß man Feind sein können. Man soll in seinem Freunde noch den Feind ehren. Kannst du an deinen Freund dicht herantreten, ohne zu ihm überzutreten? In seinem Freunde soll man seinen besten Feind haben. Du sollst ihm am nächsten mit dem Herzen sein, wenn du ihm widerstrebst. Du willst vor deinem Freunde kein Kleid tragen? Es soll deines Freundes Ehre sein, daß du dich ihm giebst, wie du bist? Aber er wünscht dich darum zum Teufel! Wer aus sich kein Hehl macht, empört: so sehr habt ihr Grund, die Nacktheit zu fürchten! Ja, wenn ihr Götter wäret, da dürftet ihr euch eurer Kleider schämen! Du kannst dich für deinen Freund nicht schön genug putzen: denn du sollst ihm ein Pfeil und eine Sehnsucht nach dem Übermenschen sein. Sahst du deinen Freund schon schlafen, – damit du erfahrest, wie er aussieht? Was ist doch sonst das Gesicht deines Freundes? Es ist dein eignes Gesicht, auf einem rauhen und unvoll-kommnen Spiegel. Sahst du deinen Freund schon schlafen? Erschrakst du nicht, daß dein Freund so aussieht? Oh, mein Freund, der Mensch ist Et-was, das überwunden werden muß. Im Errathen und Stillschweigen soll der Freund Meister sein: nicht Alles mußt du sehn wollen. Dein Traum soll dir verrathen, was dein Freund im Wachen thut. Ein Errathen sei dein Mitleiden: daß du erst wissest, ob dein Freund Mitleiden wolle. Vielleicht liebt er an dir das ungebrochne Auge und den Blick der Ewigkeit. Das Mitleiden mit dem Freunde berge sich unter einer harten Schale, an ihm sollst du dir einen Zahn ausbeißen. So wird es seine Feinheit und Süße haben. Bist du reine Luft und Einsamkeit und Brod und Arznei deinem Freun-de? Mancher kann seine eignen Ketten nicht lösen und doch ist er dem Freun-de ein Erlöser. Bist du ein Sclave? So kannst du nicht Freund sein. Bist du ein Tyrann? So kannst du nicht Freunde haben. Allzulange war im Weibe ein Sclave und ein Tyrann versteckt. Deßhalb ist das Weib noch nicht der Freundschaft fähig: es kennt nur die Liebe. In der Liebe des Wei-bes ist Ungerechtigkeit und Blindheit gegen Alles, was es nicht liebt. Und

28

auch in der wiffenden Liebe des Weibes ift immer noch Überfall und Bliß und Nacht neben dem Lichte. ❧ Noch ift das Weib nicht der Freundfchaft fähig: Katzen find immer noch die Weiber, und Vögel. Oder, beften Falles, Kühe. ❧ Noch ift das Weib nicht der Freundfchaft fähig. Aber fagt mir, ihr Männer, wer von euch ift denn fähig der Freundfchaft? ❧ Oh über eure Armuth, ihr Männer, und euren Geiz der Seele! Wie viel ihr dem Freunde gebt, das will ich noch meinem Feinde geben, und will auch nicht ärmer damit geworden fein. ❧ Es giebt Kameradfchaft: möge es Freundfchaft geben!

ALSO SPRACH ZARATHUSTRA.

VON TAUSEND UND EINEM ZIELE

VIELE Länder fah Zarathuftra und viele Völker: fo entdeckte er vieler Völker Gutes und Böfes. Keine größere Macht fand Zarathuftra auf Erden, als Gut und Böfe. ❧ Leben könnte kein Volk, das nicht erft fchätzte; will es fich aber erhalten, fo darf es nicht fchätzen, wie der Nachbar fchätzt. ❧ Vieles, das diefem Volke gut hieß, hieß einem andern Hohn und Schmach: alfo fand ich's. Vieles fand ich hier böfe genannt und dort mit purpurnen Ehren geputzt. ❧ Nie verftand ein Nachbar den andern: ftets verwunderte fich feine Seele ob des Nachbarn Wahn und Bosheit. ❧ Eine Tafel der Güter hängt über jedem Volke. Siehe, es ift feiner Überwindungen Tafel; fiehe, es ift die Stimme feines Willens zur Macht. ❧ Löblich ift, was ihm fchwer gilt; was unerläßlich und fchwer, heißt gut; und was aus der höchften Noth noch befreit, das Seltene, Schwerfte, – das preift es heilig. ❧ Was da macht, daß es herrfcht und fiegt und glänzt, feinem Nachbarn zu Grauen und Neide: das gilt ihm das Hohe, das Erfte, das Meffende, der Sinn aller Dinge. ❧ Wahrlich, mein Bruder, erkannteft du erft eines Volkes Noth und Land und Himmel und Nachbar: fo erräthft du wohl das Gefetz feiner Überwindungen, und warum es auf diefer Leiter zu feiner Hoffnung fteigt. ❧ „Immer follft du der Erfte fein und den Andern vorragen: Niemanden foll deine eiferfüchtige Seele lieben, es fei denn den Freund" – dieß machte einem Griechen die Seele zittern: dabei gieng er feinen Pfad der Größe. ❧ „Wahrheit reden und gut mit Bogen und Pfeil verkehren"—fo dünkte es jenem Volke zugleich lieb und fchwer, aus dem mein Name kommt – der Name, welcher mir zugleich lieb und fchwer ift. ❧ „Vater und Mutter ehren und bis in die Wurzel der Seele hinein ihnen zu Willen fein": diefe Tafel der Überwindung hängte ein andres Volk über fich auf und wurde mächtig und ewig damit. ❧ „Treue üben und um der Treue willen Ehre und Blut auch an böfe und gefährliche Sachen fetzen": alfo fich lehrend bezwang fich ein anderes Volk, und alfo fich bezwingend wurde es fchwanger und fchwer von großen Hoffnungen. ❧ Wahrlich, die Menfchen gaben fich alles ihr Gutes und Böfes. Wahrlich, fie nahmen es nicht, fie fanden es nicht, es fiel ihnen nicht als Stimme vom Himmel. ❧ Werthe legte erft der Menfch in die Dinge, fich zu erhalten, – er fchuf erft den Dingen Sinn, einen Menfchen-Sinn! Darum nennt er fich „Menfch", das ift: der Schätzende. ❧ Schätzen ift Schaffen: hört es, ihr Schaffenden! Schätzen felber ift aller gefchätzten Dinge Schatz und Kleinod. ❧ Durch das Schätzen erft giebt es Werth: und ohne das Schätzen wäre die Nuß des Dafeins hohl. Hört es, ihr Schaffenden! ❧ Wandel der Werthe, – das ift Wandel der Schaffenden. Immer vernichtet, wer ein Schöpfer fein muß. ❧ Schaffende waren erft Völker, und fpät erft Einzelne; wahrlich, der Einzelne felber ift noch die jüngfte Schöpfung. ❧ Völker hängten fich einft eine Tafel des Guten über fich. Liebe, die herrfchen will, und Liebe, die gehorchen will, erfchufen fich zufammen folche Tafeln. ❧ Älter ift an der

Heerde die Luft, als die Luft am Ich: und so lange das gute Gewissen Heerde heißt, sagt nur das schlechte Gewissen: Ich. ᴥᴥ Wahrlich, das schlaue Ich, das lieblose, das seinen Nutzen im Nutzen Vieler will: das ist nicht der Heerde Ursprung, sondern ihr Untergang. ᴥᴥ Liebende waren es stets und Schaffende, die schufen Gut und Böse. Feuer der Liebe glüht in aller Tugenden Namen und Feuer des Zorns. ᴥᴥ Viele Länder sah Zarathustra und viele Völker: keine größere Macht fand Zarathustra auf Erden, als die Werke der Liebenden: „gut" und „böse" ist ihr Name. ᴥᴥ Wahrlich, ein Ungethüm ist die Macht dieses Lobens und Tadelns. Sagt, wer bezwingt es mir, ihr Brüder? Sagt, wer wirft diesem Thier die Fessel über die tausend Nacken? ᴥᴥ Tausend Ziele gab es bisher, denn tausend Völker gab es. Nur die Fessel der tausend Nacken fehlt noch, es fehlt das Eine Ziel. Noch hat die Menschheit kein Ziel. ᴥᴥ Aber sagt mir doch, meine Brüder: wenn der Menschheit das Ziel noch fehlt, fehlt da nicht auch – sie selber noch? –

ALSO SPRACH ZARATHUSTRA.

VON DER NÄCHSTENLIEBE

IHR drängt euch um den Nächsten und habt schöne Worte dafür. Aber ich sage euch: eure Nächstenliebe ist eure schlechte Liebe zu euch selber. ᴥᴥ Ihr flüchtet zum Nächsten vor euch selber und möchtet euch daraus eine Tugend machen: aber ich durchschaue euer „Selbstloses". ᴥᴥ Das Du ist älter als das Ich; das Du ist heilig gesprochen, aber noch nicht das Ich: so drängt sich der Mensch hin zum Nächsten. ᴥᴥ Rathe ich euch zur Nächstenliebe? Lieber noch rathe ich euch zur Nächsten-Flucht und zur Fernsten-Liebe! ᴥᴥ Höher als die Liebe zum Nächsten steht die Liebe zum Fernsten und Künftigen; höher noch als die Liebe zu Menschen gilt mir die Liebe zu Sachen und Gespenstern. ᴥᴥ Dieß Gespenst, das vor dir herläuft, mein Bruder, ist schöner als du; warum giebst du ihm nicht dein Fleisch und deine Knochen? Aber du fürchtest dich und läufst zu deinem Nächsten. ᴥᴥ Ihr haltet es mit euch selber nicht aus und liebt euch nicht genug: nun wollt ihr den Nächsten zur Liebe verführen und euch mit seinem Irrthum vergolden. ᴥᴥ Ich wollte, ihr hieltet es nicht aus mit allerlei Nächsten und deren Nachbarn; so müßtet ihr aus euch selber euren Freund und sein überwallendes Herz schaffen. ᴥᴥ Ihr ladet euch einen Zeugen ein, wenn ihr von euch gut reden wollt; und wenn ihr ihn verführt habt, gut von euch zu denken, denkt ihr selber gut von euch. ᴥᴥ Nicht nur Der lügt, welcher wider sein Wissen redet, sondern erst recht Der, welcher wider sein Nichtwissen redet. Und so redet ihr von euch im Verkehre und belügt mit euch den Nachbar. ᴥᴥ Also spricht der Narr: „der Umgang mit Menschen verdirbt den Charakter, sonderlich wenn man keinen hat." ᴥᴥ Der Eine geht zum Nächsten, weil er sich sucht, und der Andre, weil er sich verlieren möchte. Eure schlechte Liebe zu euch selber macht euch aus der Einsamkeit ein Gefängniß. ᴥᴥ Die Ferneren sind es, welche eure Liebe zum Nächsten bezahlen; und schon wenn ihr zu fünfen mit einander seid, muß immer ein sechster sterben. ᴥᴥ Ich liebe auch eure Feste nicht: zu viel Schauspieler fand ich dabei, und auch die Zuschauer gebärdeten sich oft gleich Schauspielern. ᴥᴥ Nicht den Nächsten lehre ich euch, sondern den Freund. Der Freund sei euch das Fest der Erde und ein Vorgefühl des Übermenschen. ᴥᴥ Ich lehre euch den Freund und sein übervolles Herz. Aber man muß verstehn, ein Schwamm zu sein, wenn man von übervollen Herzen geliebt sein will. ᴥᴥ Ich lehre euch den Freund, in dem die Welt fertig dasteht, eine Schale des Guten, – den schaffenden Freund, der immer eine fertige Welt zu verschenken hat. ᴥᴥ Und wie ihm die Welt aus-

30

einander rollte, so rollt sie ihm wieder in Ringen zusammen, als das Werden
des Guten durch das Böse, als das Werden der Zwecke aus dem Zufalle.
◄► Die Zukunft und das Fernste sei dir die Ursache deines Heute: in deinem Freunde sollst du den Übermenschen als deine Ursache lieben. ◄► Meine Brüder, zur Nächstenliebe rathe ich euch nicht: ich rathe euch zur Fernsten-
Liebe. –

ALSO SPRACH
ZARATHUSTRA.

VOM WEGE DES SCHAFFENDEN

WILLST du, mein Bruder, in die Vereinsamung gehen? Willst du den
Weg zu dir selber suchen? Zaudere noch ein Wenig und höre mich.
◄► „Wer sucht, der geht leicht selber verloren. Alle Vereinsamung ist Schuld":
also spricht die Heerde. Und du gehörtest lange zur Heerde. ◄► Die Stimme
der Heerde wird auch in dir noch tönen. Und wenn du sagen wirst „ich habe
nicht mehr Ein Gewissen mit euch", so wird es eine Klage und ein Schmerz sein.
◄► Siehe, diesen Schmerz selber gebar noch das Eine Gewissen: und dieses
Gewissens letzter Schimmer glüht noch auf deiner Trübsal. ◄► Aber du willst
den Weg deiner Trübsal gehen, welches ist der Weg zu dir selber? So zeige
mir dein Recht und deine Kraft dazu! ◄► Bist du eine neue Kraft und ein
neues Recht? Eine erste Bewegung? Ein aus sich rollendes Rad? Kannst du
auch Sterne zwingen, daß sie um dich sich drehen? ◄► Ach, es giebt so viel
Lüsternheit nach Höhe! Es giebt so viel Krämpfe der Ehrgeizigen! Zeige mir,
daß du keiner der Lüsternen und Ehrgeizigen bist! ◄► Ach, es giebt so viel
große Gedanken, die thun nicht mehr als ein Blasebalg: sie blasen auf und
machen leerer. ◄► Frei nennst du dich? Deinen herrschenden Gedanken
will ich hören und nicht, daß du einem Joche entronnen bist. ◄► Bist du ein
Solcher, der einem Joche entrinnen durfte? Es giebt Manchen, der seinen letzten Werth wegwarf, als er seine Dienstbarkeit wegwarf. ◄► Frei wovon?
Was schiert das Zarathustra! Hell aber soll mir dein Auge künden: frei wozu?
◄► Kannst du dir selber dein Böses und dein Gutes geben und deinen Willen
über dich aufhängen wie ein Gesetz? Kannst du dir selber Richter sein und
Rächer deines Gesetzes? ◄► Furchtbar ist das Alleinsein mit dem Richter
und Rächer des eignen Gesetzes. Also wird ein Stern hinausgeworfen in den
öden Raum und in den eisigen Athem des Alleinseins. ◄► Heute noch leidest
du an den Vielen, du Einer: heute noch hast du deinen Muth ganz und deine
Hoffnungen. ◄► Aber einst wird dich die Einsamkeit müde machen, einst
wird dein Stolz sich krümmen und dein Muth knirschen. Schreien wirst du
einst „ich bin allein!" ◄► Einst wirst du dein Hohes nicht mehr sehn und dein
Niedriges allzunahe; dein Erhabenes selbst wird dich fürchten machen wie
ein Gespenst. Schreien wirst du einst: „Alles ist falsch!" ◄► Es giebt Gefühle,
die den Einsamen tödten wollen; gelingt es ihnen nicht, nun, so müssen sie selber sterben! Aber vermagst du das, Mörder zu sein? ◄► Kennst du, mein
Bruder, schon das Wort „Verachtung"? Und die Qual deiner Gerechtigkeit,
Solchen gerecht zu sein, die dich verachten? ◄► Du zwingst Viele, über dich
umzulernen; das rechnen sie dir hart an. Du kamst ihnen nahe und giengst
doch vorüber: das verzeihen sie dir niemals. ◄► Du gehst über sie hinaus:
aber je höher du steigst, um so kleiner sieht dich das Auge des Neides. Am
meisten aber wird der Fliegende gehaßt. ◄► „Wie wolltet ihr gegen mich
gerecht sein! – mußt du sprechen – ich erwähle mir eure Ungerechtigkeit als
den mir zugemeßnen Theil." ◄► Ungerechtigkeit und Schmutz werfen sie
nach dem Einsamen: aber, mein Bruder, wenn du ein Stern sein willst, so mußt
du ihnen deßhalb nicht weniger leuchten! ◄► Und hüte dich vor den Guten

und Gerechten! Sie kreuzigen gerne Die, welche sich ihre eigne Tugend erfinden, – sie haffen den Einsamen. Hüte dich auch vor der heiligen Einfalt! Alles ist ihr unheilig, was nicht einfältig ist; sie spielt auch gerne mit dem
Feuer – der Scheiterhaufen. Und hüte dich auch vor den Anfällen deiner
Liebe! Zu schnell streckt der Einsame Dem die Hand entgegen, der ihm begegnet. Manchem Menschen darfst du nicht die Hand geben, sondern
nur die Tatze: und ich will, daß deine Tatze auch Krallen habe. Aber der
schlimmste Feind, dem du begegnen kannst, wirst du immer dir selber sein; du
selber lauerst dir auf in Höhlen und Wäldern. Einsamer, du gehst den
Weg zu dir selber! Und an dir selber führt dein Weg vorbei, und an deinen
sieben Teufeln! Ketzer wirst du dir selber sein und Hexe und Wahrsager
und Narr und Zweifler und Unheiliger und Bösewicht. Verbrennen
mußt du dich wollen in deiner eignen Flamme: wie wolltest du neu werden,
wenn du nicht erst Asche geworden bist! Einsamer, du gehst den Weg
des Schaffenden: einen Gott willst du dir schaffen aus deinen sieben Teufeln!
Einsamer, du gehst den Weg des Liebenden: dich selber liebst du und
deßhalb verachtest du dich, wie nur Liebende verachten. Schaffen will
der Liebende, weil er verachtet! Was weiß Der von Liebe, der nicht gerade
verachten mußte, was er liebte! Mit deiner Liebe gehe in deine Vereinsamung und mit deinem Schaffen, mein Bruder; und spät erst wird die Gerechtigkeit dir nachhinken. Mit meinen Thränen gehe in deine Vereinsamung, mein Bruder. Ich liebe Den, der über sich selber hinaus schaffen will
und so zu Grunde geht. –

ALSO SPRACH
ZARATHUSTRA.

VON ALTEN UND JUNGEN WEIB-
LEIN

WAS schleichst du so scheu durch die Dämmerung, Zarathustra? Und
was birgst du behutsam unter deinem Mantel? Ist es ein Schatz,
der dir geschenkt? oder ein Kind, das dir geboren wurde? Oder gehst du jetzt
selber auf den Wegen der Diebe, du Freund der Bösen?" – Wahrlich,
mein Bruder! sprach Zarathustra, es ist ein Schatz, der mir geschenkt wurde:
eine kleine Wahrheit ist's, die ich trage. Aber sie ist ungebärdig wie ein
junges Kind; und wenn ich ihr nicht den Mund halte, so schreit sie überlaut.
Als ich heute allein meines Weges gieng, zur Stunde, wo die Sonne sinkt,
begegnete mir ein altes Weiblein und redete also zu meiner Seele: "Vieles
sprach Zarathustra auch zu uns Weibern, doch nie sprach er uns über das
Weib." Und ich entgegnete ihr: "über das Weib soll man nur zu Männern
reden." "Rede auch zu mir vom Weibe, sprach sie; ich bin alt genug, um
es gleich wieder zu vergessen." Und ich willfahrte dem alten Weiblein
und sprach also zu ihm: Alles am Weibe ist ein Räthsel, und Alles am
Weibe hat Eine Lösung: sie heißt Schwangerschaft. Der Mann ist für
das Weib ein Mittel: der Zweck ist immer das Kind. Aber was ist das Weib
für den Mann? Zweierlei will der echte Mann: Gefahr und Spiel. Deßhalb will er das Weib, als das gefährlichste Spielzeug. Der Mann soll
zum Kriege erzogen werden, und das Weib zur Erholung des Kriegers: alles
Andre ist Thorheit. Allzusüße Früchte – die mag der Krieger nicht. Darum mag er das Weib; bitter ist auch noch das süßeste Weib. Besser als
ein Mann versteht das Weib die Kinder, aber der Mann ist kindlicher als das
Weib. Im echten Manne ist ein Kind versteckt: das will spielen. Auf, ihr
Frauen, so entdeckt mir doch das Kind im Manne! Ein Spielzeug sei das

32

Weib, rein und fein, dem Edelfteine gleich, beftrahlt von den Tugenden einer Welt, welche noch nicht da ift. ꙮꙮ Der Strahl eines Sternes glänze in eurer Liebe! Eure Hoffnung heiße: „möge ich den Übermenfchen gebären!" ꙮꙮ In eurer Liebe fei Tapferkeit! Mit eurer Liebe follt ihr auf Den losgehn, der euch Furcht einflößt. ꙮꙮ In eurer Liebe fei eure Ehre! Wenig verfteht fich fonft das Weib auf Ehre. Aber dieß fei eure Ehre, immer mehr zu lieben, als ihr geliebt werdet, und nie die Zweiten zu fein. ꙮꙮ Der Mann fürchte fich vor dem Weibe, wenn es liebt: da bringt es jedes Opfer, und jedes andre Ding gilt ihm ohne Werth. ꙮꙮ Der Mann fürchte fich vor dem Weibe, wenn es haßt: denn der Mann ift im Grunde der Seele nur böse, das Weib aber ift dort fchlecht. ꙮꙮ Wen haßt das Weib am meiften? – Alfo fprach das Eifen zum Magneten: „ich haffe dich am meiften, weil du anziehft, aber nicht ftark ge- nug bift, an dich zu ziehen." ꙮꙮ Das Glück des Mannes heißt: ich will. Das Glück des Weibes heißt: er will. ꙮꙮ „Siehe, jetzt eben ward die Welt voll- kommen!" – alfo denkt ein jedes Weib, wenn es aus ganzer Liebe gehorcht. ꙮꙮ Und gehorchen muß das Weib und eine Tiefe finden zu feiner Ober- fläche. Oberfläche ift des Weibes Gemüth, eine bewegliche ftürmifche Haut auf einem feichten Gewäffer. ꙮꙮ Des Mannes Gemüth aber ift tief, fein Strom raufcht in unterirdifchen Höhlen: das Weib ahnt feine Kraft, aber be- greift fie nicht. – ꙮꙮ Da entgegnete mir das alte Weiblein: „Vieles Artige fagte Zarathuftra und fonderlich für Die, welche jung genug dazu find. ꙮꙮ Seltfam ift's, Zarathuftra kennt wenig die Weiber, und doch hat er über fie Recht! Gefchieht dieß deßhalb, weil beim Weibe kein Ding unmöglich ift? ꙮꙮ Und nun nimm zum Danke eine kleine Wahrheit! Bin ich doch alt ge- nug für fie! ꙮꙮ Wickle fie ein und halte ihr den Mund: fonft fchreit fie über- laut, diefe kleine Wahrheit." ꙮꙮ „Gieb mir, Weib, deine kleine Wahrheit!" fagte ich. Und alfo fprach das alte Weiblein: ꙮꙮ „Du gehft zu Frauen? Ver- giß die Peitfche nicht!" –

ALSO SPRACH ZARATHUSTRA.

VOM BISS DER NATTER

EINES Tages war Zarathuftra unter einem Feigenbaume eingefchlafen, da es heiß war, und hatte feine Arme über das Geficht gelegt. Da kam eine Natter und biß ihn in den Hals, fo daß Zarathuftra vor Schmerz auf- fchrie. Als er den Arm vom Geficht genommen hatte, fah er die Schlange an: da erkannte fie die Augen Zarathuftra's, wand fich ungefchickt und wollte davon. „Nicht doch, fprach Zarathuftra; noch nahmft du meinen Dank nicht an! Du weckteft mich zur Zeit, mein Weg ift noch lang." „Dein Weg ift noch kurz," fagte die Natter traurig; „mein Gift tödtet." Zarathuftra lächelte. „Wann ftarb wohl je ein Drache am Gift einer Schlange?" – fagte er. „Aber nimm dein Gift zurück! Du bift nicht reich genug, es mir zu fchenken." Da fiel ihm die Natter von Neuem um den Hals und leckte ihm feine Wunde. ꙮꙮ Als Zarathuftra dieß einmal feinen Jüngern erzählte, fragten fie: „Und was, oh Zarathuftra, ift die Moral deiner Gefchichte?" Zarathuftra antwortete darauf alfo: ꙮꙮ Den Vernichter der Moral heißen mich die Guten und Ge- rechten: meine Gefchichte ift unmoralifch. ꙮꙮ So ihr aber einen Feind habt, fo vergeltet ihm nicht Böfes mit Gutem: denn das würde befchämen. Sondern beweift, daß er euch etwas Gutes angethan hat. ꙮꙮ Und lieber zürnt noch, als daß ihr befchämt! Und wenn euch geflucht wird, fo gefällt es mir nicht, daß ihr dann fegnen wollt. Lieber ein Wenig mitfluchen! ꙮꙮ Und gefchah euch ein großes Unrecht, fo thut mir gefchwind fünf kleine dazu! Gräßlich ift Der anzufehn, den allein das Unrecht drückt. ꙮꙮ Wußtet ihr dieß fchon?

Getheiltes Unrecht ist halbes Recht. Und Der soll das Unrecht auf sich nehmen, der es tragen kann! ◌ Eine kleine Rache ist menschlicher als gar keine Rache. Und wenn die Strafe nicht auch ein Recht und eine Ehre ist für den Übertretenden, so mag ich auch euer Strafen nicht. ◌ Vornehmer ist's, sich Unrecht zu geben als Recht zu behalten, sonderlich wenn man Recht hat. Nur muß man reich genug dazu sein. ◌ Ich mag eure kalte Gerechtigkeit nicht; und aus dem Auge eurer Richter blickt mir immer der Henker und sein kaltes Eisen. ◌ Sagt, wo findet sich die Gerechtigkeit, welche Liebe mit sehenden Augen ist? ◌ So erfindet mir doch die Liebe, welche nicht nur alle Strafe, sondern auch alle Schuld trägt! ◌ So erfindet mir doch die Gerechtigkeit, die Jeden freispricht, ausgenommen den Richtenden! ◌ Wollt ihr auch dieß noch hören? An Dem, der von Grund aus gerecht sein will, wird auch noch die Lüge zur Menschen-Freundlichkeit. ◌ Aber wie wollte ich gerecht sein von Grund aus! Wie kann ich Jedem das Seine geben! Dieß sei mir genug: ich gebe Jedem das Meine. ◌ Endlich, meine Brüder, hütet euch Unrecht zu thun allen Einsiedlern! Wie könnte ein Einsiedler vergessen! Wie könnte er vergelten! ◌ Wie ein tiefer Brunnen ist ein Einsiedler. Leicht ist es, einen Stein hineinzuwerfen; sank er aber bis zum Grunde, sagt, wer will ihn wieder hinausbringen? ◌ Hütet euch, den Einsiedler zu beleidigen! Thatet ihr's aber, nun, so tödtet ihn auch noch!

ALSO SPRACH ZARATHUSTRA.

VON KIND UND EHE

ICH habe eine Frage für dich allein, mein Bruder: wie ein Senkblei werfe ich diese Frage in deine Seele, daß ich wisse, wie tief sie sei. ◌ Du bist jung und wünschest dir Kind und Ehe. Aber ich frage dich: bist du ein Mensch, der ein Kind sich wünschen darf? ◌ Bist du der Siegreiche, der Selbstbezwinger, der Gebieter der Sinne, der Herr deiner Tugenden? Also frage ich dich. ◌ Oder redet aus deinem Wunsche das Thier und die Nothdurft? Oder Vereinsamung? Oder Unfriede mit dir? ◌ Ich will, daß dein Sieg und deine Freiheit sich nach einem Kinde sehne. Lebendige Denkmale sollst du bauen deinem Siege und deiner Befreiung. ◌ Über dich sollst du hinausbauen. Aber erst mußt du mir selber gebaut sein, rechtwinklig an Leib und Seele. ◌ Nicht nur fort sollst du dich pflanzen, sondern hinauf! Dazu helfe dir der Garten der Ehe! ◌ Einen höheren Leib sollst du schaffen, eine erste Bewegung, ein aus sich rollendes Rad, – einen Schaffenden sollst du schaffen. ◌ Ehe: so heiße ich den Willen zu Zweien, das Eine zu schaffen, das mehr ist, als die es schufen. Ehrfurcht vor einander nenne ich Ehe als vor den Wollenden eines solchen Willens. ◌ Dieß sei der Sinn und die Wahrheit deiner Ehe. Aber Das, was die Viel-zu-Vielen Ehe nennen, diese Überflüssigen, – ach, wie nenne ich das? ◌ Ach, diese Armuth der Seele zu Zweien! Ach, dieser Schmutz der Seele zu Zweien! Ach, dieß erbärmliche Behagen zu Zweien! ◌ Ehe nennen sie dieß Alles; und sie sagen, ihre Ehen seien im Himmel geschlossen. ◌ Nun, ich mag ihn nicht, diesen Himmel der Überflüssigen! Nein, ich mag sie nicht, diese im himmlischen Netz verschlungenen Thiere! ◌ Ferne bleibe mir auch der Gott, der heranhinkt, zu segnen, was er nicht zusammenfügte! ◌ Lacht mir nicht über solche Ehen! Welches Kind hätte nicht Grund, über seine Eltern zu weinen? ◌ Würdig schien mir dieser Mann und reif für den Sinn der Erde: aber als ich sein Weib sah, schien mir die Erde ein Haus für Unsinnige. ◌ Ja, ich wollte, daß die Erde in Krämpfen bebte, wenn sich ein Heiliger und eine Gans mit einander paaren. ◌ Dieser gieng wie ein Held auf Wahrheiten aus und endlich erbeutete er sich eine kleine gepußte Lüge. Seine Ehe nennt er's. ᘓᘓ Jener war spröde im Verkehre und wählte wählerisch. Aber mit Einem Male verdarb er für alle Male seine Gesellschaft: seine Ehe nennt er's. ᘓᘓ Jener suchte eine Magd mit den Tugenden eines Engels. Aber mit Einem Male wurde er die Magd eines Weibes, und nun thäte es noth, daß er darüber noch zum Engel werde. ᘓᘓ Sorgsam fand ich jetzt alle Käufer, und Alle haben listige Augen. Aber seine Frau kauft auch der Listigste noch im Sack. ᘓᘓ Viele kurze Thorheiten – das heißt bei euch Liebe. Und eure Ehe macht vielen kurzen Thorheiten ein Ende, als Eine lange Dummheit. ᘓᘓ Eure Liebe zum Weibe und des Weibes Liebe zum Manne: ach, möchte sie doch Mitleiden sein mit leidenden und verhüllten Göttern! Aber zumeist errathen zwei Thiere einander. ᘓᘓ Aber auch noch eure beste Liebe ist nur ein verzücktes Gleichniß und eine schmerzhafte Gluth. Eine Fackel ist sie, die euch zu höheren Wegen leuchten soll. ᘓᘓ Über euch hinaus sollt ihr einst lieben! So lernt erst lieben! Und darum mußtet ihr den bittern Kelch eurer Liebe trinken. ᘓᘓ Bitterniß ist im Kelch auch der besten Liebe: so macht sie Sehnsucht zum Übermenschen, so macht sie Durst dir, dem Schaffenden! ᘓᘓ Durst dem Schaffenden, Pfeil und Sehnsucht zum Übermenschen: sprich, mein Bruder, ist dieß dein Wille zur Ehe? ᘓᘓ Heilig heißt mir solch ein Wille und solche Ehe. –

ALSO SPRACH ZARATHUSTRA.

VOM FREIEN TODE

VIELE sterben zu spät, und Einige sterben zu früh. Noch klingt fremd die Lehre: „stirb zur rechten Zeit!" ᘓᘓ Stirb zur rechten Zeit: also lehrt es Zarathustra. ᘓᘓ Freilich, wer nie zur rechten Zeit lebt, wie sollte der je zur rechten Zeit sterben? Möchte er doch nie geboren sein! – Also rathe ich den Überflüssigen. ᘓᘓ Aber auch die Überflüssigen thun noch wichtig mit ihrem Sterben, und auch die hohlste Nuß will noch geknackt sein. ᘓᘓ Wichtig nehmen Alle das Sterben: aber noch ist der Tod kein Fest. Noch erlernten die Menschen nicht, wie man die schönsten Feste weiht. ᘓᘓ Den vollbringenden Tod zeige ich euch, der den Lebenden ein Stachel und ein Gelöbniß wird. ᘓᘓ Seinen Tod stirbt der Vollbringende, siegreich, umringt von Hoffenden und Gelobenden. ᘓᘓ Also sollte man sterben lernen; und es sollte kein Fest geben, wo ein solcher Sterbender nicht der Lebenden Schwüre weihte! ᘓᘓ Also zu sterben ist das Beste; das Zweite aber ist: im Kampfe zu sterben und eine große Seele zu verschwenden. ᘓᘓ Aber dem Kämpfenden gleich verhaßt wie dem Sieger ist euer grinsender Tod, der heranschleicht wie ein Dieb – und doch als Herr kommt. ᘓᘓ Meinen Tod lobe ich euch, den freien Tod, der mir kommt, weil ich will. ᘓᘓ Und wann werde ich wollen? – Wer ein Ziel hat und einen Erben, der will den Tod zur rechten Zeit für Ziel und Erben. ᘓᘓ Und aus Ehrfurcht vor Ziel und Erben wird er keine dürren Kränze mehr im Heiligthum des Lebens aufhängen. ᘓᘓ Wahrlich, nicht will ich den Seildrehern gleichen: sie ziehen ihren Faden in die Länge und gehen dabei selber immer rückwärts. ᘓᘓ Mancher wird auch für seine Wahrheiten und Siege zu alt; ein zahnloser Mund hat nicht mehr das Recht zu jeder Wahrheit. ᘓᘓ Und Jeder, der Ruhm haben will, muß sich bei Zeiten von der Ehre verabschieden und die schwere Kunst üben, zur rechten Zeit zu – gehn. ᘓᘓ Man muß aufhören, sich essen zu lassen, wenn man am besten schmeckt: das wissen Die, welche lange geliebt werden wollen. ᘓᘓ Saure Äpfel giebt es freilich, deren Loos will, daß sie bis auf den letzten Tag des Herbstes warten: und zugleich werden sie reif, gelb und runzelig. ᘓᘓ Andern altert das Herz zuerst und Andern der Geist. Und Einige sind greis in der Jugend: aber spät jung erhält lang jung. ◁▷ Manchem mißräth das Leben: ein Giftwurm frißt sich ihm an's Herz. So möge er zusehn, daß ihm das Sterben um so mehr gerathe. ◁▷ Mancher wird nie süß, er fault im Sommer schon. Feigheit ist es, die ihn an seinem Aste festhält. ◁▷ Viel zu Viele leben und viel zu lange hängen sie an ihren Ästen. Möchte ein Sturm kommen, der all dieß Faule und Wurmfreßne vom Baume schüttelt! ◁▷ Möchten Prediger kommen des schnellen Todes! Das wären mir die rechten Stürme und Schüttler an Lebensbäumen! Aber ich höre nur den langsamen Tod predigen und Geduld mit allem „Irdischen". ◁▷ Ach, ihr predigt Geduld mit dem Irdischen? Dieses Irdische ist es, das zu viel Geduld mit euch hat, ihr Lästermäuler! ◁▷ Wahrlich, zu früh starb jener Hebräer, den die Prediger des langsamen Todes ehren: und Vielen ward es seitdem zum Verhängniß, daß er zu früh starb. ◁▷ Noch kannte er nur Thränen und die Schwermuth des Hebräers, sammt dem Hasse der Guten und Gerechten, – der Hebräer Jesus: da überfiel ihn die Sehnsucht zum Tode. ◁▷ Wäre er doch in der Wüste geblieben und ferne von den Guten und Gerechten! Vielleicht hätte er leben gelernt und die Erde lieben gelernt – und das Lachen dazu! ◁▷ Glaubt es mir, meine Brüder! Er starb zu früh; er selber hätte seine Lehre widerrufen, wäre er bis zu meinem Alter gekommen! Edel genug war er zum Widerrufen! ◁▷ Aber ungereift war er noch. Unreif liebt der Jüngling, und unreif haßt er auch Mensch und Erde. Angebunden und schwer ist ihm noch Gemüth und Geistesflügel. ◁▷ Aber im Manne ist mehr Kind als im Jünglinge, und weniger Schwermuth: besser versteht er sich auf Tod und Leben. ◁▷ Frei zum Tode und frei im Tode, ein heiliger Nein-sager, wenn es nicht Zeit mehr ist zum Ja: also versteht er sich auf Tod und Leben. ◁▷ Daß euer Sterben keine Lästerung sei auf Mensch und Erde, meine Freunde: das erbitte ich mir von dem Honig eurer Seele. ◁▷ In eurem Sterben soll noch euer Geist und eure Tugend glühn, gleich einem Abendroth um die Erde: oder aber das Sterben ist euch schlecht gerathen. ◁▷ Also will ich selber sterben, daß ihr Freunde um meinetwillen die Erde mehr liebt; und zur Erde will ich wieder werden, daß ich in Der Ruhe habe, die mich gebar. ◁▷ Wahrlich, ein Ziel hatte Zarathustra, er warf seinen Ball: nun seid ihr Freunde meines Zieles Erben, euch werfe ich den goldenen Ball zu. ◁▷ Lieber als Alles sehe ich euch, meine Freunde, den goldenen Ball werfen! Und so verziehe ich noch ein Wenig auf Erden: verzeiht es mir!

ALSO SPRACH ZARATHUSTRA.

VON DER SCHENKENDEN TUGEND

ALS Zarathustra von der Stadt Abschied genommen hatte, welcher sein Herz zugethan war und deren Name lautet: „die bunte Kuh" – folgten ihm Viele, die sich seine Jünger nannten, und gaben ihm das Geleit. Also kamen sie an einen Kreuzweg: da sagte ihnen Zarathustra, daß er nunmehr allein gehen wolle; denn er war ein Freund des Alleingehens. Seine Jünger aber reichten ihm zum Abschiede einen Stab, an dessen goldnem Griffe sich eine Schlange um die Sonne ringelte. Zarathustra freute sich des Stabes und stützte sich darauf; dann sprach er also zu seinen Jüngern: ◁▷ Sagt mir doch: wie kam Gold zum höchsten Werthe? Darum, daß es ungemein ist und unnützlich und leuchtend und mild im Glanze; es schenkt sich immer. ◁▷ Nur als Abbild der höchsten Tugend kam Gold zum höchsten Werthe. Goldgleich leuchtet der Blick dem Schenkenden. Goldes-Glanz schließt Friede zwischen

Mond und Sonne. Ungemein ift die höchfte Tugend und unnützlich, leuchtend ift fie und mild im Glanze: eine fchenkende Tugend ift die höchfte Tugend. Wahrlich, ich errathe euch wohl, meine Jünger: ihr trachtet, gleich mir, nach der fchenkenden Tugend. Was hättet ihr mit Katzen und Wölfen gemeinfam? Das ift euer Durft, felber zu Opfern und Gefchenken zu werden: und darum habt ihr den Durft, alle Reichthümer in eure Seele zu häufen. Unerfättlich trachtet eure Seele nach Schätzen und Kleinodien, weil eure Tugend unerfättlich ift im Verfchenken-Wollen. Ihr zwingt alle Dinge zu euch und in euch, daß fie aus eurem Borne zurückftrömen follen als die Gaben eurer Liebe. Wahrlich, zum Räuber an allen Werthen muß folche fchenkende Liebe werden; aber heil und heilig heiße ich diefe Selbftfucht. — Eine andre Selbftfucht giebt es, eine allzuarme, eine hungernde, die immer ftehlen will, jene Selbftfucht der Kranken, die kranke Selbftfucht. Mit dem Auge des Diebes blickt fie auf alles Glänzende; mit der Gier des Hungers mißt fie Den, der reich zu effen hat; und immer fchleicht fie um den Tifch der Schenkenden. Krankheit redet aus folcher Begierde und unfichtbare Entartung; von fiechem Leibe redet die diebifche Gier diefer Selbftfucht. Sagt mir, meine Brüder: was gilt uns als Schlechtes und Schlechteftes? Ift es nicht Entartung? — Und auf Entartung rathen wir immer, wo die fchenkende Seele fehlt. Aufwärts geht unfer Weg, von der Art hinüber zur Über-Art. Aber ein Grauen ift uns der entartende Sinn, welcher fpricht: „Alles für mich". Aufwärts fliegt unfer Sinn: fo ift er ein Gleichniß unfres Leibes, einer Erhöhung Gleichniß. Solcher Erhöhungen Gleichniffe find die Namen der Tugenden. Alfo geht der Leib durch die Gefchichte, ein Werdender und ein Kämpfender. Und der Geift — was ift er ihm? Seiner Kämpfe und Siege Herold, Genoß und Widerhall. Gleichniffe find alle Namen von Gut und Böfe: fie fprechen nicht aus, fie winken nur. Ein Thor, welcher von ihnen Wiffen will! Achtet mir, meine Brüder, auf jede Stunde, wo euer Geift in Gleichniffen reden will: da ift der Urfprung eurer Tugend. Erhöht ift da euer Leib und auferftanden; mit feiner Wonne entzückt er den Geift, daß er Schöpfer wird und Schätzer und Liebender und aller Dinge Wohlthäter. Wenn euer Herz breit und voll wallt, dem Strome gleich, ein Segen und eine Gefahr den Anwohnenden: da ift der Urfprung eurer Tugend. Wenn ihr erhaben feid über Lob und Tadel, und euer Wille allen Dingen befehlen will, als eines Liebenden Wille: da ift der Urfprung eurer Tugend. Wenn ihr das Angenehme verachtet und das weiche Bett, und von den Weichlichen euch nicht weit genug betten könnt: da ift der Urfprung eurer Tugend. Wenn ihr Eines Willens Wollende feid, und diefe Wende aller Noth euch Nothwendigkeit heißt: da ift der Urfprung eurer Tugend. Wahrlich, ein neues Gutes und Böfes ift fie! Wahrlich, ein neues tiefes Raufchen und eines neuen Quelles Stimme! Macht ift fie, diefe neue Tugend; ein herrfchender Gedanke ift fie, und um ihn eine kluge Seele: eine goldene Sonne, und um fie die Schlange der Erkenntniß.

2.

Hier fchwieg Zarathuftra eine Weile und fah mit Liebe auf feine Jünger. Dann fuhr er alfo fort zu reden: — und feine Stimme hatte fich verwandelt. Bleibt mir der Erde treu, meine Brüder, mit der Macht eurer Tugend! Eure fchenkende Liebe und eure Erkenntniß diene dem Sinn der Erde! Alfo bitte und befchwöre ich euch. Laßt fie nicht davonfliegen vom Irdifchen und mit den Flügeln gegen ewige Wände fchlagen! Ach, es gab immer fo

viel verflogene Tugend! Führt, gleich mir, die verflogene Tugend zur Erde zurück – ja, zurück zu Leib und Leben: daß sie der Erde ihren Sinn gebe, einen Menschen-Sinn! Hundertfältig verflog und vergriff sich bisher so Geist wie Tugend. Ach, in unserm Leibe wohnt jetzt noch all dieser Wahn und Fehlgriff: Leib und Wille ist er da geworden. Hundertfältig versuchte und verirrte sich bisher so Geist wie Tugend. Ja, ein Versuch war der Mensch. Ach, viel Unwissen und Irrthum ist an uns Leib geworden! Nicht nur die Vernunft von Jahrtausenden – auch ihr Wahnsinn bricht an uns aus. Gefährlich ist es, Erbe zu sein. Noch kämpfen wir Schritt um Schritt mit dem Riesen Zufall, und über der ganzen Menschheit waltete bisher noch der Unsinn, der Ohne-Sinn. Euer Geist und eure Tugend diene dem Sinn der Erde, meine Brüder: und aller Dinge Werth werde neu von euch gesetzt! Darum sollt ihr Kämpfende sein! Darum sollt ihr Schaffende sein! Wissend reinigt sich der Leib; mit Wissen versuchend erhöht er sich; dem Erkennenden heiligen sich alle Triebe; dem Erhöhten wird die Seele fröhlich. Arzt, hilf dir selber: so hilfst du auch deinem Kranken noch. Das sei seine beste Hülfe, daß er Den mit Augen sehe, der sich selber heil macht. Tausend Pfade giebt es, die nie noch gegangen sind, tausend Gesundheiten und verborgene Eilande des Lebens. Unerschöpft und unentdeckt ist immer noch Mensch und Menschen-Erde. Wachet und horcht, ihr Einsamen! Von der Zukunft her kommen Winde mit heimlichem Flügelschlagen; und an feine Ohren ergeht gute Botschaft. Ihr Einsamen von heute, ihr Ausscheidenden, ihr sollt einst ein Volk sein: aus euch, die ihr euch selber auswähltet, soll ein auserwähltes Volk erwachsen: – und aus ihm der Übermensch. Wahrlich, eine Stätte der Genesung soll noch die Erde werden! Und schon liegt ein neuer Geruch um sie, ein Heil bringender, – und eine neue Hoffnung!

3.

Als Zarathustra diese Worte gesagt hatte, schwieg er, wie Einer, der nicht sein letztes Wort gesagt hat; lange wog er den Stab zweifelnd in seiner Hand. Endlich sprach er also: – und seine Stimme hatte sich verwandelt. Allein gehe ich nun, meine Jünger! Auch ihr geht nun davon und allein! So will ich es. Wahrlich, ich rathe euch: geht fort von mir und wehrt euch gegen Zarathustra! Und besser noch: schämt euch seiner! Vielleicht betrog er euch. Der Mensch der Erkenntniß muß nicht nur seine Feinde lieben, sondern auch seine Freunde hassen können. Man vergilt einem Lehrer schlecht, wenn man immer nur der Schüler bleibt. Und warum wollt ihr nicht an meinem Kranze rupfen? Ihr verehrt mich; aber wie, wenn eure Verehrung eines Tages umfällt? Hütet euch, daß euch nicht eine Bildsäule erschlage! Ihr sagt, ihr glaubt an Zarathustra? Aber was liegt an Zarathustra! Ihr seid meine Gläubigen: aber was liegt an allen Gläubigen! Ihr hattet euch noch nicht gesucht: da fandet ihr mich. So thun alle Gläubigen; darum ist es so wenig mit allem Glauben. Nun heiße ich euch, mich verlieren und euch finden; und erst, wenn ihr mich Alle verleugnet habt, will ich euch wiederkehren. Wahrlich, mit andern Augen, meine Brüder, werde ich mir dann meine Verlorenen suchen; mit einer andern Liebe werde ich euch dann lieben. Und einst noch sollt ihr mir Freunde geworden sein und Kinder Einer Hoffnung: dann will ich zum dritten Male bei euch sein, daß ich den großen Mittag mit euch feiere. Und das ist der große Mittag, da der Mensch auf der Mitte seiner Bahn steht zwischen Thier und Übermensch und seinen Weg zum Abende als seine höchste Hoffnung feiert: denn es ist der Weg zu einem

neuen Morgen. ◄► Alsda wird sich der Untergehende selber segnen, daß er ein Hinübergehender sei; und die Sonne seiner Erkenntniß wird ihm im Mittage stehn. ◄► „Todt sind alle Götter: nun wollen wir, daß der Übermensch lebe" – dieß sei einst am großen Mittage unser letzter Wille! –

ALSO SPRACH ZARATHUSTRA.

ZWEITER THEIL

–„UND ERST, WENN IHR MICH ALLE
VERLEUGNET HABT, WILL ICH EUCH WIEDERKEHREN.
WAHRLICH, MIT ANDERN AUGEN, MEINE BRÜDER, WER-
DE ICH MIR DANN MEINE VERLORENEN SUCHEN; MIT EI-
NER ANDERN LIEBE WERDE ICH EUCH DANN LIEBEN."

Von der schenkenden Tugend.

DAS KIND MIT DEM SPIEGEL

HIERAUF gieng Zarathustra wieder zurück in das Gebirge und in die
Einsamkeit seiner Höhle und entzog sich den Menschen: wartend gleich
einem Säemann, der seinen Samen ausgeworfen hat. Seine Seele aber wurde
voll von Ungeduld und Begierde nach Denen, welche er liebte: denn er hatte
ihnen noch Viel zu geben. Dieß nämlich ist das Schwerste: aus Liebe die offne
Hand schließen und als Schenkender die Scham bewahren. Also ver-
giengen dem Einsamen Monde und Jahre; seine Weisheit aber wuchs und
machte ihm Schmerzen durch ihre Fülle. Eines Morgens aber wachte
er schon vor der Morgenröthe auf, besann sich lange auf seinem Lager und
sprach endlich zu seinem Herzen: „Was erschrak ich doch so in meinem
Traume, daß ich aufwachte? Trat nicht ein Kind zu mir, das einen Spiegel
trug? „Oh Zarathustra – sprach das Kind zu mir – schaue dich an im
Spiegel!" Aber als ich in den Spiegel schaute, da schrie ich auf, und
mein Herz war erschüttert: denn nicht mich sahe ich darin, sondern eines
Teufels Fratze und Hohnlachen. Wahrlich, allzugut verstehe ich des
Traumes Zeichen und Mahnung: meine Lehre ist in Gefahr, Unkraut will
Weizen heißen! Meine Feinde sind mächtig worden und haben meiner
Lehre Bildniß entstellt, also, daß meine Liebsten sich der Gaben schämen
müssen, die ich ihnen gab. Verloren giengen mir meine Freunde; die
Stunde kam mir, meine Verlornen zu suchen!" – Mit diesen Worten
sprang Zarathustra auf, aber nicht wie ein Geängstigter, der nach Luft sucht,
sondern eher wie ein Seher und Sänger, welchen der Geist anfällt. Verwundert sahen sein Adler und seine Schlange auf ihn hin: denn gleich dem Morgen-
rothe lag ein kommendes Glück auf seinem Antlitze. Was geschah mir
doch, meine Thiere? – sagte Zarathustra. Bin ich nicht verwandelt? Kam mir
nicht die Seligkeit wie ein Sturmwind? Thöricht ist mein Glück und
Thörichtes wird es reden: zu jung noch ist es – so habt Geduld mit ihm!
Verwundet bin ich von meinem Glücke: alle Leidenden sollen mir Ärzte sein!
Zu meinen Freunden darf ich wieder hinab und auch zu meinen Feinden! Zarathustra darf wieder reden und schenken und Lieben das Liebste
thun! Meine ungeduldige Liebe fließt über in Strömen, abwärts, nach
Aufgang und Niedergang. Aus schweigsamem Gebirge und Gewittern des
Schmerzes rauscht meine Seele in die Thäler. Zu lange sehnte ich mich
und schaute in die Ferne. Zu lange gehörte ich der Einsamkeit: so verlernte
ich das Schweigen. Mund bin ich worden ganz und gar, und Brausen
eines Bachs aus hohen Felsen: hinab will ich meine Rede stürzen in die Thäler. Und mag mein Strom der Liebe in Unwegsames stürzen! Wie sollte
ein Strom nicht endlich den Weg zum Meere finden! Wohl ist ein See in
mir, ein einsiedlerischer, selbstgenugsamer; aber mein Strom der Liebe reißt
ihn mit sich hinab – zum Meere! Neue Wege gehe ich, eine neue Rede
kommt mir; müde wurde ich, gleich allen Schaffenden, der alten Zungen.
Nicht will mein Geist mehr auf abgelaufnen Sohlen wandeln. Zu langsam läuft mir alles Reden: – in deinen Wagen springe ich, Sturm! Und auch
dich will ich noch peitschen mit meiner Bosheit! Wie ein Schrei und ein
Jauchzen will ich über weite Meere hinfahren, bis ich die glückseligen Inseln
finde, wo meine Freunde weilen: – Und meine Feinde unter ihnen! Wie
liebe ich nun Jeden, zu dem ich nur reden darf! Auch meine Feinde gehören
zu meiner Seligkeit. Und wenn ich auf mein wildestes Pferd steigen will,
so hilft mir mein Speer immer am besten hinauf: der ist meines Fußes allzeit
bereiter Diener: – Der Speer, den ich gegen meine Feinde schleudere!
Wie danke ich es meinen Feinden, daß ich endlich ihn schleudern darf! Zu
Zu groß war die Spannung meiner Wolke: zwischen Gelächtern der Blitze
will ich Hagelschauer in die Tiefe werfen. Gewaltig wird sich da meine

Bruft heben, gewaltig wird fie ihren Sturm über die Berge hinblafen: fo kommt ihr Erleichterung. ◄►◄► Wahrlich, einem Sturme gleich kommt mein Glück und meine Freiheit! Aber meine Feinde follen glauben, der Böfe rafe über ihren Häuptern. ◄►◄► Ja, auch ihr werdet erfchreckt fein, meine Freunde, ob meiner wilden Weisheit; und vielleicht flieht ihr davon fammt meinen Feinden. ◄►◄► Ach, daß ich's verftünde, euch mit Hirtenflöten zurück zu locken! Ach, daß meine Löwin Weisheit zärtlich brüllen lernte! Und Vieles lernten wir fchon mit einander! ◄►◄► Meine wilde Weisheit wurde trächtig auf einfamen Bergen; auf rauhen Steinen gebar fie ihr Junges, Jüngftes. ◄►◄► Nun läuft fie närrifch durch die harte Wüfte und fucht und fucht nach fanftem Rafen – meine alte wilde Weisheit! ◄►◄► Auf eurer Herzen fanften Rafen, meine Freunde! – auf eure Liebe möchte fie ihr Liebftes betten! –

ALSO SPRACH ZARATHUSTRA.

AUF DEN GLÜCKSELIGEN INSELN

DIE Feigen fallen von den Bäumen, fie find gut und füß; und indem fie fallen, reißt ihnen die rothe Haut. Ein Nordwind bin ich reifen Feigen. ◄►◄► Alfo, gleich Feigen, fallen euch diefe Lehren zu, meine Freunde: nun trinkt ihren Saft und ihr füßes Fleifch! Herbft ift es umher und reiner Himmel und Nachmittag. ◄►◄► Seht, welche Fülle ift um uns! Und aus dem Überfluffe heraus ift es fchön hinaus zu blicken auf ferne Meere. ◄►◄► Einft fagte man Gott, wenn man auf ferne Meere blickte; nun aber lehrte ich euch fagen: Übermenfch. ◄►◄► Gott ift eine Muthmaaßung; aber ich will, daß euer Muthmaaßen nicht weiter reiche, als euer fchaffender Wille. ◄►◄► Könntet ihr einen Gott fchaffen? – So fchweigt mir doch von allen Göttern! Wohl aber könntet ihr den Übermenfchen fchaffen. ◄►◄► Nicht ihr vielleicht felber, meine Brüder! Aber zu Vätern und Vorfahren könntet ihr euch umfchaffen des Übermenfchen: und Dieß fei euer beftes Schaffen! – ◄►◄► Gott ift eine Muthmaaßung: aber ich will, daß euer Muthmaaßen begrenzt fei in der Denkbarkeit. ◄►◄► Könntet ihr einen Gott denken? – Aber dieß bedeute euch Wille zur Wahrheit, daß Alles verwandelt werde in Menfchen-Denkbares, Menfchen-Sichtbares, Menfchen-Fühlbares! Eure eignen Sinne follt ihr zu Ende denken! ◄►◄► Und was ihr Welt nanntet, das foll erft von euch gefchaffen werden: eure Vernunft, euer Bild, euer Wille, eure Liebe foll es felber werden! Und wahrlich, zu eurer Seligkeit, ihr Erkennenden! ◄►◄► Und wie wolltet ihr das Leben ertragen ohne diefe Hoffnung, ihr Erkennenden? Weder in's Unbegreifliche dürftet ihr eingeboren fein, noch in's Unvernünftige. ◄►◄► Aber daß ich euch ganz mein Herz offenbare, ihr Freunde: wenn es Götter gäbe, wie hielte ich's aus, kein Gott zu fein! Alfo giebt es keine Götter. ◄►◄► Wohl zog ich den Schluß; nun aber zieht er mich. – ◄►◄► Gott ift eine Muthmaaßung: aber wer tränke alle Qual diefer Muthmaaßung, ohne zu fterben? Soll dem Schaffenden fein Glaube genommen fein und dem Adler fein Schweben in Adler-Fernen? ◄►◄► Gott ift ein Gedanke, der macht alles Gerade krumm und Alles, was fteht, drehend. Wie? Die Zeit wäre hinweg, und alles Vergängliche nur Lüge? ◄►◄► Dieß zu denken ift Wirbel und Schwindel menfchlichen Gebeinen, und noch dem Magen ein Erbrechen: wahrlich, die drehende Krankheit heiße ich's, Solches zu muthmaaßen. ◄►◄► Böfe heiße ich's und menfchenfeindlich: all dieß Lehren vom Einen und Vollen und Unbewegten und Satten und Unvergänglichen! ◄►◄► Alles Unvergängliche – das ift nur ein Gleichniß! Und die Dichter lügen zuviel. – ◄►◄► Aber von Zeit und Werden follen die beften Gleichniffe reden: ein Lob follen fie fein und eine Rechtfertigung aller Vergänglichkeit! ◄►◄► Schaffen – das ift die große

Erlöfung vom Leiden, und des Lebens Leichtwerden. Aber daß der Schaffende fei, dazu felber thut Leid noth und viel Verwandelung. Ja, viel bitteres Sterben muß in eurem Leben fein, ihr Schaffenden! Alfo feid ihr Fürfprecher und Rechtfertiger aller Vergänglichkeit. Daß der Schaffende felber das Kind fei, das neu geboren werde, dazu muß er auch die Gebärerin fein wollen und der Schmerz der Gebärerin. Wahrlich, durch hundert Seelen gieng ich meinen Weg und durch hundert Wiegen und Geburtswehen. Manchen Abfchied nahm ich fchon, ich kenne die herzbrechenden letzten Stunden. Aber fo will's mein fchaffender Wille, mein Schickfal. Oder, daß ich's euch redlicher fage: folches Schickfal gerade – will mein Wille. Alles Fühlende leidet an mir und ift in Gefängniffen: aber mein Wollen kommt mir ftets als mein Befreier und Freudebringer. Wollen befreit: das ift die wahre Lehre von Wille und Freiheit – fo lehrt fie euch Zarathuftra. Nicht-mehr-wollen und Nicht-mehr-fchätzen und Nicht-mehr-fchaffen! ach, daß diefe große Müdigkeit mir ftets ferne bleibe! Auch im Erkennen fühle ich nur meines Willens Zeuge- und Werde-Luft; und wenn Unfchuld in meiner Erkenntniß ift, fo gefchieht dieß, weil Wille zur Zeugung in ihr ift. Hinweg von Gott und Göttern lockte mich diefer Wille; was wäre denn zu fchaffen, wenn Götter – da wären! Aber zum Menfchen treibt er mich ftets von Neuem, mein inbrünftiger Schaffens-Wille; fo treibt's den Hammer hin zum Steine. Ach, ihr Menfchen, im Steine fchläft mir ein Bild, das Bild meiner Bilder! Ach, daß es im härteften, häßlichften Steine fchlafen muß! Nun wüthet mein Hammer graufam gegen fein Gefängniß. Vom Steine ftäuben Stücke: was fchiert mich das? Vollenden will ich's: denn ein Schatten kam zu mir – aller Dinge Stillftes und Leichteftes kam einft zu mir! Des Übermenfchen Schönheit kam zu mir als Schatten. Ach, meine Brüder! Was gehen mich noch – die Götter an! –

ALSO SPRACH ZARATHUSTRA.

VON DEN MITLEIDIGEN

MEINE Freunde, es kam eine Spottrede zu eurem Freunde: „feht nur Zarathuftra! Wandelt er nicht unter uns wie unter Thieren?" Aber fo ift es beffer geredet: „der Erkennende wandelt unter Menfchen als unter Thieren." Der Menfch felber aber heißt dem Erkennenden: das Thier, das rothe Backen hat.   Wie gefchah ihm das? Ift es nicht, weil er fich zu oft hat fchämen müffen? Oh meine Freunde! So fpricht der Erkennende: Scham, Scham, Scham – das ift die Gefchichte des Menfchen! Und darum gebeut fich der Edle, nicht zu befchämen: Scham gebeut er fich vor allem Leidenden. Wahrlich, ich mag fie nicht, die Barmherzigen, die felig find in ihrem Mitleiden: zu fehr gebricht es ihnen an Scham. Muß ich mitleidig fein, fo will ich's doch nicht heißen; und wenn ich's bin, dann gern aus der Ferne. Gerne verhülle ich auch das Haupt und fliehe davon, bevor ich noch erkannt bin: und alfo heiße ich euch thun, meine Freunde! Möge mein Schickfal mir immer Leidlofe, gleich euch, über den Weg führen, und Solche, mit denen mir Hoffnung und Mahl und Honig gemein fein darf! Wahrlich, ich that wohl Das und Jenes an Leidenden: aber Befferes fchien ich mir ftets zu thun, wenn ich lernte, mich beffer freuen. Seit es Menfchen giebt, hat der Menfch fich zu wenig gefreut: Das allein, meine Brüder, ift unfre Erbfünde! Und lernen wir beffer uns freuen, fo verlernen wir am beften, Andern wehe zu thun und Wehes auszudenken. Darum wafche ich mir die Hand, die dem Leidenden half, darum wifche ich mir auch noch die Seele ab. Denn daß ich den Leidenden leidend

sah, deffen schämte ich mich um seiner Scham willen; und als ich ihm half, da vergieng ich mich hart an seinem Stolze. Große Verbindlichkeiten machen nicht dankbar, sondern rachsüchtig; und wenn die kleine Wohlthat nicht vergessen wird, so wird noch ein Nage-Wurm daraus. „Seid spröde im Annehmen! Zeichnet aus damit, daß ihr annehmt!"– also rathe ich Denen, die Nichts zu verschenken haben. Ich aber bin ein Schenkender: gerne schenke ich, als Freund den Freunden. Fremde aber und Arme mögen sich die Frucht selber von meinem Baume pflücken: so beschämt es weniger. Bettler aber sollte man ganz abschaffen! Wahrlich, man ärgert sich, ihnen zu geben, und ärgert sich, ihnen nicht zu geben. Und insgleichen die Sünder und bösen Gewissen! Glaubt mir, meine Freunde: Gewissensbisse erziehn zum Beißen. Das Schlimmste aber sind die kleinen Gedanken. Wahrlich, besser noch bös gethan, als klein gedacht! Zwar ihr sagt: „die Lust an kleinen Bosheiten erspart uns manche große böse That." Aber hier sollte man nicht sparen wollen. Wie ein Geschwür ist die böse That: sie juckt und kratzt und bricht heraus, – sie redet ehrlich. „Siehe, ich bin Krankheit"– so redet die böse That; das ist ihre Ehrlichkeit. Aber dem Pilze gleich ist der kleine Gedanke: er kriecht und duckt sich und will nirgendswo sein – bis der ganze Leib morsch und welk ist vor kleinen Pilzen. Dem aber, der vom Teufel besessen ist, sage ich dieß Wort in's Ohr: „besser noch, du ziehst deinen Teufel groß! Auch für dich giebt es noch einen Weg der Größe!" – Ach, meine Brüder! Man weiß von Jedermann Etwas zu viel! Und Mancher wird uns durchsichtig, aber deßhalb können wir noch lange nicht durch ihn hindurch. Es ist schwer mit Menschen zu leben, weil Schweigen so schwer ist. Und nicht gegen Den, der uns zuwider ist, sind wir am unbilligsten, sondern gegen Den, welcher uns gar Nichts angeht. Hast du aber einen leidenden Freund, so sei seinem Leiden eine Ruhestätte, doch gleichsam ein hartes Bett, ein Feldbett: so wirst du ihm am besten nützen. Und thut dir ein Freund Übles, so sprich: „ich vergebe dir, was du mir thatest; daß du es aber dir thatest, – wie könnte ich das vergeben!" Also redet alle große Liebe: die überwindet auch noch Vergebung und Mitleiden. Man soll sein Herz festhalten; denn läßt man es gehn, wie bald geht Einem da der Kopf durch! Ach, wo in der Welt geschahen größere Thorheiten, als bei den Mitleidigen? Und was in der Welt stiftete mehr Leid, als die Thorheiten der Mitleidigen? Wehe allen Liebenden, die nicht noch eine Höhe haben, welche über ihrem Mitleiden ist! Also sprach der Teufel einst zu mir: „auch Gott hat seine Hölle: das ist seine Liebe zu den Menschen." Und jüngst hörte ich ihn dieß Wort sagen: „Gott ist todt; an seinem Mitleiden mit den Menschen ist Gott gestorben." – So seid mir gewarnt vor dem Mitleiden: daher kommt noch den Menschen eine schwere Wolke! Wahrlich, ich verstehe mich auf Wetterzeichen! Merket aber auch dieß Wort: alle große Liebe ist noch über all ihrem Mitleiden: denn sie will das Geliebte noch – schaffen! „Mich selber bringe ich meiner Liebe dar, und meinen Nächsten gleich mir" – so geht die Rede allen Schaffenden. Alle Schaffenden aber sind hart. –

ALSO SPRACH
ZARATHUSTRA.

VON DEN PRIESTERN

UND einstmals gab Zarathustra seinen Jüngern ein Zeichen und sprach diese Worte zu ihnen: „Hier sind Priester: und wenn es auch meine Feinde sind, geht mir still an ihnen vorüber und mit schlafendem Schwerte! Auch unter ihnen sind Helden; Viele von ihnen litten zuviel –: so wollen sie Andre leiden machen. Böse Feinde sind sie: Nichts ist rachsüchtiger als ihre Demuth. Und leicht besudelt sich Der, welcher sie angreift. Aber mein Blut ist mit dem ihren verwandt; und ich will mein Blut auch noch in dem ihren geehrt wissen." — Und als sie vorüber gegangen waren, fiel Zarathustra der Schmerz an; und nicht lange hatte er mit seinem Schmerze gerungen, da hub er also an zu reden: Es jammert mich dieser Priester. Sie gehen mir auch wider den Geschmack; aber das ist mir das Geringste, seit ich unter Menschen bin. Aber ich leide und litt mit ihnen: Gefangene sind es mir und Abgezeichnete. Der, welchen sie Erlöser nennen, schlug sie in Banden:— In Banden falscher Werthe und Wahn-Worte! Ach daß Einer sie noch von ihrem Erlöser erlöste! Auf einem Eilande glaubten sie einst zu landen, als das Meer sie herumriß; aber siehe, es war ein schlafendes Ungeheuer! Falsche Werthe und Wahn-Worte: das sind die schlimmsten Ungeheuer für Sterbliche, — lange schläft und wartet in ihnen das Verhängniß. Aber endlich kommt es und wacht und frißt und schlingt, was auf ihm sich Hütten baute. Oh seht mir doch diese Hütten an, die sich diese Priester bauten! Kirchen heißen sie ihre süßduftenden Höhlen. Oh über dieß verfälschte Licht, diese verdumpfte Luft! Hier, wo die Seele zu ihrer Höhe hinauf — nicht fliegen darf! Sondern also gebietet ihr Glaube: „auf den Knien die Treppe hinan, ihr Sünder!" Wahrlich, lieber sehe ich noch den Schamlosen, als die verrenkten Augen ihrer Scham und Andacht! Wer schuf sich solche Höhlen und Buß-Treppen? Waren es nicht Solche, die sich verbergen wollten und sich vor dem reinen Himmel schämten? Und erst wenn der reine Himmel wieder durch zerbrochne Decken blickt, und hinab auf Gras und rothen Mohn an zerbrochnen Mauern, — will ich den Stätten dieses Gottes wieder mein Herz zuwenden. Sie nannten Gott, was ihnen widersprach und wehe that: und wahrlich, es war viel Helden-Art in ihrer Anbetung! Und nicht anders wußten sie ihren Gott zu lieben, als indem sie den Menschen an's Kreuz schlugen! Als Leichname gedachten sie zu leben, schwarz schlugen sie ihren Leichnam aus; auch aus ihren Reden rieche ich noch die üble Würze von Todtenkammern. Und wer ihnen nahe lebt, der lebt schwarzen Teichen nahe, aus denen heraus die Unke ihr Lied mit süßem Tiefsinne singt. Bessere Lieder müßten sie mir singen, daß ich an ihren Erlöser glauben lerne: erlöster müßten mir seine Jünger aussehen! Nackt möchte ich sie sehn: denn allein die Schönheit sollte Buße predigen. Aber wen überredet wohl diese vermummte Trübsal! Wahrlich, ihre Erlöser selber kamen nicht aus der Freiheit und der Freiheit siebentem Himmel! Wahrlich, sie selber wandelten niemals auf den Teppichen der Erkenntniß! Aus Lücken bestand der Geist dieser Erlöser; aber in jede Lücke hatten sie ihren Wahn gestellt, ihren Lückenbüßer, den sie Gott nannten. In ihrem Mitleiden war ihr Geist ertrunken, und wenn sie schwollen und überschwollen von Mitleiden, schwamm immer obenauf eine große Thorheit. Eifrig trieben sie und mit Geschrei ihre Heerde über ihren Steg: wie als ob es zur Zukunft nur Einen Steg gäbe! Wahrlich, auch diese Hirten gehörten noch zu den Schafen! Kleine Geister und umfängliche Seelen hatten diese Hirten: aber, meine Brüder, was für kleine Länder waren bisher auch die umfänglichsten Seelen! Blutzeichen schrieben sie auf den Weg, den sie giengen, und ihre Thorheit lehrte, daß man mit Blut die Wahrheit beweise. Aber Blut ist der schlechteste Zeuge der Wahrheit; Blut vergiftet die reinste Lehre noch zu Wahn und Haß der Herzen. Und wenn Einer durch's Feuer geht für seine Lehre, — was beweist dieß! Mehr ist's wahrlich, daß aus eignem Brande die eigne Lehre kommt! Schwüles Herz und kalter Kopf: wo dieß zusammentrifft, da entsteht der Brausewind, der „Erlöser". Größere gab es wahrlich und Höher-Geborene, als Die, welche das Volk Erlöser nennt, diese hinreißenden Brause-

46

winde! ⬟⬟ Und noch von Größeren, als alle Erlöser waren, müßt ihr, meine Brüder, erlöst werden, wollt ihr zur Freiheit den Weg finden! ⬟⬟ Niemals noch gab es einen Übermenschen. Nackt sah ich Beide, den größten und den kleinsten Menschen: — ⬟⬟ Allzuähnlich sind sie noch einander. Wahrlich, auch den Größten fand ich — allzumenschlich! —

ALSO SPRACH ZARATHUSTRA.

VON DEN TUGENDHAFTEN

MIT Donnern und himmlischen Feuerwerken muß man zu schlaffen und schlafenden Sinnen reden. ⬟⬟ Aber der Schönheit Stimme redet leise: sie schleicht sich nur in die aufgewecktesten Seelen. ⬟⬟ Leise erbebte und lachte mir heut mein Schild; das ist der Schönheit heiliges Lachen und Beben. ⬟⬟ Über euch, ihr Tugendhaften, lachte heut meine Schönheit. Und also kam ihre Stimme zu mir: „sie wollen noch — bezahlt sein!" ⬟⬟ Ihr wollt noch bezahlt sein, ihr Tugendhaften! Wollt Lohn für Tugend und Himmel für Erden und Ewiges für euer Heute haben? ⬟⬟ Und nun zürnt ihr mir, daß ich lehre, es giebt keinen Lohn- und Zahlmeister? Und wahrlich, ich lehre nicht einmal, daß Tugend ihr eigner Lohn ist. ⬟⬟ Ach, das ist meine Trauer: in den Grund der Dinge hat man Lohn und Strafe hineingelogen — und nun auch noch in den Grund eurer Seelen, ihr Tugendhaften! ⬟⬟ Aber dem Rüssel des Ebers gleich soll mein Wort den Grund eurer Seelen aufreißen; Pflugschar will ich euch heißen. ⬟⬟ Alle Heimlichkeiten eures Grundes sollen an's Licht; und wenn ihr aufgewühlt und zerbrochen in der Sonne liegt, wird auch eure Lüge von eurer Wahrheit ausgeschieden sein. ⬟⬟ Denn dieß ist eure Wahrheit: ihr seid zu reinlich für den Schmutz der Worte: Rache, Strafe, Lohn, Vergeltung. ⬟⬟ Ihr liebt eure Tugend, wie die Mutter ihr Kind; aber wann hörte man, daß eine Mutter bezahlt sein wollte für ihre Liebe? ⬟⬟ Es ist euer Liebstes selbst, eure Tugend. Des Ringes Durst ist in euch: sich selber wieder zu erreichen, dazu ringt und dreht sich jeder Ring. Und dem Sterne gleich, der erlischt, ist jedes Werk eurer Tugend: immer ist sein Licht noch unterwegs und wandert — und wann wird es nicht mehr unterwegs sein? ⬟⬟ Also ist das Licht eurer Tugend noch unterwegs, auch wenn das Werk gethan ist. Mag es nun vergessen und todt sein: sein Strahl von Licht lebt noch und wandert. ⬟⬟ Daß eure Tugend euer Selbst sei, und nicht ein Fremdes, eine Haut, eine Bemäntelung: das ist die Wahrheit aus dem Grunde eurer Seele, ihr Tugendhaften! — ⬟⬟ Aber wohl giebt es Solche, denen Tugend der Krampf unter einer Peitsche heißt: und ihr habt mir zuviel auf Deren Geschrei gehört! ⬟⬟ Und Andre giebt es, die heißen Tugend das Faulwerden ihrer Laster; und wenn ihr Haß und ihre Eifersucht einmal die Glieder strecken, wird ihre „Gerechtigkeit" munter und reibt sich die verschlafenen Augen. ⬟⬟ Und Andre giebt es, die werden abwärts gezogen: ihre Teufel ziehn sie. Aber je mehr sie sinken, um so glühender leuchtet ihr Auge und die Begierde nach ihrem Gotte. ⬟⬟ Ach, auch Deren Geschrei drang zu euren Ohren, ihr Tugendhaften: „was ich nicht bin, Das, Das ist mir Gott und Tugend!" ⬟⬟ Und Andre giebt es, die kommen schwer und knarrend daher, gleich Wägen, die Steine abwärts fahren: Die reden viel von Würde und Tugend, — ihren Hemmschuh heißen sie Tugend! ⬟⬟ Und Andre giebt es, die sind gleich Alltags-Uhren, die aufgezogen wurden; sie machen ihr Tiktak und wollen, daß man Tiktak — Tugend heiße. ⬟⬟ Wahrlich, an Diesen habe ich meine Lust: wo ich solche Uhren finde, werde ich sie mit meinem Spotte aufziehn; und sie sollen mir dabei noch schnurren! ⬟⬟ Und Andre sind stolz über ihre Handvoll Gerechtigkeit und begehen um ihrer willen

Frevel an allen Dingen: also daß die Welt in ihrer Ungerechtigkeit ertränkt wird. ᴥᴥ Ach, wie übel ihnen das Wort „Tugend" aus dem Munde läuft! Und wenn sie sagen: „ich bin gerecht", so klingt es immer gleich wie: „ich bin gerächt!" ᴥᴥ Mit ihrer Tugend wollen sie ihren Feinden die Augen auskratzen; und sie erheben sich nur, um Andre zu erniedrigen. ᴥᴥ Und wiederum giebt es Solche, die sitzen in ihrem Sumpfe und reden also heraus aus dem Schilfrohr: „Tugend – das ist still im Sumpfe sitzen. ᴥᴥ Wir beißen Niemanden und gehen Dem aus dem Wege, der beißen will; und in Allem haben wir die Meinung, die man uns giebt." ᴥᴥ Und wiederum giebt es Solche, die lieben Gebärden und denken: Tugend ist eine Art Gebärde. ᴥᴥ Ihre Kniee beten immer an, und ihre Hände sind Lobpreisungen der Tugend, aber ihr Herz weiß Nichts davon. ᴥᴥ Und wiederum giebt es Solche, die halten es für Tugend, zu sagen: „Tugend ist nothwendig"; aber sie glauben im Grunde nur daran, daß Polizei nothwendig ist. ᴥᴥ Und Mancher, der das Hohe an den Menschen nicht sehen kann, nennt es Tugend, daß er ihr Niedriges allzunahe sieht: also heißt er seinen bösen Blick Tugend. ᴥᴥ Und Einige wollen erbaut und aufgerichtet sein und heißen es Tugend; und Andre wollen umgeworfen sein – und heißen es auch Tugend. ᴥᴥ Und derart glauben fast Alle daran, Antheil zu haben an der Tugend; und zum Mindesten will ein Jeder Kenner sein über „Gut" und „Böse". ᴥᴥ Aber nicht dazu kam Zarathustra, allen diesen Lügnern und Narren zu sagen: „was wißt ihr von Tugend! Was könntet ihr von Tugend wissen!" – ᴥᴥ Sondern, daß ihr, meine Freunde, der alten Worte müde würdet, welche ihr von den Narren und Lügnern gelernt habt: ᴥᴥ Müde würdet der Worte „Lohn", „Vergeltung", „Strafe", „Rache in der Gerechtigkeit" – ᴥᴥ Müde würdet zu sagen: „daß eine Handlung gut ist, das macht, sie ist selbstlos." ᴥᴥ Ach, meine Freunde! Daß euer Selbst in der Handlung sei, wie die Mutter im Kinde ist: das sei mir euer Wort von Tugend! ᴥᴥ Wahrlich, ich nahm euch wohl hundert Worte und eurer Tugend liebste Spielwerke; und nun zürnt ihr mir, wie Kinder zürnen. ᴥᴥ Sie spielten am Meere, – da kam die Welle und riß ihnen ihr Spielwerk in die Tiefe: nun weinen sie. ᴥᴥ Aber die selbe Welle soll ihnen neue Spielwerke bringen und neue bunte Muscheln vor sie hin ausschütten! ᴥᴥ So werden sie getröstet sein; und gleich ihnen sollt auch ihr, meine Freunde, eure Tröstungen haben – und neue bunte Muscheln! –

ALSO SPRACH ZARATHUSTRA.

VOM GESINDEL

DAS Leben ist ein Born der Lust; aber wo das Gesindel mit trinkt, da sind alle Brunnen vergiftet. ᴥᴥ Allem Reinlichen bin ich hold; aber ich mag die grinsenden Mäuler nicht sehn und den Durst der Unreinen. ᴥᴥ Sie warfen ihr Auge hinab in den Brunnen: nun glänzt mir ihr widriges Lächeln herauf aus dem Brunnen. ᴥᴥ Das heilige Wasser haben sie vergiftet mit ihrer Lüsternheit; und als sie ihre schmutzigen Träume Lust nannten, vergifteten sie auch noch die Worte. ᴥᴥ Unwillig wird die Flamme, wenn sie ihre feuchten Herzen an's Feuer legen; der Geist selber brodelt und raucht, wo das Gesindel an's Feuer tritt. ᴥᴥ Süßlich und übermürbe wird in ihrer Hand die Frucht: windfällig und wipfeldürr macht ihr Blick den Fruchtbaum. ᴥᴥ Und Mancher, der sich vom Leben abkehrte, kehrte sich nur vom Gesindel ab: er wollte nicht Brunnen und Flamme und Frucht mit dem Gesindel theilen. ᴥᴥ Und Mancher, der in die Wüste gieng und mit Raubthieren Durst litt, wollte nur nicht mit schmutzigen Kameeltreibern um die Cisterne sitzen. ᴥᴥ Und Mancher, der wie ein Vernichter daher kam und wie ein

48

Hagelschlag allen Fruchtfeldern, wollte nur seinen Fuß dem Gesindel in den Rachen setzen und also seinen Schlund stopfen. ⟡⟡ Und nicht Das ist der Bissen, an dem ich am meisten würgte, zu wissen, daß das Leben selber Feindschaft nöthig hat und Sterben und Marterkreuze: – ⟡⟡ Sondern ich fragte einst und erstickte fast an meiner Frage: wie? hat das Leben auch das Gesindel nöthig? ⟡⟡ Sind vergiftete Brunnen nöthig und stinkende Feuer und beschmutzte Träume und Maden im Lebensbrode? ⟡⟡ Nicht mein Haß, sondern mein Ekel fraß mir hungrig am Leben! Ach, des Geistes wurde ich oft müde, als ich auch das Gesindel geistreich fand! ⟡⟡ Und den Herrschenden wandt' ich den Rücken, als ich sah, was sie jetzt Herrschen nennen: Schachern und Markten um Macht – mit dem Gesindel! ⟡⟡ Unter Völkern wohnte ich fremder Zunge, mit verschlossenen Ohren: daß mir ihres Schacherns Zunge fremd bliebe und ihr Markten um Macht. ⟡⟡ Und die Nase mir haltend, gieng ich unmuthig durch alles Gestern und Heute: wahrlich, übel riecht alles Gestern und Heute nach dem schreibenden Gesindel! ⟡⟡ Einem Krüppel gleich, der taub und blind und stumm wurde; also lebte ich lange, daß ich nicht mit Macht- und Schreib- und Lust-Gesindel lebte. ⟡⟡ Mühsam stieg mein Geist Treppen, und vorsichtig; Almosen der Lust waren sein Labsal; am Stabe schlich dem Blinden das Leben. ⟡⟡ Was geschah mir doch? Wie erlöste ich mich vom Ekel? Wer verjüngte mein Auge? Wie erflog ich die Höhe, wo kein Gesindel mehr am Brunnen sitzt? ⟡⟡ Schuf mein Ekel selber mir Flügel und quellenahnende Kräfte? Wahrlich, in's Höchste mußte ich fliegen, daß ich den Born der Lust wiederfände! ⟡⟡ Oh, ich fand ihn, meine Brüder! Hier im Höchsten quillt mir der Born der Lust! Und es giebt ein Leben, an dem kein Gesindel mit trinkt! ⟡⟡ Fast zu heftig strömst du mir, Quell der Lust! Und oft leerst du den Becher wieder, dadurch daß du ihn füllen willst! ⟡⟡ Und noch muß ich lernen, bescheidener dir zu nahen: allzuheftig strömt dir noch mein Herz entgegen: – ⟡⟡ Mein Herz, auf dem mein Sommer brennt, der kurze, heiße, schwermüthige, überselige: wie verlangt mein Sommer-Herz nach deiner Kühle! ⟡⟡ Vorbei die zögernde Trübsal meines Frühlings! Vorüber die Bosheit meiner Schneeflocken im Juni! Sommer wurde ich ganz und Sommer-Mittag! ⟡⟡ Ein Sommer im Höchsten mit kalten Quellen und seliger Stille: oh kommt, meine Freunde, daß die Stille noch seliger werde! ⟡⟡ Denn dieß ist unsre Höhe und unsre Heimath: zu hoch und steil wohnen wir hier allen Unreinen und ihrem Durste. ⟡⟡ Werft nur eure reinen Augen in den Born meiner Lust, ihr Freunde! Wie sollte er darob trübe werden! Entgegenlachen soll er euch mit seiner Reinheit. ⟡⟡ Auf dem Baume Zukunft bauen wir unser Nest; Adler sollen uns Einsamen Speise bringen in ihren Schnäbeln! ⟡⟡ Wahrlich, keine Speise, an der Unsaubere mitessen dürften! Feuer würden sie zu fressen wähnen und sich die Mäuler verbrennen! ⟡⟡ Wahrlich, keine Heimstätten halten wir hier bereit für Unsaubere! Eishöhle würde ihren Leibern unser Glück heißen und ihren Geistern! ⟡⟡ Und wie starke Winde wollen wir über ihnen leben, Nachbarn den Adlern, Nachbarn dem Schnee, Nachbarn der Sonne: also leben starke Winde. ⟡⟡ Und einem Winde gleich will ich einst noch zwischen sie blasen und mit meinem Geiste ihrem Geiste den Athem nehmen: so will es meine Zukunft. ⟡⟡ Wahrlich, ein starker Wind ist Zarathustra allen Niederungen; und solchen Rath räth er seinen Feinden und Allem, was spuckt und speit: „hütet euch, gegen den Wind zu speien!" –

ALSO SPRACH ZARATHUSTRA.

VON DEN TARANTELN

SIEHE, das ist der Tarantel Höhle! Willst du sie selber sehn? Hier hängt ihr Netz: rühre daran, daß es erzittert. Da kommt sie willig: willkommen, Tarantel! Schwarz sitzt auf deinem Rücken dein Dreieck und Wahrzeichen; und ich weiß auch, was in deiner Seele sitzt. Rache sitzt in deiner Seele: wohin du beißest, da wächst schwarzer Schorf; mit Rache macht dein Gift die Seele drehend! Also rede ich zu euch im Gleichniß, die ihr die Seelen drehend macht, ihr Prediger der Gleichheit! Taranteln seid ihr mir und versteckte Rachsüchtige! Aber ich will eure Verstecke schon an's Licht bringen: darum lache ich euch in's Antlitz mein Gelächter der Höhe. Darum reiße ich an eurem Netze, daß eure Wuth euch aus eurer Lügen-Höhle locke, und eure Rache hervorspringe hinter eurem Wort „Gerechtigkeit". Denn daß der Mensch erlöst werde von der Rache: das ist mir die Brücke zur höchsten Hoffnung und ein Regenbogen nach langen Unwettern. Aber anders wollen es freilich die Taranteln. „Das gerade heiße uns Gerechtigkeit, daß die Welt voll werde von den Unwettern unsrer Rache" – also reden sie mit einander. „Rache wollen wir üben und Beschimpfung an Allen, die uns nicht gleich sind" – so geloben sich die Tarantel-Herzen. Und „Wille zur Gleichheit" – das selber soll fürderhin der Name für Tugend werden; und gegen Alles, was Macht hat, wollen wir unser Geschrei erheben!" Ihr Prediger der Gleichheit, der Tyrannen-Wahnsinn der Ohnmacht schreit also aus euch nach „Gleichheit": eure heimlichsten Tyrannen-Gelüste vermummen sich also in Tugend-Worte! Vergrämter Dünkel, verhaltener Neid, vielleicht eurer Väter Dünkel und Neid: aus euch bricht's als Flamme heraus und Wahnsinn der Rache. Was der Vater schwieg, das kommt im Sohne zum Reden; und oft fand ich den Sohn als des Vaters entblößtes Geheimniß. Den Begeisterten gleichen sie: aber nicht das Herz ist es, was sie begeistert, – sondern die Rache. Und wenn sie fein und kalt werden, ist's nicht der Geist, sondern der Neid, der sie fein und kalt macht. Ihre Eifersucht führt sie auch auf der Denker Pfade; und dieß ist das Merkmal ihrer Eifersucht – immer gehn sie zu weit: daß ihre Müdigkeit sich zuletzt noch auf Schnee schlafen legen muß. Aus jeder ihrer Klagen tönt Rache, in jedem ihrer Lobsprüche ist ein Wehethun; und Richter-sein scheint ihnen Seligkeit. Also aber rathe ich euch, meine Freunde: mißtraut Allen, in welchen der Trieb, zu strafen, mächtig ist! Das ist Volk schlechter Art und Abkunft; aus ihren Gesichtern blickt der Henker und der Spürhund. Mißtraut allen Denen, die viel von ihrer Gerechtigkeit reden! Wahrlich, ihren Seelen fehlt es nicht nur an Honig. Und wenn sie sich selber „die Guten und Gerechten" nennen, so vergeßt nicht, daß ihnen zum Pharisäer Nichts fehlt als – Macht! Meine Freunde, ich will nicht vermischt und verwechselt werden. Es giebt Solche, die predigen meine Lehre vom Leben: und zugleich sind sie Prediger der Gleichheit und Taranteln. Daß sie dem Leben zu Willen reden, ob sie gleich in ihrer Höhle sitzen, diese Gift-Spinnen, und abgekehrt vom Leben: das macht, sie wollen damit wehethun. Solchen wollen sie damit wehethun, die jetzt die Macht haben: denn bei Diesen ist noch die Predigt vom Tode am besten zu Hause. Wäre es anders, so würden die Taranteln anders lehren: und gerade sie waren ehemals die besten Welt-Verleumder und Ketzer-Brenner. Mit diesen Predigern der Gleichheit will ich nicht vermischt und verwechselt sein. Denn so redet mir die Gerechtigkeit: „die Menschen sind nicht gleich". Und sie sollen es auch nicht werden! Was wäre denn meine Liebe zum Übermenschen, wenn ich anders spräche? Auf tausend Brücken und Stegen sollen sie sich drängen zur Zukunft, und immer mehr Krieg und Ungleichheit soll zwischen sie gesetzt sein: so läßt mich meine große Liebe reden! Er-

50

finder von Bildern und Gespenstern sollen sie werden in ihren Feindschaften, und mit ihren Bildern und Gespenstern sollen sie noch gegeneinander den höchsten Kampf kämpfen! ◢◣ Gut und Böse, und Reich und Arm, und Hoch und Gering, und alle Namen der Werthe: Waffen sollen es sein und klirrende Merkmale davon, daß das Leben immer wieder selber überwinden muß! ◢◣ In die Höhe will es sich bauen mit Pfeilern und Stufen, das Leben selber: in weite Fernen will es blicken und hinaus nach seligen Schönheiten, – darum braucht es Höhe! ◢◣ Und weil es Höhe braucht, braucht es Stufen und Widerspruch der Stufen und Steigenden! Steigen will das Leben und steigend sich überwinden. ◢◣ Und seht mir doch, meine Freunde! Hier, wo der Tarantel Höhle ist, heben sich eines alten Tempels Trümmer aufwärts, – seht mir doch mit erleuchteten Augen hin! ◢◣ Wahrlich, wer hier einst seine Gedanken in Stein nach Oben thürmte, um das Geheimniß alles Lebens wußte er gleich dem Weisesten! ◢◣ Daß Kampf und Ungleiches auch noch in der Schönheit sei, und Krieg um Macht und Übermacht: das lehrt er uns hier im deutlichsten Gleichniß. ◢◣ Wie sich göttlich hier Gewölbe und Bogen brechen, im Ringkampfe: wie mit Licht und Schatten sie wider einander streben, die göttlich-Strebenden – ◢◣ Also sicher und schön laßt uns auch Feinde sein, meine Freunde! Göttlich wollen wir wider einander streben! – ◢◣ Wehe! Da biß mich selber die Tarantel, meine alte Feindin! Göttlich sicher und schön biß sie mich in den Finger! ◢◣ „Strafe muß sein und Gerechtigkeit – so denkt sie: nicht umsonst soll er hier der Feindschaft zu Ehren Lieder singen!" ◢◣ Ja, sie hat sich gerächt! Und wehe! nun wird sie mit Rache auch noch meine Seele drehend machen! ◢◣ Daß ich mich aber nicht drehe, meine Freunde, bindet mich fest hier an diese Säule! Lieber noch Säulen-Heiliger will ich sein, als Wirbel der Rachsucht! ◢◣ Wahrlich, kein Dreh- und Wirbelwind ist Zarathustra; und wenn er ein Tänzer ist, nimmermehr doch ein Tarantel-Tänzer! –

ALSO SPRACH ZARATHUSTRA.

VON DEN BERÜHMTEN WEISEN

DEM Volke habt ihr gedient und des Volkes Aberglauben, ihr berühmten Weisen alle! – und nicht der Wahrheit! Und gerade darum zollte man euch Ehrfurcht. ◢◣ Und darum auch ertrug man euren Unglauben, weil er ein Witz und Umweg war zum Volke. So läßt der Herr seine Sclaven gewähren und ergötzt sich noch an ihrem Übermuthe. ◢◣ Aber wer dem Volke verhaßt ist wie ein Wolf den Hunden: das ist der freie Geist, der Fessel-Feind, der Nicht-Anbeter, der in Wäldern Hausende. ◢◣ Ihn zu jagen aus seinem Schlupfe – das hieß immer dem Volke „Sinn für das Rechte": gegen ihn hetzt es noch immer seine scharfzahnigsten Hunde. ◢◣ „Denn die Wahrheit ist da: ist das Volk doch da! Wehe, wehe den Suchenden!" – also scholl es von jeher. ◢◣ Eurem Volke wolltet ihr Recht schaffen in seiner Verehrung: das hießet ihr „Wille zur Wahrheit", ihr berühmten Weisen! ◢◣ Und euer Herz sprach immer zu sich: „vom Volke kam ich: von dort her kam mir auch Gottes Stimme." ◢◣ Hart-nackig und klug, dem Esel gleich, wart ihr immer als des Volkes Fürsprecher. ◢◣ Und mancher Mächtige, der gut fahren wollte mit dem Volke, spannte vor seine Rosse noch – ein Eselein, einen berühmten Weisen. ◢◣ Und nun wollte ich, ihr berühmten Weisen, ihr würfet endlich das Fell des Löwen ganz von euch! ◢◣ Das Fell des Raubthiers, das buntgefleckte, und die Zotten des Forschenden, Suchenden, Erobernden! ◢◣ Ach, daß ich an eure „Wahrhaftigkeit" glauben lerne, dazu müßtet ihr mir erst euren verehrenden Willen zerbrechen. ◢◣ Wahrhaftig – so heiße ich

Den, der in götterlose Wüsten geht und sein verehrendes Herz zerbrochen hat. ❧ Im gelben Sande und verbrannt von der Sonne schielt er wohl durstig nach den quellenreichen Eilanden, wo Lebendiges unter dunkeln Bäumen ruht. ❧ Aber sein Durst überredet ihn nicht, diesen Behaglichen gleich zu werden: denn wo Oasen sind, da sind auch Götzenbilder. ❧ Hungernd, gewaltthätig, einsam, gottlos: so will sich selber der Löwen-Wille. ❧ Frei von dem Glück der Knechte, erlöst von Göttern und Anbetungen, furchtlos und fürchterlich, groß und einsam: so ist der Wille des Wahrhaftigen. ❧ In der Wüste wohnten von je die Wahrhaftigen, die freien Geister, als der Wüste Herren; aber in den Städten wohnen die gutgefütterten, berühmten Weisen, – die Zugthiere. ❧ Immer nämlich ziehen sie, als Esel – des Volkes Karren! ❧ Nicht daß ich ihnen darob zürne: aber Dienende bleiben sie mir und Angeschirrte, auch wenn sie von goldnem Geschirre glänzen. ❧ Und oft waren sie gute Diener und preiswürdige. Denn so spricht die Tugend: „mußt du Diener sein, so suche Den, welchem dein Dienst am besten nützt! ❧ Der Geist und die Tugend deines Herrn sollen wachsen, dadurch daß du sein Diener bist: so wächsest du selber mit seinem Geiste und seiner Tugend!" ❧ Und wahrlich, ihr berühmten Weisen, ihr Diener des Volkes! Ihr selber wuchset mit des Volkes Geist und Tugend – und das Volk durch euch! Zu euren Ehren sage ich das! ❧ Aber Volk bleibt ihr mir auch noch in euren Tugenden, Volk mit blöden Augen, – Volk, das nicht weiß, was Geist ist! ❧ Geist ist das Leben, das selber in's Leben schneidet: an der eignen Qual mehrt es sich das eigne Wissen, – wußtet ihr das schon? ❧ Und des Geistes Glück ist dieß: gesalbt zu sein und durch Thränen geweiht zum Opferthier, – wußtet ihr das schon? ❧ Und die Blindheit des Blinden und sein Suchen und Tappen soll noch von der Macht der Sonne zeugen, in die er schaute, – wußtet ihr das schon? ❧ Und mit Bergen soll der Erkennende bauen lernen! Wenig ist es, daß der Geist Berge versetzt, – wußtet ihr das schon? ❧ Ihr kennt nur des Geistes Funken: aber ihr seht den Ambos nicht, der er ist, und nicht die Grausamkeit seines Hammers! ❧ Wahrlich, ihr kennt des Geistes Stolz nicht! Aber noch weniger würdet ihr des Geistes Bescheidenheit ertragen, wenn sie einmal reden wollte! ❧ Und niemals noch durftet ihr euren Geist in eine Grube von Schnee werfen: ihr seid nicht heiß genug dazu! So kennt ihr auch die Entzückungen seiner Kälte nicht. ❧ In Allem aber thut ihr mir zu vertraulich mit dem Geiste; und aus der Weisheit machtet ihr oft ein Armen- und Krankenhaus für schlechte Dichter. ❧ Ihr seid keine Adler: so erfuhrt ihr auch das Glück im Schrecken des Geistes nicht. Und wer kein Vogel ist, soll sich nicht über Abgründen lagern. ❧ Ihr seid mir Laue: aber kalt strömt jede tiefe Erkenntniß. Eiskalt sind die innersten Brunnen des Geistes: ein Labsal heißen Händen und Handelnden. ❧ Ehrbar steht ihr mir da und steif und mit geradem Rücken, ihr berühmten Weisen! – euch treibt kein starker Wind und Wille. ❧ Saht ihr nie ein Segel über das Meer gehn, gerundet und gebläht und zitternd vor dem Ungestüm des Windes? ❧ Dem Segel gleich, zitternd vor dem Ungestüm des Geistes, geht meine Weisheit über das Meer – meine wilde Weisheit! ❧ Aber ihr Diener des Volkes, ihr berühmten Weisen, – wie könntet ihr mit mir gehn! –

ALSO SPRACH ZARATHUSTRA.

DAS NACHTLIED

NACHT ist es: nun reden lauter alle springenden Brunnen. Und auch meine Seele ist ein springender Brunnen. ❧ Nacht ist es: nun erst erwachen alle Lieder der Liebenden. Und auch meine Seele ist das Lied eines

Liebenden. Ein Ungeſtilltes, Unſtillbares iſt in mir; das will laut werden. Eine Begierde nach Liebe iſt in mir, die redet ſelber die Sprache der Liebe. Licht bin ich: ach, daß ich Nacht wäre! Aber dieß iſt meine Einſamkeit, daß ich von Licht umgürtet bin. Ach, daß ich dunkel wäre und nächtig! Wie wollte ich an den Brüſten des Lichts ſaugen! Und euch ſelber wollte ich noch ſegnen, ihr kleinen Funkelſterne und Leuchtwürmer droben! – und ſelig ſein ob eurer Licht-Geſchenke. Aber ich lebe in meinem eignen Lichte, ich trinke die Flammen in mich zurück, die aus mir brechen. Ich kenne das Glück des Nehmenden nicht; und oft träumte mir davon, daß Stehlen noch ſeliger ſein müſſe als Nehmen. Das iſt meine Armuth, daß meine Hand niemals ausruht vom Schenken; das iſt mein Neid, daß ich wartende Augen ſehe und die erhellten Nächte der Sehnſucht. Oh Unſeligkeit aller Schenkenden! Oh Verfinſterung meiner Sonne! Oh Begierde nach Begehren! Oh Heißhunger in der Sättigung! Sie nehmen von mir: aber rühre ich noch an ihre Seele? Eine Kluft iſt zwiſchen Geben und Nehmen; und die kleinſte Kluft iſt am letzten zu überbrücken. Ein Hunger wächſt aus meiner Schönheit: wehethun möchte ich Denen, welchen ich leuchte, berauben möchte ich meine Beſchenkten: – alſo hungere ich nach Bosheit. Die Hand zurückziehend, wenn ſich ſchon ihr die Hand entgegenſtreckt; dem Waſſerfalle gleich zögernd, der noch im Sturze zögert: – alſo hungere ich nach Bosheit. Solche Rache ſinnt meine Fülle aus: ſolche Tücke quillt aus meiner Einſamkeit. Mein Glück im Schenken erſtarb im Schenken, meine Tugend wurde ihrer ſelber müde an ihrem Überfluſſe! Wer immer ſchenkt, deſſen Gefahr iſt, daß er die Scham verliere; wer immer austheilt, deſſen Hand und Herz hat Schwielen vor lauter Austheilen. Mein Auge quillt nicht mehr über vor der Scham der Bittenden; meine Hand wurde zu hart für das Zittern gefüllter Hände. Wohin kam die Thräne meinem Auge und der Flaum meinem Herzen? Oh Einſamkeit aller Schenkenden! Oh Schweigſamkeit aller Leuchtenden! Viel Sonnen kreiſen im öden Raume: zu Allem, was dunkel iſt, reden ſie mit ihrem Lichte, – mir ſchweigen ſie. Oh dieß iſt die Feindſchaft des Lichts gegen Leuchtendes: erbarmungslos wandelt es ſeine Bahnen. Unbillig gegen Leuchtendes im tiefſten Herzen, kalt gegen Sonnen, – alſo wandelt jede Sonne. Einem Sturme gleich fliegen die Sonnen ihre Bahnen, das iſt ihr Wandeln. Ihrem unerbittlichen Willen folgen ſie, das iſt ihre Kälte. Oh, ihr erſt ſeid es, ihr Dunklen, ihr Nächtigen, die ihr Wärme ſchafft aus Leuchtendem! Oh, ihr erſt trinkt euch Milch und Labſal aus des Lichtes Eutern! Ach, Eis iſt um mich, meine Hand verbrennt ſich an Eiſigem! Ach, Durſt iſt in mir, der ſchmachtet nach eurem Durſte! Nacht iſt es: ach daß ich Licht ſein muß! Und Durſt nach Nächtigem! Und Einſamkeit! Nacht iſt es: nun bricht wie ein Born aus mir mein Verlangen, – nach Rede verlangt mich. Nacht iſt es: nun reden lauter alle ſpringenden Brunnen. Und auch meine Seele iſt ein ſpringender Brunnen. Nacht iſt es: nun erwachen alle Lieder der Liebenden. Und auch meine Seele iſt das Lied eines Liebenden. –

ALSO SANG ZARATHUSTRA.

DAS TANZLIED

EINES Abends gieng Zarathuſtra mit ſeinen Jüngern durch den Wald; und als er nach einem Brunnen ſuchte, ſiehe, da kam er auf eine grüne Wieſe, die von Bäumen und Gebüſch ſtill umſtanden war: auf der tanzten Mädchen mit einander. Sobald die Mädchen Zarathuſtra erkannten, ließen ſie vom Tanze ab; Zarathuſtra aber trat mit freundlicher Gebärde zu ihnen

und sprach diese Worte: „Laßt vom Tanze nicht ab, ihr lieblichen Mädchen! Kein Spielverderber kam zu euch mit bösem Blick, kein Mädchen-
Feind. Gottes Fürsprecher bin ich vor dem Teufel: der aber ist der Geist
der Schwere. Wie sollte ich, ihr Leichten, göttlichen Tänzen feind sein? Oder
Mädchen-Füßen mit schönen Knöcheln? Wohl bin ich ein Wald und
eine Nacht dunkler Bäume: doch wer sich vor meinem Dunkel nicht scheut,
der findet auch Rosenhänge unter meinen Cypressen. Und auch den
kleinen Gott findet er wohl, der den Mädchen der liebste ist: neben dem Brunnen liegt er, still, mit geschlossenen Augen. Wahrlich, am hellen Tage
schlief er mir ein, der Tagedieb! Haschte er wohl zu viel nach Schmetterlingen? Zürnt mir nicht, ihr schönen Tanzenden, wenn ich den kleinen
Gott ein Wenig züchtige! Schreien wird er wohl und weinen, – aber zum
Lachen ist er noch im Weinen! Und mit Thränen im Auge soll er euch
um einen Tanz bitten; und ich selber will ein Lied zu seinem Tanze singen:
Ein Tanz- und Spottlied auf den Geist der Schwere, meinen allerhöch-
sten großmächtigsten Teufel, von dem sie sagen, daß er „der Herr der Welt"
sei." – Und dieß ist das Lied, welches Zarathustra sang, als Cupido und
die Mädchen zusammen tanzten: In dein Auge schaute ich jüngst, oh
Leben! Und in's Unergründliche schien ich mir da zu sinken. Aber du
zogst mich mit goldner Angel heraus; spöttisch lachtest du, als ich dich unergründlich nannte. „So geht die Rede aller Fische, sprachst du; was sie
nicht ergründen, ist unergründlich. Aber veränderlich bin ich nur und
wild und in Allem ein Weib, und kein tugendhaftes: Ob ich schon euch
Männern „die Tiefe" heiße oder „die Treue", „die Ewige", „die Geheimniß-
volle". Doch ihr Männer beschenkt uns stets mit den eignen Tugenden –
ach, ihr Tugendhaften!" Also lachte sie, die Unglaubliche; aber ich
glaube ihr niemals und ihrem Lachen, wenn sie bös von sich selber spricht.
Und als ich unter vier Augen mit meiner wilden Weisheit redete, sagte
sie mir zornig: „Du willst, du begehrst, du liebst, darum allein lobst du das
Leben!" Fast hätte ich da bös geantwortet und der Zornigen die Wahrheit gesagt; und man kann nicht böser antworten, als wenn man seiner Weisheit „die Wahrheit sagt". So nämlich steht es zwischen uns Dreien. Von
Grund aus liebe ich nur das Leben – und, wahrlich, am meisten dann, wenn
ich es hasse! Daß ich aber der Weisheit gut bin und oft zu gut: das
macht, sie erinnert mich gar sehr an das Leben! Sie hat ihr Auge, ihr
Lachen und sogar ihr goldnes Angelrüthchen: was kann ich dafür, daß die
Beiden sich so ähnlich sehn? Und als mich einmal das Leben fragte:
Wer ist denn das, die Weisheit? – da sagte ich eifrig: „Ach ja! die Weisheit!
Man dürstet um sie und wird nicht satt, man blickt durch Schleier, man
hascht durch Netze. Ist sie schön? Was weiß ich! Aber die ältesten Karp-
fen werden noch mit ihr geködert. Veränderlich ist sie und trotzig; oft
sah ich sie sich die Lippe beißen und den Kamm wider ihres Haares Strich
führen. Vielleicht ist sie böse und falsch, und in Allem ein Frauenzim-
mer; aber wenn sie von sich selber schlecht spricht, da gerade verführt sie am
meisten." Als ich dieß zu dem Leben sagte, da lachte es boshaft und
machte die Augen zu. „Von wem redest du doch? sagte es, wohl von mir?
Und wenn du Recht hättest, – sagt man das mir so in's Gesicht! Aber
nun sprich doch auch von deiner Weisheit!" Ach, und nun machtest du
wieder dein Auge auf, oh geliebtes Leben! Und in's Unergründliche schien
ich mir wieder zu sinken. – Also sang Zarathustra. Als aber der Tanz
zu Ende und die Mädchen fortgegangen waren, wurde er traurig.
„Die Sonne ist lange schon hinunter, sagte er endlich; die Wiese ist feucht,
von den Wäldern her kommt Kühle. Ein Unbekanntes ist um mich
und blickt nachdenklich. Was! Du lebst noch, Zarathustra? Warum?
Wofür? Wodurch? Wohin? Wo? Wie? Ist es nicht Thorheit, noch zu le-

ben? – ◈◈ Ach, meine Freunde, der Abend ist es, der so aus mir fragt. Vergebt mir meine Traurigkeit! ◈◈ Abend ward es: vergebt mir, daß es Abend ward!"

ALSO SPRACH ZARATHUSTRA.

DAS GRABLIED

DORT ist die Gräberinsel, die schweigsame; dort sind auch die Gräber meiner Jugend. Dahin will ich einen immergrünen Kranz des Lebens tragen." ◈◈ Also im Herzen beschließend fuhr ich über das Meer. – ◈◈ Oh ihr, meiner Jugend Gesichte und Erscheinungen! Oh, ihr Blicke der Liebe alle, ihr göttlichen Augenblicke! Wie starbt ihr mir so schnell! Ich gedenke eurer heute wie meiner Todten. ◈◈ Von euch her, meinen liebsten Todten, kommt mir ein süßer Geruch, ein herz- und thränenlösender. Wahrlich, er erschüttert und löst das Herz dem einsam Schiffenden. ◈◈ Immer noch bin ich der Reichste und Bestzubeneidende – ich der Einsamste! Denn ich hatte euch doch, und ihr habt mich noch: sagt, wem fielen, wie mir, solche Rosenäpfel vom Baume? ◈◈ Immer noch bin ich eurer Liebe Erbe und Erdreich, blühend zu eurem Gedächtnisse von bunten wildwachsenen Tugenden, oh ihr Geliebtesten! ◈◈ Ach, wir waren gemacht, einander nahe zu bleiben, ihr holden fremden Wunder; und nicht schüchternen Vögeln gleich kam ihr zu mir und meiner Begierde – nein, als Trauende zu dem Trauenden! ◈◈ Ja, zur Treue gemacht, gleich mir, und zu zärtlichen Ewigkeiten: muß ich nun euch nach eurer Untreue heißen, ihr göttlichen Blicke und Augenblicke: keinen andern Namen lernte ich noch. ◈◈ Wahrlich, zu schnell starbt ihr mir, ihr Flüchtlinge. Doch floht ihr mich nicht, noch floh ich euch: unschuldig sind wir einander in unsrer Untreue. ◈◈ Mich zu tödten, erwürgte man euch, ihr Singvögel meiner Hoffnungen! Ja, nach euch, ihr Liebsten, schoß immer die Bosheit Pfeile – mein Herz zu treffen! ◈◈ Und sie traf! Wart ihr doch stets mein Herzlichstes, mein Besitz und mein Besessen-sein: darum mußtet ihr jung sterben und allzu frühe! ◈◈ Nach dem Verwundbarsten, das ich besaß, schoß man den Pfeil: das waret ihr, denen die Haut einem Flaume gleich ist und mehr noch dem Lächeln, das an einem Blick erstirbt! ◈◈ Aber dieß Wort will ich zu meinen Feinden reden: was ist alles Menschen-Morden gegen Das, was ihr mir thatet! ◈◈ Böseres thatet ihr mir, als aller Menschen-Mord ist; Unwiederbringliches nahmt ihr mir: – also rede ich zu euch, meine Feinde! ◈◈ Mordetet ihr doch meiner Jugend Gesichte und liebste Wunder! Meine Gespielen nahmt ihr mir, die seligen Geister! Ihrem Gedächtnisse lege ich diesen Kranz und diesen Fluch nieder. ◈◈ Diesen Fluch gegen euch, meine Feinde! Machtet ihr doch mein Ewiges kurz, wie ein Ton zerbricht in kalter Nacht! Kaum als Aufblinken göttlicher Augen kam es mir nur, – als Augenblick! ◈◈ Also sprach zur guten Stunde einst meine Reinheit: „göttlich sollen mir alle Wesen sein." ◈◈ Da überfiel ihr mich mit schmutzigen Gespenstern; ach, wohin floh nun jene gute Stunde! ◈◈ „Alle Tage sollen mir heilig sein" – so redete einst die Weisheit meiner Jugend: wahrlich, einer fröhlichen Weisheit Rede! ◈◈ Aber da stahlt ihr Feinde mir meine Nächte und verkauftet sie zu schlafloser Qual: ach, wohin floh nun jene fröhliche Weisheit? ◈◈ Einst begehrte ich nach glücklichen Vogelzeichen: da führtet ihr mir ein Eulen-Unthier über den Weg, ein widriges. Ach, wohin floh da meine zärtliche Begierde? ◈◈ Allem Ekel gelobte ich einst zu entsagen: da verwandeltet ihr meine Nahen und Nächsten in Eiterbeulen. Ach, wohin floh da mein edelstes Gelöbniß? ◈◈ Als Blinder gieng ich einst selige Wege: da warft ihr Unflath auf den Weg des Blinden: und nun ekelt ihn des alten Blinden-Fußsteigs. ◈◈

Und als ich mein Schwerstes that und meiner Überwindungen Sieg feierte: da machtet ihr Die, welche mich liebten, schrein, ich thue ihnen am wehesten. Wahrlich, das war immer euer Thun: ihr vergälltet mir meinen besten Honig und den Fleiß meiner besten Bienen. Meiner Mildthätigkeit sandtet ihr immer die frechsten Bettler zu; um mein Mitleiden drängtet ihr immer die unheilbar Schamlosen. So verwundetet ihr meine Tugenden in ihrem Glauben. Und legte ich noch mein Heiligstes zum Opfer hin: flugs stellte eure „Frömmigkeit" ihre fetteren Gaben dazu: also daß im Dampfe eures Fettes noch mein Heiligstes erstickte. Und einst wollte ich tanzen, wie nie ich noch tanzte: über alle Himmel weg wollte ich tanzen. Da überredet ihr meinen liebsten Sänger. Und nun stimmte er eine schaurige dumpfe Weise an; ach, er tutete mir wie ein düsteres Horn zu Ohren! Mörderischer Sänger, Werkzeug der Bosheit, Unschuldigster! Schon stand ich bereit zum besten Tanze: da mordetest du mit deinen Tönen meine Verzückung! Nur im Tanze weiß ich der höchsten Dinge Gleichniß zu reden: — und nun blieb mir mein höchstes Gleichniß ungeredet in meinen Gliedern! Ungeredet und unerlöst blieb mir die höchste Hoffnung! Und es starben mir alle Gesichte und Tröstungen meiner Jugend! Wie ertrug ich's nur? Wie verwand und überwand ich solche Wunden? Wie erstand meine Seele wieder aus diesen Gräbern? Ja, ein Unverwundbares, Unbegrabbares ist an mir, ein Felsensprengendes: das heißt mein Wille. Schweigsam schreitet es und unverändert durch die Jahre. Seinen Gang will er gehn auf meinen Füßen, mein alter Wille; herzenshart ist ihm der Sinn und unverwundbar. Unverwundbar bin ich allein an meiner Ferse. Immer noch lebst du da und bist dir gleich, Geduldigster! Immer noch brachst du dich durch alle Gräber! In dir lebt auch noch das Unerlöste meiner Jugend; und als Leben und Jugend sitzest du hoffend hier auf gelben Grab-Trümmern. Ja, noch bist du mir aller Gräber Zertrümmerer: Heil dir, mein Wille! Und nur wo Gräber sind, giebt es Auferstehungen. —

ALSO SANG ZARATHUSTRA.

VON DER SELBST-ÜBERWINDUNG

„WILLE zur Wahrheit" heißt ihr's, ihr Weisesten, was euch treibt und brünstig macht? Wille zur Denkbarkeit alles Seienden: also heiße ich euren Willen! Alles Seiende wollt ihr erst denkbar machen: denn ihr zweifelt mit gutem Mißtrauen, ob es schon denkbar ist. Aber es soll sich euch fügen und biegen! So will's euer Wille. Glatt soll es werden und dem Geiste unterthan, als sein Spiegel und Widerbild. Das ist euer ganzer Wille, ihr Weisesten, als ein Wille zur Macht; und auch wenn ihr vom Guten und Bösen redet und von den Werthschätzungen. Schaffen wollt ihr noch die Welt, vor der ihr knien könnt: so ist es eure letzte Hoffnung und Trunkenheit. Die Unweisen freilich, das Volk, — die sind gleich dem Flusse, auf dem ein Nachen weiter schwimmt: und im Nachen sitzen feierlich und vermummt die Werthschätzungen. Euren Willen und eure Werthe setztet ihr auf den Fluß des Werdens; einen alten Willen zur Macht verräth mir, was vom Volke als Gut und Böse geglaubt wird. Ihr wart es, ihr Weisesten, die solche Gäste in diesen Nachen setzten und ihnen Prunk und stolze Namen gaben, — ihr und euer herrschender Wille! Weiter trägt nun der Fluß euren Nachen: er muß ihn tragen. Wenig thut's, ob die gebrochene Welle schäumt und zornig dem Kiele widerspricht! Nicht der Fluß ist

56

eure Gefahr und das Ende eures Guten und Bösen, ihr Weisesten: sondern jener Wille selber, der Wille zur Macht, – der unerschöpfte zeugende Lebens-Wille. 🙠🙢 Aber damit ihr mein Wort versteht vom Guten und Bösen: dazu will ich euch noch mein Wort vom Leben sagen und von der Art alles Lebendigen. 🙠🙢 Dem Lebendigen gieng ich nach, ich gieng die größten und die kleinsten Wege, daß ich seine Art erkenne. 🙠🙢 Mit hundertfachem Spiegel fieng ich noch seinen Blick auf, wenn ihm der Mund geschlossen war: daß sein Auge mir rede. Und sein Auge redete mir. 🙠🙢 Aber, wo ich nur Lebendiges fand, da hörte ich auch die Rede vom Gehorsame. Alles Lebendige ist ein Gehorchendes. 🙠🙢 Und dieß ist das Zweite: Dem wird befohlen, der sich nicht selber gehorchen kann. So ist es des Lebendigen Art. 🙠🙢 Dieß aber ist das Dritte, was ich hörte: daß Befehlen schwerer ist, als Gehorchen. Und nicht nur, daß der Befehlende die Last aller Gehorchenden trägt, und daß leicht ihn diese Last zerdrückt: – 🙠🙢 Ein Versuch und Wagniß erschien mir in allem Befehlen; und stets, wenn es befiehlt, wagt das Lebendige sich selber dran. 🙠🙢 Ja noch, wenn es sich selber befiehlt: auch da noch muß es sein Befehlen büßen. Seinem eignen Gesetze muß es Richter und Rächer und Opfer werden. 🙠🙢 Wie geschieht dieß doch! so fragte ich mich. Was überredet das Lebendige, daß es gehorcht und befiehlt und befehlend noch Gehorsam übt? 🙠🙢 Hört mir nun mein Wort, ihr Weisesten! Prüft es ernstlich, ob ich dem Leben selber in's Herz kroch, und bis in die Wurzeln seines Herzens! 🙠🙢 Wo ich Lebendiges fand, da fand ich Willen zur Macht; und noch im Willen des Dienenden fand ich den Willen, Herr zu sein. 🙠🙢 Daß dem Stärkeren diene das Schwächere, dazu überredet es sein Wille, der über noch Schwächeres Herr sein will: dieser Lust allein mag es nicht entrathen. 🙠🙢 Und wie das Kleinere sich dem Größeren hingiebt, daß es Lust und Macht am Kleinsten habe: also giebt sich auch das Größte noch hin und setzt um der Macht willen – das Leben dran. 🙠🙢 Das ist die Hingebung des Größten, daß es Wagniß ist und Gefahr, und um den Tod ein Würfelspielen. 🙠🙢 Und wo Opferung und Dienste und Liebesblicke sind: auch da ist Wille, Herr zu sein. Auf Schleichwegen schleicht sich da der Schwächere in die Burg und bis in's Herz dem Mächtigeren – und stiehlt da Macht. 🙠🙢 Und dieß Geheimniß redete das Leben selber zu mir: „Siehe, sprach es, ich bin Das, was sich immer selber überwinden muß. 🙠🙢 Freilich, ihr heißt es Wille zur Zeugung oder Trieb zum Zwecke, zum Höheren, Ferneren, Vielfacheren: aber all dieß ist Eins und Ein Geheimniß. 🙠🙢 Lieber noch gehe ich unter, als daß ich diesem Einen absagte; und wahrlich, wo es Untergang giebt und Blätterfallen, siehe, da opfert sich Leben – um Macht! 🙠🙢 Daß ich Kampf sein muß und Werden und Zweck und der Zwecke Widerspruch: ach, wer meinen Willen erräth, erräth wohl auch, auf welchen krummen Wegen er gehen muß! 🙠🙢 Was ich auch schaffe und wie ich's auch liebe, – bald muß ich Gegner ihm sein und meiner Liebe: so will es mein Wille. 🙠🙢 Und auch du, Erkennender, bist nur ein Pfad und Fußtapfen meines Willens: wahrlich, mein Wille zur Macht wandelt auch auf den Füßen deines Willens zur Wahrheit! 🙠🙢 Der traf freilich die Wahrheit nicht, der das Wort nach ihr schoß vom „Willen zum Dasein“: diesen Willen – giebt es nicht! 🙠🙢 Denn: was nicht ist, das kann nicht wollen; was aber im Dasein ist, wie könnte das noch zum Dasein wollen! 🙠🙢 Nur, wo Leben ist, da ist auch Wille: aber nicht Wille zum Leben, sondern – so lehre ich's dich – Wille zur Macht! 🙠🙢 Vieles ist dem Lebenden höher geschätzt, als Leben selber; doch aus dem Schätzen selber heraus redet – der Wille zur Macht!" – 🙠🙢 Also lehrte mich einst das Leben: und daraus löse ich euch, ihr Weisesten, noch das Räthsel eures Herzens. 🙠🙢 Wahrlich, ich sage euch: Gutes und Böses, das unvergänglich wäre – das giebt es nicht! Aus sich selber muß es sich immer wieder überwinden. 🙠🙢 Mit euren Werthen und Worten von Gut und Böse übt ihr Ge-

walt, ihr Werthſchätzenden: und dieß iſt eure verborgene Liebe und eurer Seele Glänzen, Zittern und Überwallen. ꙮꙮ Aber eine ſtärkere Gewalt wächſt aus euren Werthen und eine neue Überwindung: an der zerbricht Ei und Eierſchale. ꙮꙮ Und wer ein Schöpfer ſein muß im Guten und Böſen: wahrlich, der muß ein Vernichter erſt ſein und Werthe zerbrechen. ꙮꙮ Alſo gehört das höchſte Böſe zur höchſten Güte: dieſe aber iſt die ſchöpferiſche. — ꙮꙮ Reden wir nur davon, ihr Weiſeſten, ob es gleich ſchlimm iſt. Schweigen iſt ſchlimmer; alle verſchwiegenen Wahrheiten werden giftig. ꙮꙮ Und mag doch Alles zerbrechen, was an unſeren Wahrheiten zerbrechen — kann! Manches Haus giebt es noch zu bauen! —

ALSO SPRACH ZARATHUSTRA

VON DEN ERHABENEN

STILL iſt der Grund meines Meeres: wer erriethe wohl, daß er ſcherz-hafte Ungeheuer birgt! ꙮꙮ Unerſchütterlich iſt meine Tiefe: aber ſie glänzt von ſchwimmenden Räthſeln und Gelächtern. ꙮꙮ Einen Erhabenen ſah ich heute, einen Feierlichen, einen Büßer des Geiſtes: oh wie lachte meine Seele ob ſeiner Häßlichkeit! ꙮꙮ Mit erhobener Bruſt und Denen gleich, welche den Athem an ſich ziehn: alſo ſtand er da, der Erhabene, und ſchweig-ſam: ꙮꙮ Behängt mit häßlichen Wahrheiten, ſeiner Jagdbeute, und reich an zerriſſenen Kleidern; auch viele Dornen hiengen an ihm – aber noch ſah ich keine Roſe. ꙮꙮ Noch lernte er das Lachen nicht und die Schönheit. Finſter kam dieſer Jäger zurück aus dem Walde der Erkenntniß. ꙮꙮ Vom Kampfe kehrte er heim mit wilden Thieren: aber aus ſeinem Ernſte blickt auch noch ein wildes Thier – ein unüberwundenes! ꙮꙮ Wie ein Tiger ſteht er immer noch da, der ſpringen will; aber ich mag dieſe geſpannten Seelen nicht, unhold iſt mein Geſchmack allen dieſen Zurückgezognen. ꙮꙮ Und ihr ſagt mir, Freunde, daß nicht zu ſtreiten ſei über Geſchmack und Schmecken? Aber alles Leben iſt Streit um Geſchmack und Schmecken! ꙮꙮ Geſchmack: das iſt Gewicht zugleich und Wagſchale und Wägender; und wehe allem Lebendigen, das ohne Streit um Gewicht und Wagſchale und Wägende leben wollte! ꙮꙮ Wenn er ſeiner Erhabenheit müde würde, dieſer Erha-bene: dann erſt würde ſeine Schönheit anheben, – und dann erſt will ich ihn ſchmecken und ſchmackhaft finden. ꙮꙮ Und erſt, wenn er ſich von ſich ſel-ber abwendet, wird er über ſeinen eignen Schatten ſpringen – und, wahrlich! hinein in ſeine Sonne. ꙮꙮ Allzulange ſaß er im Schatten, die Wangen bleich-ten dem Büßer des Geiſtes; faſt verhungerte er an ſeinen Erwartungen. ꙮꙮ Verachtung iſt noch in ſeinem Auge; und Ekel birgt ſich an ſeinem Munde. Zwar ruht er jetzt, aber ſeine Ruhe hat ſich noch nicht in die Sonne gelegt. ꙮꙮ Dem Stiere gleich ſollte er thun; und ſein Glück ſollte nach Erde riechen, und nicht nach Verachtung der Erde. ꙮꙮ Als weißen Stier möchte ich ihn ſehn, wie er ſchnaubend und brüllend der Pflugſchar vorangeht: und ſein Gebrüll ſollte noch alles Irdiſche preiſen! ꙮꙮ Dunkel noch iſt ſein Antlitz; der Hand Schatten ſpielt auf ihm. Verſchattet iſt noch der Sinn ſeines Auges. ꙮꙮ Seine That ſelber iſt noch der Schatten auf ihm: die Hand verdunkelt den Handelnden. Noch hat er ſeine That nicht überwunden. ꙮꙮ Wohl liebe ich an ihm den Nacken des Stiers: aber nun will ich auch noch das Auge des Engels ſehn. ꙮꙮ Auch ſeinen Helden-Willen muß er noch verlernen: ein Gehobener ſoll er mir ſein und nicht nur ein Erhabener: – der Äther ſelber ſollte ihn heben, den Willenloſen! ꙮꙮ Er bezwang Unthiere, er löſte Räthſel: aber erlöſen ſollte er auch noch ſeine Unthiere und Räthſel, zu himmliſchen Kindern ſollte er ſie noch verwandeln. ꙮꙮ Noch hat ſeine Erkenntniß nicht

lächeln gelernt und ohne Eiferfucht fein; noch ift feine ftrömende Leidenfchaft nicht ftille geworden in der Schönheit. ❧❧ Wahrlich, nicht in der Sattheit foll fein Verlangen fchweigen und untertauchen, fondern in der Schönheit! Die Anmuth gehört zur Großmuth des Großgefinnten. ❧❧ Den Arm über das Haupt gelegt: fo follte der Held ausruhn, fo follte er auch noch fein Ausruhen überwinden. ❧❧ Aber gerade dem Helden ift das Schöne aller Dinge Schwerftes. Unerringbar ift das Schöne allem heftigen Willen. ❧❧ Ein Wenig mehr, ein Wenig weniger: das gerade ift hier Viel, das ift hier das Meifte. ❧❧ Mit läffigen Muskeln ftehn und mit abgefchirrtem Willen: das ift das Schwerfte euch Allen, ihr Erhabenen! ❧❧ Wenn die Macht gnädig wird und herabkommt in's Sichtbare: Schönheit heiße ich folches Herabkommen. ❧❧ Und von Niemandem will ich fo als von dir gerade Schönheit, du Gewaltiger: deine Güte fei deine letzte Selbft-Überwältigung. ❧❧ Alles Böfe traue ich dir zu: darum will ich von dir das Gute. ❧❧ Wahrlich, ich lachte oft der Schwächlinge, welche fich gut glauben, weil fie lahme Tatzen haben! ❧❧ Der Säule Tugend follft du nachftreben: fchöner wird fie immer und zarter, aber inwendig härter und tragfamer, je mehr fie auffteigt. ❧❧ Ja, du Erhabener, einft follft du noch fchön fein und deiner eignen Schönheit den Spiegel vorhalten. ❧❧ Dann wird deine Seele vor göttlichen Begierden fchaudern; und Anbetung wird noch in deiner Eitelkeit fein! ❧❧ Dieß nämlich ift das Geheimniß der Seele: erft, wenn fie der Held verlaffen hat, naht ihr, im Traume, – der Über-Held. –

ALSO SPRACH ZARATHUSTRA.

VOM LANDE DER BILDUNG

ZU weit hinein flog ich in die Zukunft: ein Grauen überfiel mich. ❧❧ Und als ich um mich fah, fiehe! da war die Zeit mein einziger Zeitgenoffe. ❧❧ Da floh ich rückwärts, heimwärts – und immer eilender: fo kam ich zu euch, ihr Gegenwärtigen, und in's Land der Bildung. ❧❧ Zum erften Male brachte ich ein Auge mit für euch, und gute Begierde: wahrlich, mit Sehnfucht im Herzen kam ich. ❧❧ Aber wie gefchah mir? So angft mir auch war, – ich mußte lachen! Nie fah mein Auge etwas fo Buntgefprenkeltes! ❧❧ Ich lachte und lachte, während der Fuß mir noch zitterte und das Herz dazu: „hier ift ja die Heimath aller Farbentöpfe!" – fagte ich. ❧❧ Mit fünfzig Klexen bemalt an Geficht und Gliedern: fo faßet ihr da zu meinem Staunen, ihr Gegenwärtigen! ❧❧ Und mit fünfzig Spiegeln um euch, die eurem Farbenfpiele fchmeichelten und nachredeten! ❧❧ Wahrlich, ihr könntet gar keine beffere Maske tragen, ihr Gegenwärtigen, als euer eignes Geficht ift! Wer könnte euch – erkennen! ❧❧ Vollgefchrieben mit den Zeichen der Vergangenheit, und auch diefe Zeichen überpinfelt mit neuen Zeichen: alfo habt ihr euch gut verfteckt vor allen Zeichendeutern! ❧❧ Und wenn man auch Nierenprüfer ift: wer glaubt wohl noch, daß ihr Nieren habt! Aus Farben fcheint ihr gebacken und aus geleimten Zetteln. ❧❧ Alle Zeiten und Völker blicken bunt aus euren Schleiern; alle Sitten und Glauben reden bunt aus euren Gebärden. ❧❧ Wer von euch Schleier und Überwürfe und Farben und Gebärden abzöge: gerade genug würde er übrig behalten, um die Vögel damit zu erfchrecken. ❧❧ Wahrlich, ich felber bin der erfchreckte Vogel, der euch einmal nackt fah und ohne Farbe; und ich flog davon, als das Geripppe mir Liebe zuwinkte. ❧❧ Lieber wollte ich doch noch Tagelöhner fein in der Unterwelt und bei den Schatten des Ehemals! – Feifter und voller als ihr find ja noch die Unterweltlichen! ❧❧ Dieß, ja dieß ift Bitterniß meinen Gedärmen, daß ich euch weder nackt noch bekleidet

59

aushalte, ihr Gegenwärtigen! ◁◁ Alles Unheimliche der Zukunft, und was je verflogenen Vögeln Schauder machte, ist wahrlich heimlicher noch und traulicher als eure „Wirklichkeit". ◁◁ Denn so sprecht ihr: „Wirkliche sind wir ganz, und ohne Glauben und Aberglauben": also brüstet ihr euch – ach, auch noch ohne Brüste! ◁◁ Ja, wie solltet ihr glauben können, ihr Buntgesprenkelten! – die ihr Gemälde seid von Allem, was je geglaubt wurde! ◁◁ Wandelnde Widerlegungen seid ihr des Glaubens selber, und aller Gedanken Gliederbrechen. Unglaubwürdige: also heiße ich euch, ihr Wirklichen! ◁◁ Alle Zeiten schwätzen wider einander in euren Geistern; und aller Zeiten Träume und Geschwätz waren wirklicher noch, als euer Wachsein ist! ◁◁ Unfruchtbare seid ihr: darum fehlt es euch an Glauben. Aber wer schaffen mußte, der hatte auch immer seine Wahr-Träume und Stern-Zeichen – und glaubte an Glauben! – ◁◁ Halboffne Thore seid ihr, an denen Todtengräber warten. Und das ist eure Wirklichkeit: „Alles ist werth, daß es zu Grunde geht." ◁◁ Ach, wie ihr mir dasteht, ihr Unfruchtbaren, wie mager in den Rippen! Und Mancher von euch hatte wohl dessen selber ein Einsehen. ◁◁ Und er sprach: „es hat wohl da ein Gott, als ich schlief, mir heimlich Etwas entwendet? Wahrlich, genug, sich ein Weibchen daraus zu bilden! ◁◁ Wundersam ist die Armuth meiner Rippen!" also sprach schon mancher Gegenwärtige. ◁◁ Ja, zum Lachen seid ihr mir, ihr Gegenwärtigen! Und sonderlich, wenn ihr euch über euch selber wundert! ◁◁ Und wehe mir, wenn ich nicht lachen könnte über eure Verwunderung, und alles Widrige aus euren Näpfen hinunter trinken müßte! ◁◁ So aber will ich's mit euch leichter nehmen, da ich Schweres zu tragen habe; und was thut's mir, wenn sich Käfer und Flügelwürmer noch auf mein Bündel setzen! ◁◁ Wahrlich, es soll mir darob nicht schwerer werden! Und nicht aus euch, ihr Gegenwärtigen, soll mir die große Müdigkeit kommen. – ◁◁ Ach, wohin soll ich nun noch steigen mit meiner Sehnsucht! Von allen Bergen schaue ich aus nach Vater- und Mutterländern. ◁◁ Aber Heimath fand ich nirgends: unstät bin ich in allen Städten und ein Aufbruch an allen Thoren. ◁◁ Fremd sind mir und ein Spott die Gegenwärtigen, zu denen mich jüngst das Herz trieb; und vertrieben bin ich aus Vater- und Mutterländern. ◁◁ So liebe ich allein noch meiner Kinder Land, das unentdeckte, im fernsten Meere: nach ihm heiße ich meine Segel suchen und suchen. ◁◁ An meinen Kindern will ich es gut machen, daß ich meiner Väter Kind bin: und an aller Zukunft – diese Gegenwart! –

ALSO SPRACH ZARATHUSTRA.

VON DER UNBEFLECKTEN ER- KENNTNISS

ALS gestern der Mond aufgieng, wähnte ich, daß er eine Sonne gebären wolle: so breit und trächtig lag er am Horizonte. ◁◁ Aber ein Lügner war er mir mit seiner Schwangerschaft; und eher noch will ich an den Mann im Monde glauben als an das Weib. ◁◁ Freilich, wenig Mann ist er auch, dieser schüchterne Nachtschwärmer. Wahrlich, mit schlechtem Gewissen wandelt er über die Dächer. ◁◁ Denn er ist lüstern und eifersüchtig, der Mönch im Monde, lüstern nach der Erde und nach allen Freuden der Liebenden. ◁◁ Nein, ich mag ihn nicht, diesen Kater auf den Dächern! Widerlich sind mir Alle, die um halbverschloßne Fenster schleichen! ◁◁ Fromm und schweigsam wandelt er hin auf Sternen-Teppichen: – aber ich mag alle leisetretenden Mannsfüße nicht, an denen auch nicht ein Sporen

klirrt. ᦏ Jedes Redlichen Schritt redet; die Katze aber stiehlt sich über
den Boden weg. Siehe, katzenhaft kommt der Mond daher und unredlich. –
ᦏ Dieses Gleichniß gebe ich euch empfindsamen Heuchlern, euch, den
„Rein-Erkennenden"! Euch heiße ich – Lüsterne! ᦏ Auch ihr liebt die
Erde und das Irdische: ich errieth euch wohl! – aber Scham ist in eurer Liebe
und schlechtes Gewissen, – dem Monde gleicht ihr! ᦏ Zur Verachtung des
Irdischen hat man euren Geist überredet, aber nicht eure Eingeweide: die
aber sind das Stärkste an euch! ᦏ Und nun schämt sich euer Geist, daß er
euren Eingeweiden zu Willen ist, und geht vor seiner eignen Scham Schleich-
und Lügenwege. ᦏ „Das wäre mir das Höchste – also redet euer verlog-
ner Geist zu sich – auf das Leben ohne Begierde zu schaun und nicht, gleich
dem Hunde, mit hängender Zunge: ᦏ Glücklich zu sein im Schauen, mit
erstorbenem Willen, ohne Griff und Gier der Selbstsucht – kalt und aschgrau
am ganzen Leibe, aber mit trunkenen Mondesaugen! ᦏ Das wäre mir
das Liebste, – also verführt sich selber der Verführte – die Erde zu lieben, wie
der Mond sie liebt, und nur mit dem Auge allein ihre Schönheit zu betasten.
ᦏ Und das heiße mir aller Dinge unbefleckte Erkenntniß, daß ich von
den Dingen Nichts will: außer daß ich vor ihnen da liegen darf wie ein Spiegel mit hundert Augen." – ᦏ Oh, ihr empfindsamen Heuchler, ihr Lüsternen! Euch fehlt die Unschuld in der Begierde: und nun verleumdet ihr drum
das Begehren! ᦏ Wahrlich, nicht als Schaffende, Zeugende, Werdelustige
liebt ihr die Erde! ᦏ Wo ist Unschuld? Wo der Wille zur Zeugung ist.
Und wer über sich hinaus schaffen will, der hat mir den reinsten Willen. ᦏ
Wo ist Schönheit? Wo ich mit allem Willen wollen muß; wo ich lieben und
untergehn will, daß ein Bild nicht nur Bild bleibe. ᦏ Lieben und Untergehn: das reimt sich seit Ewigkeiten. Wille zur Liebe: das ist, willig auch
sein zum Tode. Also rede ich zu euch Feiglingen! ᦏ Aber nun will euer
entmanntes Schielen „Beschaulichkeit" heißen! Und was mit feigen Augen
sich tasten läßt, soll „schön" getauft werden! Oh ihr Beschmutzer edler Namen!
ᦏ Aber das soll euer Fluch sein, ihr Unbefleckten, ihr Rein-Erkennenden,
daß ihr nie gebären werdet: und wenn ihr auch breit und trächtig am Horizonte liegt! ᦏ Wahrlich, ihr nehmt den Mund voll mit edlen Worten: und
wir sollen glauben, daß euch das Herz übergehe, ihr Lügenbolde? ᦏ
Aber meine Worte sind geringe, verachtete, krumme Worte: gerne nehme
ich auf, was bei eurer Mahlzeit unter den Tisch fällt. ᦏ Immer noch kann
ich mit ihnen – Heuchlern die Wahrheit sagen! Ja, meine Gräten, Muscheln
und Stachelblätter sollen – Heuchlern die Nasen kitzeln! ᦏ Schlechte Luft
ist immer um euch und eure Mahlzeiten: eure lüsternen Gedanken, eure
Lügen und Heimlichkeiten sind ja in der Luft! ᦏ Wagt es doch erst, euch
selber zu glauben – euch und euren Eingeweiden! Wer sich selber nicht
glaubt, lügt immer. ᦏ Eines Gottes Larve hängtet ihr um vor euch selber,
ihr „Reinen": in eines Gottes Larve verkroch sich euer greulicher Ringel-
wurm. ᦏ Wahrlich, ihr täuscht, ihr „Beschaulichen"! Auch Zarathustra
war einst der Narr eurer göttlichen Häute; nicht errieth er das Schlangen-
geringel, mit dem sie gestopft waren. ᦏ Eines Gottes Seele wähnte ich
einst spielen zu sehn in euren Spielen, ihr Rein-Erkennenden! Keine bessere
Kunst wähnte ich einst als eure Künste! ᦏ Schlangen-Unflath und schlimmen Geruch verhehlte mir die Ferne: und daß einer Eidechse List lüstern hier
herumschlich. ᦏ Aber ich kam euch nah: da kam mir der Tag – und nun
kommt er euch, – zu Ende gieng des Mondes Liebschaft! ᦏ Seht doch
hin! Ertappt und bleich steht er da – vor der Morgenröthe! ᦏ Denn schon
kommt sie, die Glühende, – ihre Liebe zur Erde kommt! Unschuld und Schöp-
fer-Begier ist alle Sonnen-Liebe! ᦏ Seht doch hin, wie sie ungeduldig über
das Meer kommt! Fühlt ihr den Durst und den heißen Athem ihrer Liebe
nicht? ᦏ Am Meere will sie saugen und seine Tiefe zu sich in die Höhe

trinken: da hebt fich die Begierde des Meeres mit taufend Brüften. ⬧⬧ Ge-
küßt und gefaugt will es fein vom Durfte der Sonne; Luft will es werden
und Höhe und Fußpfad des Lichts und felber Licht! ⬧⬧ Wahrlich, der
Sonne gleich liebe ich das Leben und alle tiefen Meere. ⬧⬧ Und dieß heißt
mir Erkenntniß: alles Tiefe foll hinauf – zu meiner Höhe! –

ALSO SPRACH ZARATHUSTRA.

VON DEN GELEHRTEN

ALS ich im Schlafe lag, da fraß ein Schaf am Epheukranze meines Haup-
tes, – fraß und fprach dazu: „Zarathuftra ift kein Gelehrter mehr".
⬧⬧ Sprach's und gieng ftotzig davon und ftolz. Ein Kind erzählte mir's.
⬧⬧ Gerne liege ich hier, wo die Kinder fpielen, an der zerbrochnen Mauer,
unter Difteln und rothen Mohnblumen. ⬧⬧ Ein Gelehrter bin ich den Kindern noch und auch den Difteln und rothen Mohnblumen. Unfchuldig find
fie, felbft noch in ihrer Bosheit. ⬧⬧ Aber den Schafen bin ich's nicht mehr:
fo will es mein Loos – gefegnet fei es! ⬧⬧ Denn dieß ift die Wahrheit: ausgezogen bin ich aus dem Haufe der Gelehrten, und die Thür habe ich noch
hinter mir zugeworfen. ⬧⬧ Zu lange faß meine Seele hungrig an ihrem
Tifche; nicht, gleich ihnen, bin ich auf das Erkennen abgerichtet wie auf das
Nüffeknacken. ⬧⬧ Freiheit liebe ich und die Luft über frifcher Erde; lieber
noch will ich auf Ochfenhäuten fchlafen, als auf ihren Würden und Acht-
barkeiten. ⬧⬧ Ich bin zu heiß und verbrannt von eigenen Gedanken: oft
will es mir den Athem nehmen. Da muß ich in's Freie und weg aus allen ver-
ftaubten Stuben. ⬧⬧ Aber fie fitzen kühl in kühlem Schatten: fie wollen in
Allem nur Zufchauer fein und hüten fich, dort zu fitzen, wo die Sonne auf die
Stufen brennt. ⬧⬧ Gleich Solchen, die auf der Straße ftehn und die Leute
angaffen, welche vorübergehn: alfo warten fie auch und gaffen Gedanken
an, die Andre gedacht haben. ⬧⬧ Greift man fie mit Händen, fo ftäuben
fie um fich gleich Mehlfäcken, und unfreiwillig: aber wer erriethe wohl, daß
ihr Staub vom Korne ftammt und von der gelben Wonne der Sommerfelder?
⬧⬧ Geben fie fich weife, fo fröftelt mich ihrer kleinen Sprüche und Wahrheiten: ein Geruch ift oft an ihrer Weisheit, als ob fie aus dem Sumpfe ftamme:
und wahrlich, ich hörte auch fchon den Frofch aus ihr quaken! ⬧⬧ Ge-
fchickt find fie, fie haben kluge Finger: was will meine Einfalt bei ihrer Viel-
falt! Alles Fädeln und Knüpfen und Weben verftehn ihre Finger: alfo wirken
fie die Strümpfe des Geiftes! ⬧⬧ Gute Uhrwerke find fie: nur forge man,
fie richtig aufzuziehn! Dann zeigen fie ohne Falfch die Stunde an und machen
einen befcheidnen Lärm dabei. ⬧⬧ Gleich Mühlwerken arbeiten fie und
Stampfen: man werfe ihnen nur feine Fruchtkörner zu! – fie wiffen fchon,
Korn klein zu mahlen und weißen Staub daraus zu machen. ⬧⬧ Sie fehen
einander gut auf die Finger und trauen fich nicht zum Beften. Erfinderifch
in kleinen Schlauheiten, warten fie auf Solche, deren Wiffen auf lahmen
Füßen geht, – gleich Spinnen warten fie. ⬧⬧ Ich fah fie immer mit Vorficht
Gift bereiten; und immer zogen fie gläferne Handfchuhe dabei an ihre Finger. ⬧⬧ Auch mit falfchen Würfeln wiffen fie zu fpielen; und fo eifrig fand
ich fie fpielen, daß fie dabei fchwitzten. ⬧⬧ Wir find einander fremd, und
ihre Tugenden gehn mir noch mehr wider den Gefchmack, als ihre Falfch-
heiten und falfchen Würfel. ⬧⬧ Und als ich bei ihnen wohnte, da wohnte
ich über ihnen. Darüber wurden fie mir gram. ⬧⬧ Sie wollen Nichts davon hören, daß Einer über ihren Köpfen wandelt; und fo legten fie Holz und
Erde und Unrath zwifchen mich und ihre Köpfe. ⬧⬧ Alfo dämpften fie den
Schall meiner Schritte: und am fchlechteften wurde ich bisher von den Ge-

lehrteſten gehört. Aller Menſchen Fehl und Schwäche legten ſie zwiſchen ſich und mich: — „Fehlboden" heißen ſie das in ihren Häuſern. Aber trotzdem wandle ich mit meinen Gedanken über ihren Köpfen; und ſelbſt wenn ich auf meinen eignen Fehlern wandeln wollte, würde ich noch über ihnen ſein und ihren Köpfen. Denn die Menſchen ſind nicht gleich: ſo ſpricht die Gerechtigkeit. Und was ich will, dürften ſie nicht wollen! —

ALSO SPRACH ZARATHUSTRA.

VON DEN DICHTERN

SEIT ich den Leib beſſer kenne, — ſagte Zarathuſtra zu einem ſeiner Jünger — iſt mir der Geiſt nur noch gleichſam Geiſt; und alles das „Unvergängliche" — das iſt auch nur ein Gleichniß. „So hörte ich dich ſchon einmal ſagen, antwortete der Jünger; und damals fügteſt du hinzu: ,aber die Dichter lügen zuviel'. Warum ſagteſt du doch, daß die Dichter zu viel lügen?" „Warum? ſagte Zarathuſtra. Du fragſt warum? Ich gehöre nicht zu Denen, welche man nach ihrem Warum fragen darf. Iſt denn mein Erleben von Geſtern? Das iſt lange her, daß ich die Gründe meiner Meinungen erlebte. Müßte ich nicht ein Faß ſein von Gedächtniß, wenn ich auch meine Gründe bei mir haben wollte? Schon zu viel iſt mir's, meine Meinungen ſelber zu behalten; und mancher Vogel fliegt davon. Und mitunter finde ich auch ein zugeflogenes Thier in meinem Taubenſchlage, das mir fremd iſt, und das zittert, wenn ich meine Hand darauf lege. Doch was ſagte dir einſt Zarathuſtra? Daß die Dichter zuviel lügen? — Aber auch Zarathuſtra iſt ein Dichter. Glaubſt du nun, daß er hier die Wahrheit redete? Warum glaubſt du das?" Der Jünger antwortete: „ich glaube an Zarathuſtra". Aber Zarathuſtra ſchüttelte den Kopf und lächelte. Der Glaube macht mich nicht ſelig, ſagte er, zumal nicht der Glaube an mich. Aber geſetzt, daß Jemand allen Ernſtes ſagte, die Dichter lügen zuviel: ſo hat er Recht, — wir lügen zuviel. Wir wiſſen auch zu wenig und ſind ſchlechte Lerner: ſo müſſen wir ſchon lügen. Und wer von uns Dichtern hätte nicht ſeinen Wein verfälſcht? Manch giftiger Miſchmaſch geſchah in unſern Kellern, manches Unbeſchreibliche ward da gethan. Und weil wir wenig wiſſen, ſo gefallen uns von Herzen die geiſtig Armen, ſonderlich wenn es junge Weibchen ſind! Und ſelbſt nach den Dingen ſind wir noch begehrlich, die ſich die alten Weibchen Abends erzählen. Das heißen wir ſelber an uns das Ewig-Weibliche. Und als ob es einen beſondren geheimen Zugang zum Wiſſen gäbe, der ſich Denen verſchütte, welche Etwas lernen: ſo glauben wir an das Volk und ſeine „Weisheit". Das aber glauben alle Dichter: daß wer im Graſe oder an einſamen Gehängen liegend die Ohren ſpitze, Etwas von den Dingen erfahre, die zwiſchen Himmel und Erde ſind. Und kommen ihnen zärtliche Regungen, ſo meinen die Dichter immer, die Natur ſelber ſei in ſie verliebt: Und ſie ſchleiche zu ihrem Ohre, Heimliches hinein zu ſagen und verliebte Schmeichelreden: deſſen brüſten und blähen ſie ſich vor allen Sterblichen! Ach, es giebt ſo viel Dinge zwiſchen Himmel und Erde, von denen ſich nur die Dichter Etwas haben träumen laſſen! Und zumal über dem Himmel: denn alle Götter ſind Dichter-Gleichniß, Dichter-Erſchleichniß! Wahrlich, immer zieht es uns hinan — nämlich zum Reich der Wolken: auf dieſe ſetzen wir unſre bunten Bälge und heißen ſie dann Götter und Übermenſchen: — Sind ſie doch gerade leicht genug für dieſe Stühle! — alle dieſe Götter und Übermenſchen. Ach, wie bin ich all des Unzulänglichen müde, das durchaus Ereigniß ſein ſoll! Ach, wie bin ich der

Dichter müde! ⭒⭒⭒ Als Zarathustra so sprach, zürnte ihm sein Jünger, aber er schwieg. Und auch Zarathustra schwieg; und sein Auge hatte sich nach Innen gekehrt, gleich als ob es in weite Fernen sähe. Endlich seufzte er und holte Athem. ⭒ Ich bin von Heute und Ehedem, sagte er dann; aber Etwas ist in mir, das ist von Morgen und Übermorgen und Einstmals. ⭒ Ich wurde der Dichter müde, der alten und der neuen: Oberflächliche sind sie mir Alle und seichte Meere. ⭒ Sie dachten nicht genug in die Tiefe: darum sank ihr Gefühl nicht bis zu den Gründen. ⭒ Etwas Wollust und etwas Langeweile: das ist noch ihr bestes Nachdenken gewesen. ⭒ Gespenster-Hauch und -Huschen gilt mir all ihr Harfen-Klingklang; was wußten sie bisher von der Inbrunst der Töne! — ⭒ Sie sind mir auch nicht reinlich genug: sie trüben Alle ihr Gewässer, daß es tief scheine. ⭒ Und gerne geben sie sich damit als Versöhner: aber Mittler und Mischer bleiben sie mir, und Halb-und-Halbe und Unreinliche! — ⭒ Ach, ich warf wohl mein Netz in ihre Meere und wollte gute Fische fangen; aber immer zog ich eines alten Gottes Kopf herauf. ⭒ So gab dem Hungrigen das Meer einen Stein. Und sie selber mögen wohl aus dem Meere stammen. ⭒ Gewiß, man findet Perlen in ihnen: um so ähnlicher sind sie selber harten Schalthieren. Und statt der Seele fand ich oft bei ihnen gesalzenen Schleim. ⭒ Sie lernten vom Meere auch noch seine Eitelkeit: ist nicht das Meer der Pfau der Pfauen? ⭒ Noch vor dem häßlichsten aller Büffel rollt es seinen Schweif hin, nimmer wird es seines Spitzenfächers von Silber und Seide müde. ⭒ Trutzig blickt der Büffel dazu, dem Sande nahe in seiner Seele, näher noch dem Dickicht, am nächsten aber dem Sumpfe. ⭒ Was ist ihm Schönheit und Meer und Pfauen-Zierath! Dieses Gleichniß sage ich den Dichtern. ⭒ Wahrlich, ihr Geist selber ist der Pfau der Pfauen und ein Meer von Eitelkeit! ⭒ Zuschauer will der Geist des Dichters: sollten's auch Büffel sein! — ⭒ Aber dieses Geistes wurde ich müde: und ich sehe kommen, daß er seiner selber müde wird. ⭒ Verwandelt sah ich schon die Dichter und gegen sich selber den Blick gerichtet. ⭒ Büßer des Geistes sah ich kommen: die wuchsen aus ihnen. —

ALSO SPRACH ZARATHUSTRA.

VON GROSSEN EREIGNISSEN

Es giebt eine Insel im Meere — unweit den glückseligen Inseln Zarathustra's — auf welcher beständig ein Feuerberg raucht; von der sagt das Volk, und sonderlich sagen es die alten Weibchen aus dem Volke, daß sie wie ein Felsblock vor das Thor der Unterwelt gestellt sei: durch den Feuerberg selber aber führe der schmale Weg abwärts, der zu diesem Thore der Unterwelt geleite. ⭒ Um jene Zeit nun, als Zarathustra auf den glückseligen Inseln weilte, geschah es, daß ein Schiff an der Insel Anker warf, auf welcher der rauchende Berg steht; und seine Mannschaft gieng an's Land, um Kaninchen zu schießen. Gegen die Stunde des Mittags aber, da der Capitän und seine Leute wieder beisammen waren, sahen sie plötzlich durch die Luft einen Mann auf sich zukommen, und eine Stimme sagte deutlich: „es ist Zeit! Es ist die höchste Zeit!" Wie die Gestalt ihnen aber am nächsten war — sie flog aber schnell gleich einem Schatten vorbei, in der Richtung, wo der Feuerberg lag — da erkannten sie mit größter Bestürzung, daß es Zarathustra sei; denn sie hatten ihn Alle schon gesehn, ausgenommen der Capitän selber, und sie liebten ihn, wie das Volk liebt: also daß zu gleichen Theilen Liebe und Scheu beisammen sind. ⭒ „Seht mir an! sagte der alte Steuermann, da fährt Zarathustra zur Hölle!" — ⭒ Um die gleiche Zeit, als diese Schiffer an der Feuer-

64

insel landeten, lief das Gerücht umher, daß Zarathustra verschwunden sei; und als man seine Freunde fragte, erzählten sie, er sei bei Nacht zu Schiff gegangen, ohne zu sagen, wohin er reisen wolle. ⊲⊳ Also entstand eine Unruhe; nach drei Tagen aber kam zu dieser Unruhe die Geschichte der Schiffsleute hinzu – und nun sagte alles Volk, daß der Teufel Zarathustra geholt habe. Seine Jünger lachten zwar ob dieses Geredes; und einer von ihnen sagte sogar: „eher glaube ich noch, daß Zarathustra sich den Teufel geholt hat." Aber im Grunde der Seele waren sie Alle voll Besorgniß und Sehnsucht: so war ihre Freude groß, als am fünften Tage Zarathustra unter ihnen erschien. ⊲⊳ Und dieß ist die Erzählung von Zarathustra's Gespräch mit dem Feuerhunde: ⊲⊳ Die Erde, sagte er, hat eine Haut; und diese Haut hat Krankheiten. Eine dieser Krankheiten heißt zum Beispiel: „Mensch". ⊲⊳ Und eine andere dieser Krankheiten heißt „Feuerhund": über den haben sich die Menschen Viel vorgelogen und vorlügen lassen. ⊲⊳ Dieß Geheimniß zu ergründen gieng ich über das Meer: und ich habe die Wahrheit nackt gesehn, wahrlich! barfuß bis zum Halse. ⊲⊳ Was es mit dem Feuerhund auf sich hat, weiß ich nun; und insgleichen mit all den Auswurf- und Umsturz-Teufeln, vor denen sich nicht nur alte Weibchen fürchten. ⊲⊳ „Heraus mit dir, Feuerhund, aus deiner Tiefe! rief ich, und bekenne, wie tief diese Tiefe ist! Woher ist das, was du da heraufschnaubst? Du trinkst reichlich am Meere: das verräth deine versalzte Beredsamkeit! Fürwahr, für einen Hund der Tiefe nimmst du deine Nahrung zu sehr von der Oberfläche! Höchstens für den Bauchredner der Erde halt' ich dich: und immer, wenn ich Umsturz- und Auswurf-Teufel reden hörte, fand ich sie gleich dir: gesalzen, lügnerisch und flach. ⊲⊳ Ihr versteht zu brüllen und mit Asche zu verdunkeln! Ihr seid die besten Großmäuler und lerntet sattsam die Kunst, Schlamm heiß zu sieden. ⊲⊳ Wo ihr seid, da muß stets Schlamm in der Nähe sein, und viel Schwammichtes, Höhlichtes, Eingezwängtes: das will in die Freiheit. ⊲⊳ „Freiheit" brüllt ihr Alle am liebsten: aber ich verlernte den Glauben an „große Ereignisse", sobald viel Gebrüll und Rauch um sie herum ist. ⊲⊳ Und glaube mir nur, Freund Höllenlärm! Die größten Ereignisse – das sind nicht unsre lautesten, sondern unsre stillsten Stunden. ⊲⊳ Nicht um die Erfinder von neuem Lärme: um die Erfinder von neuen Werthen dreht sich die Welt; unhörbar dreht sie sich. ⊲⊳ Und gesteh es nur! Wenig war immer nur geschehn, wenn dein Lärm und Rauch sich verzog. ⊲⊳ Was liegt daran, daß eine Stadt zur Mumie wurde, und eine Bildsäule im Schlamme liegt! ⊲⊳ Und dieß Wort sage ich noch den Umstürzern von Bildsäulen. Das ist wohl die größte Thorheit, Salz in's Meer und Bildsäulen in den Schlamm zu werfen. ⊲⊳ Im Schlamme eurer Verachtung lag die Bildsäule: aber Das ist gerade ihr Gesetz, daß ihr aus der Verachtung wieder Leben und lebende Schönheit wächst! ⊲⊳ Mit göttlicheren Zügen steht sie nun auf, und leidendverführerisch; und wahrlich! sie wird euch noch Dank sagen, daß ihr sie umstürztet, ihr Umstürzer! ⊲⊳ Diesen Rath aber rathe ich Königen und Kirchen und Allem, was alters- und tugendschwach ist – laßt euch nur umstürzen! Daß ihr wieder zum Leben kommt, und zu euch – die Tugend! –" ⊲⊳ Also redete ich vor dem Feuerhunde: da unterbrach er mich mürrisch und fragte: „Kirche? Was ist denn das?" ⊲⊳ „Kirche? antwortete ich, das ist eine Art von Staat, und zwar die verlogenste. Doch schweig still, du Heuchelhund! Du kennst deine Art wohl am besten schon! ⊲⊳ Gleich dir selber ist der Staat ein Heuchelhund; gleich dir redet er gern mit Rauch und Gebrülle, – daß er glauben mache, gleich dir, er rede aus dem Bauch der Dinge. ⊲⊳ Denn er will durchaus das wichtigste Thier auf Erden sein, der Staat; und man glaubt's ihm auch." – ⊲⊳ Als ich das gesagt hatte, gebärdete sich der Feuerhund wie unsinnig vor Neid. „Wie? schrie er, das wichtigste Thier auf Erden? Und man glaubt's ihm auch?" Und so viel Dampf und gräßliche Stimmen kamen

ihm aus dem Schlunde, daß ich meinte, er werde vor Ärger und Neid ersticken. ✍✍ Endlich wurde er stiller, und sein Keuchen ließ nach; sobald er
aber stille war, sagte ich lachend: ✍✍ „Du ärgerst dich, Feuerhund: also
habe ich über dich Recht! ✍✍ Und daß ich auch noch Recht behalte, so
höre von einem andern Feuerhunde: der spricht wirklich aus dem Herzen
der Erde. ✍✍ Gold haucht sein Athem und goldigen Regen: so will's das
Herz ihm. Was ist ihm Asche und Rauch und heißer Schleim noch! ✍✍
Lachen flattert aus ihm wie ein buntes Gewölke; abgünstig ist er deinem
Gurgeln und Speien und Grimmen der Eingeweide! ✍✍ Das Gold aber
und das Lachen – das nimmt er aus dem Herzen der Erde, denn daß du's
nur weißt, – das Herz der Erde ist von Gold." ✍✍ Als dieß der Feuerhund
vernahm, hielt er's nicht mehr aus, mir zuzuhören. Beschämt zog er seinen
Schwanz ein, sagte auf eine kleinlaute Weise Wau! Wau! und kroch hinab
in seine Höhle. – ✍✍ Also erzählte Zarathustra. Seine Jünger aber hörten
ihm kaum zu: so groß war ihre Begierde, ihm von den Schiffsleuten, den Kaninchen und dem fliegenden Manne zu erzählen. ✍✍ „Was soll ich davon
denken! sagte Zarathustra. Bin ich denn ein Gespenst? ✍✍ Aber es wird
mein Schatten gewesen sein. Ihr hörtet wohl schon Einiges vom Wanderer und
seinem Schatten? ✍✍ Sicher aber ist Das: ich muß ihn kürzer halten, – er
verdirbt mir sonst noch den Ruf." ✍✍ Und nochmals schüttelte Zarathustra
den Kopf und wunderte sich. „Was soll ich davon denken!" sagte er nochmals. ✍✍ „Warum schrie denn das Gespenst: ,es ist Zeit! Es ist die höchste
Zeit!' ✍✍ Wozu ist es denn – höchste Zeit?" –

DER WAHRSAGER

„– und ich sahe eine große Traurigkeit über die Menschen kommen. Die
Besten wurden ihrer Werke müde. ✍✍ Eine Lehre ergieng, ein Glaube
lief neben ihr: „Alles ist leer, Alles ist gleich, Alles war!" ✍✍ Und von allen
Hügeln klang es wieder: „Alles ist leer, Alles ist gleich, Alles war!" ✍✍
Wohl haben wir geerntet: aber warum wurden alle Früchte uns faul und
braun? Was fiel vom bösen Monde bei der letzten Nacht hernieder? ✍✍
Umsonst war alle Arbeit, Gift ist unser Wein geworden, böser Blick sengte
unsre Felder und Herzen gelb. ✍✍ Trocken wurden wir Alle; und fällt
Feuer auf uns, so stäuben wir der Asche gleich: – ja das Feuer selber machten
wir müde. ✍✍ Alle Brunnen versiechten uns, auch das Meer wich zurück.
Aller Grund will reißen, aber die Tiefe will nicht schlingen! ✍✍ „Ach, wo
ist noch ein Meer, in dem man ertrinken könnte": so klingt unsre Klage – hinweg über flache Sümpfe. ✍✍ Wahrlich, zum Sterben wurden wir schon zu
müde; nun wachen wir noch und leben fort – in Grabkammern!" – ✍✍
✍✍ Also hörte Zarathustra einen Wahrsager reden; und seine Weissagung
gieng ihm zu Herzen und verwandelte ihn. Traurig gieng er umher und müde;
und er wurde Denen gleich, von welchen der Wahrsager geredet hatte. ✍✍
Wahrlich, so sagte er zu seinen Jüngern, es ist um ein Kleines, so kommt diese
lange Dämmerung. Ach, wie soll ich mein Licht hinüber retten! ✍✍ Daß es
mir nicht ersticke in dieser Traurigkeit! Ferneren Welten soll es ja Licht sein,
und noch fernsten Nächten! ✍✍ Dergestalt im Herzen bekümmert gieng
Zarathustra umher; und drei Tage lang nahm er nicht Trank und Speise zu
sich, hatte keine Ruhe und verlor die Rede. Endlich geschah es, daß er in
einen tiefen Schlaf verfiel. Seine Jünger aber saßen um ihn in langen Nachtwachen und warteten mit Sorge, ob er wach werde und wieder rede und
genesen sei von seiner Trübsal. ✍✍ Dieß aber ist die Rede, welche Zara-

66

thuftra sprach, als er aufwachte; seine Stimme aber kam zu seinen Jüngern wie aus weiter Ferne: „Hört mir doch den Traum, den ich träumte, ihr Freunde, und helft mir seinen Sinn rathen! Ein Räthsel ist er mir noch, dieser Traum; sein Sinn ist verborgen in ihm und eingefangen und fliegt noch nicht über ihn hin mit freien Flügeln. Allem Leben hatte ich abgesagt, so träumte mir. Zum Nacht- und Grabwächter war ich worden, dort auf der einsamen Berg-Burg des Todes. Droben hütete ich seine Särge: voll standen die dumpfen Gewölbe von solchen Siegeszeichen. Aus gläsernen Särgen blickte mich überwundenes Leben an. Den Geruch verstaubter Ewigkeiten athmete ich: schwül und verstaubt lag meine Seele. Und wer hätte dort auch seine Seele lüften können! Helle der Mitternacht war immer um mich, Einsamkeit kauerte neben ihr; und, zudritt, röchelnde Todesstille, die schlimmste meiner Freundinnen. Schlüssel führte ich, die rostigsten aller Schlüssel; und ich verstand es, damit das knarrendste aller Thore zu öffnen. Einem bitterbösen Gekrächze gleich lief der Ton durch die langen Gänge, wenn sich des Thores Flügel hoben: unhold schrie dieser Vogel, ungern wollte er geweckt sein. Aber furchtbarer noch und herzzuschnürender war es, wenn es wieder schwieg und rings stille ward und ich allein saß in diesem tückischen Schweigen. So gieng mir und schlich die Zeit, wenn Zeit es noch gab: was weiß ich davon! Aber endlich geschah Das, was mich weckte. Dreimal schlugen Schläge an's Thor, gleich Donnern, es hallten und heulten die Gewölbe dreimal wieder: da gieng ich zum Thore. Alpa! rief ich, wer trägt seine Asche zu Berge? Alpa! Alpa! Wer trägt seine Asche zu Berge? Und ich drückte den Schlüssel und hob am Thore und mühte mich. Aber noch keinen Fingerbreit stand es offen: Da riß ein brausender Wind seine Flügel auseinander: pfeifend, schrillend und schneidend warf er mir einen schwarzen Sarg zu: Und im Brausen und Pfeifen und Schrillen zerbarst der Sarg und spie tausendfältiges Gelächter aus. Und aus tausend Fratzen von Kindern, Engeln, Eulen, Narren und kindergroßen Schmetterlingen lachte und höhnte und brauste es wider mich. Gräßlich erschrak ich darob: es warf mich nieder. Und ich schrie vor Grausen, wie nie ich schrie. Aber der eigne Schrei weckte mich auf: – und ich kam zu mir. –“ Also erzählte Zarathustra seinen Traum und schwieg dann: denn er wußte noch nicht die Deutung seines Traumes. Aber der Jünger, den er am meisten lieb hatte, erhob sich schnell, faßte die Hand Zarathustra's und sprach: „Dein Leben selber deutet uns diesen Traum, oh Zarathustra! Bist du nicht selber der Wind mit schrillem Pfeifen, der den Burgen des Todes die Thore aufreißt? Bist du nicht selber der Sarg voll bunter Bosheiten und Engelsfratzen des Lebens? Wahrlich, gleich tausendfältigem Kindsgelächter kommt Zarathustra in alle Todtenkammern, lachend über diese Nacht- und Grabwächter, und wer sonst mit düstern Schlüsseln rasselt. Schrecken und umwerfen wirst du sie mit deinem Gelächter; Ohnmacht und Wachwerden wird deine Macht über sie beweisen. Und auch, wenn die lange Dämmerung kommt und die Todesmüdigkeit, wirst du an userm Himmel nicht untergehn, du Fürsprecher des Lebens! Neue Sterne ließest du uns sehen und neue Nachtherrlichkeiten; wahrlich, das Lachen selber spanntest du wie ein buntes Gezelt über uns. Nun wird immer Kindes-Lachen aus Särgen quellen; nun wird immer siegreich ein starker Wind kommen aller Todesmüdigkeit: dessen bist du uns selber Bürge und Wahrsager! Wahrlich, sie selber träumtest du, deine Feinde: das war dein schwerster Traum! Aber wie du von ihnen aufwachtest und zu dir kamst, also sollen sie selber von sich aufwachen – und zu dir kommen!“ – So sprach der Jünger; und alle Anderen drängten sich nun um Zarathustra und ergriffen ihn bei den Händen und wollten ihn bereden, daß er vom Bette und von der Traurigkeit lasse und

zu ihnen zurückkehre. Zarathustra aber saß aufgerichtet auf seinem Lager, und mit fremdem Blicke. Gleichwie Einer, der aus langer Fremde heimkehrt, sah er auf seine Jünger und prüfte ihre Gesichter; und noch erkannte er sie nicht. Als sie aber ihn hoben und auf die Füße stellten, siehe, da verwandelte sich mit Einem Male sein Auge; er begriff Alles, was geschehn war, strich sich den Bart und sagte mit starker Stimme: „Wohlan! Dieß nun hat seine Zeit; sorgt mir aber dafür, meine Jünger, daß wir eine gute Mahlzeit machen, und in Kürze! Also gedenke ich Buße zu thun für schlimme Träume! Der Wahrsager aber soll an meiner Seite essen und trinken: und wahrlich, ich will ihm noch ein Meer zeigen, in dem er ertrinken kann!" ALSO SPRACH ZARATHUSTRA. Darauf aber blickte er dem Jünger, welcher den Traumdeuter abgegeben hatte, lange in's Gesicht und schüttelte dabei den Kopf. —

VON DER ERLÖSUNG

ALS Zarathustra eines Tags über die große Brücke gieng, umringten ihn die Krüppel und Bettler, und ein Bucklichter redete also zu ihm: „Siehe, Zarathustra! Auch das Volk lernt von dir und gewinnt Glauben an deine Lehre: aber daß es ganz dir glauben soll, dazu bedarf es noch Eines — du mußt erst noch uns Krüppel überreden! Hier hast du nun eine schöne Auswahl und wahrlich, eine Gelegenheit mit mehr als Einem Schopfe! Blinde kannst du heilen und Lahme laufen machen; und Dem, der zuviel hinter sich hat, könntest du wohl auch ein Wenig abnehmen: — Das, meine ich, wäre die rechte Art, die Krüppel an Zarathustra glauben zu machen!" Zarathustra aber erwiderte Dem, der da redete, also: „Wenn man dem Bucklichten seinen Buckel nimmt, so nimmt man ihm seinen Geist — also lehrt das Volk. Und wenn man dem Blinden seine Augen giebt, so sieht er zuviel schlimme Dinge auf Erden: also daß er Den verflucht, der ihn heilte. Der aber, welcher den Lahmen laufen macht, der thut ihm den größten Schaden an: denn kaum kann er laufen, so gehn seine Laster mit ihm durch — also lehrt das Volk über Krüppel. Und warum sollte Zarathustra nicht auch vom Volke lernen, wenn das Volk von Zarathustra lernt? Das ist mir aber das Geringste, seit ich unter Menschen bin, daß ich sehe: „Diesem fehlt ein Auge und Jenem ein Ohr und einem Dritten das Bein, und Andre giebt es, die verloren die Zunge oder die Nase oder den Kopf." Ich sehe und sah Schlimmeres und mancherlei so Abscheuliches, daß ich nicht von Jeglichem reden und von Einigem nicht einmal schweigen möchte: nämlich Menschen, denen es an Allem fehlt, außer daß sie Eins zuviel haben — Menschen, welche Nichts weiter sind, als ein großes Auge oder ein großes Maul oder ein großer Bauch oder irgend etwas Großes, — umgekehrte Krüppel heiße ich Solche. Und als ich aus meiner Einsamkeit kam und zum ersten Male über diese Brücke gieng: da traute ich meinen Augen nicht und sah hin, und wieder hin, und sagte endlich: „das ist ein Ohr! Ein Ohr, so groß wie ein Mensch!" Ich sah noch besser hin: und wirklich, unter dem Ohre bewegte sich noch Etwas, das zum Erbarmen klein und ärmlich und schmächtig war. Und wahrhaftig, das ungeheure Ohr saß auf einem kleinen dünnen Stiele, — der Stiel aber war ein Mensch! Wer ein Glas vor das Auge nahm, konnte sogar noch ein kleines neidisches Gesichtchen erkennen; auch, daß ein gedunsenes Seelchen am Stiele baumelte. Das Volk sagte mir aber, das große Ohr sei nicht nur ein Mensch, sondern ein großer Mensch, ein Genie. Aber ich glaubte dem Volke niemals, wenn es von großen Menschen redete — und behielt meinen Glauben bei, daß es ein umgekehrter Krüppel sei, der an Allem zu wenig und an Einem zu viel habe." Als Zarathustra so zu dem Bucklichten geredet hatte und zu Denen, welchen er

Mundſtück und Fürſprecher war, wandte er ſich mit tiefem Unmuthe zu ſeinen Jüngern und ſagte: „Wahrlich, meine Freunde, ich wandle unter den Menſchen wie unter den Bruchſtücken und Gliedmaaßen von Menſchen! Dieß iſt meinem Auge das Fürchterliche, daß ich den Menſchen zertrümmert finde und zerſtreuet wie über ein Schlacht- und Schlächterfeld hin. Und flüchtet mein Auge vom Jetzt zum Ehemals: es findet immer das Gleiche: Bruchſtücke und Gliedmaaßen und grauſe Zufälle – aber keine Menſchen! Das Jetzt und das Ehemals auf Erden – ach! meine Freunde – das iſt mein Unerträglichſtes; und ich wüßte nicht zu leben, wenn ich nicht noch ein Seher wäre, Deſſen, was kommen muß. Ein Seher, ein Wollender, ein Schaffender, eine Zukunft ſelber und eine Brücke zur Zukunft – und ach, auch noch gleichſam ein Krüppel an dieſer Brücke: das Alles iſt Zarathuſtra. Und auch ihr fragtet euch oft: „wer iſt uns Zarathuſtra? Wie ſoll er uns heißen?“ Und gleich mir ſelber gabt ihr euch Fragen zur Antwort. Iſt er ein Verſprechender? Oder ein Erfüller? Ein Erobernder? Oder ein Erbender? Ein Herbſt? Oder eine Pflugſchar? Ein Arzt? Oder ein Geneſener? Iſt er ein Dichter? Oder ein Wahrhaftiger? Ein Befreier? Oder ein Bändiger? Ein Guter? Oder ein Böſer? Ich wandle unter Menſchen als den Bruchſtücken der Zukunft: jener Zukunft, die ich ſchaue. Und das iſt all mein Dichten und Trachten, daß ich in Eins dichte und zuſammentrage, was Bruchſtück iſt und Räthſel und grauſer Zufall. Und wie ertrüge ich es, Menſch zu ſein, wenn der Menſch nicht auch Dichter und Räthſelrather und der Erlöſer des Zufalls wäre! Die Vergangnen zu erlöſen und alles „Es war“ umzuſchaffen in ein „So wollte ich es!“ – das hieße mir erſt Erlöſung! Wille – ſo heißt der Befreier und Freudebringer: alſo lehrte ich euch, meine Freunde! Aber nun lernt Dieß hinzu: der Wille ſelber iſt noch ein Gefangener. Wollen befreit: aber wie heißt Das, was auch den Befreier noch in Ketten ſchlägt? „Es war“: alſo heißt des Willens Zähneknirſchen und einſamſte Trübſal. Ohnmächtig gegen Das, was gethan iſt – iſt er allem Vergangenen ein böſer Zuſchauer. Nicht zurück kann der Wille wollen; daß er die Zeit nicht brechen kann und der Zeit Begierde, – das iſt des Willens einſamſte Trübſal. Wollen befreit: was erſinnt ſich das Wollen ſelber, daß es los ſeiner Trübſal werde und ſeines Kerkers ſpotte? Ach, ein Narr wird jeder Gefangene! Närriſch erlöſt ſich auch der gefangene Wille. Daß die Zeit nicht zurückläuft, das iſt ſein Ingrimm; „Das, was war“ – ſo heißt der Stein, den er nicht wälzen kann. Und ſo wälzt er Steine aus Ingrimm und Unmuth und übt Rache an Dem, was nicht gleich ihm Grimm und Unmuth fühlt. Alſo wurde der Wille, der Befreier, ein Wehethäter: und an Allem, was leiden kann, nimmt er Rache dafür, daß er nicht zurück kann. Dieß, ja dieß allein iſt Rache ſelber: des Willens Widerwille gegen die Zeit und ihr „Es war“. Wahrlich, eine große Narrheit wohnt in unſerm Willen; und zum Fluche wurde es allem Menſchlichen, daß dieſe Narrheit Geiſt lernte! Der Geiſt der Rache: meine Freunde, das war bisher der Menſchen beſtes Nachdenken; und wo Leid war, da ſollte immer Strafe ſein. „Strafe“ nämlich, ſo heißt ſich die Rache ſelber: mit einem Lügenwort heuchelt ſie ſich ein gutes Gewiſſen. Und weil im Wollenden ſelber Leid iſt, darob daß es nicht zurück wollen kann, – alſo ſollte Wollen ſelber und alles Leben – Strafe ſein! Und nun wälzte ſich Wolke auf Wolke über den Geiſt: bis endlich der Wahnſinn predigte: „Alles vergeht, darum iſt Alles werth zu vergehn!“ „Und dieß iſt ſelber Gerechtigkeit, jenes Geſetz der Zeit, daß ſie ihre Kinder freſſen muß“: alſo predigte der Wahnſinn. „Sittlich ſind die Dinge geordnet nach Recht und Strafe. Oh wo iſt die Erlöſung vom Fluß der Dinge und der Strafe ‚Daſein‘?“ Alſo predigte der Wahnſinn. „Kann es Erlöſung geben, wenn es ein ewiges Recht gibt? Ach, unwälzbar iſt der Stein ‚Es war‘:

ewig müſſen auch alle Strafen ſein!" Alſo predige der Wahnſinn. ⟜ „Keine That kann vernichtet werden: wie könnte ſie durch die Strafe ungethan werden! Dieß, dieß iſt das Ewige an der Strafe ,Daſein', daß das Daſein auch ewig wieder That und Schuld ſein muß! ⟜ Es ſei denn, daß der Wille endlich ſich ſelber erlöſte und Wollen zu Nicht-Wollen würde —': doch ihr kennt, meine Brüder, dieß Fabellied des Wahnſinns! ⟜ Weg führte ich euch von dieſen Fabelliedern, als ich euch lehrte: „der Wille iſt ein Schaffender". ⟜ Alles ,Es war' iſt ein Bruchſtück, ein Räthſel, ein grauſer Zufall — bis der ſchaffende Wille dazu ſagt: „aber ſo wollte ich es!" ⟜ — Bis der ſchaffende Wille dazu ſagt: „Aber ſo will ich es! So werde ich's wollen!" ⟜ Aber ſprach er ſchon ſo? Und wann geſchieht dieß? Iſt der Wille ſchon abgeſchirrt von ſeiner eignen Thorheit? ⟜ Wurde der Wille ſich ſelber ſchon Erlöſer und Freudebringer? Verlernte er den Geiſt der Rache und alles Zähneknirſchen? ⟜ Und wer lehrte ihn Verſöhnung mit der Zeit, und Höheres, als alle Verſöhnung iſt? ⟜ Höheres als alle Verſöhnung muß der Wille wollen, welcher der Wille zur Macht iſt —: doch wie geſchieht ihm das? Wer lehrte ihn auch noch das Zurückwollen?" ⟜⟜ — Aber an dieſer Stelle ſeiner Rede geſchah es, daß Zarathuſtra plötzlich innehielt und ganz einem Solchen gleich ſah, der auf das Äußerſte erſchrickt. Mit erſchrecktem Auge blickte er auf ſeine Jünger; ſein Auge durchbohrte wie mit Pfeilen ihre Gedanken und Hintergedanken. Aber nach einer kleinen Weile lachte er ſchon wieder und ſagte begütigt: ⟜ „Es iſt ſchwer, mit Menſchen zu leben, weil Schweigen ſo ſchwer iſt. Sonderlich für einen Geſchwätzigen." — ⟜ ALSO SPRACH ZARATHUSTRA. ⟜ Der Bucklichte aber hatte dem Geſpräche zugehört und ſein Geſicht dabei bedeckt; als er aber Zarathuſtra lachen hörte, blickte er neugierig auf und ſagte langſam: ⟜ „Aber warum redet Zarathuſtra anders zu uns, als zu ſeinen Jüngern?" ⟜ Zarathuſtra antwortete: „Was iſt da zum Verwundern! Mit Bucklichten darf man ſchon bucklicht reden!" ⟜ „Gut, ſagte der Bucklichte; und mit Schülern darf man ſchon aus der Schule ſchwätzen. ⟜ Aber warum redet Zarathuſtra anders zu ſeinen Schülern — als zu ſich ſelber?" —

VON DER MENSCHEN-KLUGHEIT

NICHT die Höhe: der Abhang iſt das Furchtbare! ⟜ Der Abhang, wo der Blick hinunter ſtürzt und die Hand hinauf greift. Da ſchwindelt dem Herzen vor ſeinem doppelten Willen. ⟜ Ach, Freunde, errathet ihr wohl auch meines Herzens doppelten Willen? ⟜ Das, Das iſt mein Abhang und meine Gefahr, daß mein Blick in die Höhe ſtürzt, und daß meine Hand ſich halten und ſtützen möchte — an der Tiefe! ⟜ An den Menſchen klammert ſich mein Wille, mit Ketten binde ich mich an den Menſchen, weil es mich hinauf reißt zum Übermenſchen: denn dahin will mein andrer Wille. ⟜ Und dazu lebe ich blind unter den Menſchen; gleich als ob ich ſie nicht kennte: daß meine Hand ihren Glauben an Feſtes nicht ganz verliere. ⟜ Ich kenne euch Menſchen nicht: dieſe Finſterniß und Tröſtung iſt oft um mich gebreitet. ⟜ Ich ſitze am Thorwege für jeden Schelm und frage: wer will mich betrügen? ⟜ Das iſt meine erſte Menſchen-Klugheit, daß ich mich betrügen laſſe, um nicht auf der Hut zu ſein vor Betrügern. ⟜ Ach, wenn ich auf der Hut wäre vor dem Menſchen: wie könnte meinem Balle der Menſch ein Anker ſein! Zu leicht riſſe es mich hinauf und hinweg! ⟜ Dieſe Vorſehung iſt über meinem Schickſal, daß ich ohne Vorſicht ſein muß. ⟜ Und wer unter Menſchen nicht verſchmachten will, muß lernen, aus allen Gläſern zu trinken; und wer unter Menſchen rein bleiben will, muß verſtehn, ſich auch mit ſchmutzigem Waſſer zu waſchen. ⟜ Und alſo ſprach ich oft

70

mir zum Trofte: „Wohlan! Wohlauf! Altes Herz! Ein Unglück mißrieth dir: genieße dieß als dein – Glück!" ⚏⚏ Dieß aber ift meine andre Menfchen-Klugheit: ich fchone die Eitlen mehr als die Stolzen. ⚏⚏ Ift nicht verletzte Eitelkeit die Mutter aller Trauerfpiele? Wo aber Stolz verletzt wird, da wächft wohl etwas Befferes noch, als Stolz ift. ⚏⚏ Damit das Leben gut anzu-fchaun fei, muß fein Spiel gut gefpielt werden: dazu aber bedarf es guter Schaufpieler. ⚏⚏ Gute Schaufpieler fand ich alle Eitlen: fie fpielen und wollen, daß ihnen gern zugefchaut werde, – all ihr Geift ift bei diefem Willen. ⚏⚏ Sie führen fich auf, fie erfinden fich; in ihrer Nähe liebe ich's, dem Leben zuzufchaun, – es heilt von der Schwermuth. ⚏⚏ Darum fchone ich die Eit-len, weil fie mir Ärzte find meiner Schwermuth und mich am Menfchen feft halten als an einem Schaufpiele. ⚏⚏ Und dann: wer ermißt am Eitlen die ganze Tiefe feiner Befcheidenheit! Ich bin ihm gut und mitleidig ob feiner Befcheidenheit. ⚏⚏ Von euch will er feinen Glauben an fich lernen; er nährt fich an euren Blicken, er frißt das Lob aus euren Händen. ⚏⚏ Euren Lügen glaubt er noch, wenn ihr gut über ihn lügt: denn im Tiefften feufzt fein Herz: „was bin ich!" ⚏⚏ Und wenn Das die rechte Tugend ift, die nicht um fich felber weiß: nun, der Eitle weiß nicht um feine Befcheidenheit! – ⚏⚏ Das ift aber meine dritte Menfchen-Klugheit, daß ich mir den Anblick der Böfen nicht verleiden laffe durch eure Furchtfamkeit. ⚏⚏ Ich bin felig, die Wun-der zu fehn, welche heiße Sonne ausbrütet: Tiger und Palmen und Klapper-fchlangen. ⚏⚏ Auch unter Menfchen giebt es fchöne Brut heißer Sonne und viel Wunderwürdiges an den Böfen. ⚏⚏ Zwar, wie eure Weifeften mir nicht gar fo weife erfchienen: fo fand ich auch der Menfchen Bosheit unter ihrem Rufe. ⚏⚏ Und oft fragte ich mit Kopffchütteln: Warum noch klappern, ihr Klapperfchlangen? ⚏⚏ Wahrlich, es giebt auch für das Böfe noch eine Zukunft! ⚏⚏ Und der heißefte Süden ift noch nicht ent-deckt für den Menfchen. ⚏⚏ Wie Manches heißt jetzt fchon ärgfte Bos-heit, was doch nur zwölf Schuhe breit und drei Monate lang ift! Einft aber werden größere Drachen zur Welt kommen. ⚏⚏ Denn daß dem Übermenfchen fein Drache nicht fehle, der Über-Drache, der feiner wür-dig ift: dazu muß viel heiße Sonne noch auf feuchten Urwald glühn! ⚏⚏ Aus euren Wildkatzen müffen erft Tiger geworden fein und aus euren Gift-kröten Krokodile: denn der gute Jäger foll eine gute Jagd haben! ⚏⚏ Und wahrlich, ihr Guten und Gerechten! An euch ift Viel zum Lachen und zumal eure Furcht vor Dem, was bisher „Teufel" hieß! ⚏⚏ So fremd feid ihr dem Großen mit eurer Seele, daß euch der Übermenfch furchtbar fein würde in feiner Güte! ⚏⚏ Und ihr Weifen und Wiffenden, ihr würdet vor dem Sonnenbrande der Weisheit flüchten, in dem der Übermenfch mit Luft feine Nacktheit badet! ⚏⚏ Ihr höchften Menfchen, denen mein Auge begegnete! das ift mein Zweifel an euch und mein heimliches Lachen: ich rathe, ihr würdet meinen Übermenfchen – Teufel heißen! ⚏⚏ Ach, ich ward diefer Höchften und Beften müde: aus ihrer „Höhe" verlangte mich hinauf, hinaus, hinweg zu dem Übermenfchen! ⚏⚏ Ein Graufen überfiel mich, als ich diefe Beften nackend fah: da wuchfen mir die Flügel, fortzu-fchweben in ferne Zukünfte. ⚏⚏ In fernere Zukünfte, in füdlichere Süden, als je ein Bildner träumte: dorthin, wo Götter fich aller Kleider fchämen! ⚏⚏ Aber verkleidet will ich euch fehn, ihr Nächften und Mitmenfchen, und gut geputzt, und eitel, und würdig, als „die Guten und Gerechten", – ⚏⚏ Und verkleidet will ich felber unter euch fitzen, – daß ich euch und mich ver-kenne: das ift nämlich meine letzte Menfchen-Klugheit. –

ALSO SPRACH ZARATHUSTRA.

DIE STILLSTE STUNDE

WAS geschah mir, meine Freunde? Ihr seht mich verstört, fortgetrieben, unwillig-folgsam, bereit zu gehen – ach, von euch fortzugehen! Ja, noch Ein Mal muß Zarathustra in seine Einsamkeit: aber unlustig geht dießmal der Bär zurück in seine Höhle! Was geschah mir? Wer gebeut dieß? – Ach, meine zornige Herrin will es so, sie sprach zu mir; nannte ich je euch schon ihren Namen? Gestern gen Abend sprach zu mir meine stillste Stunde: das ist der Name meiner furchtbaren Herrin. Und so geschah's, – denn Alles muß ich euch sagen, daß euer Herz sich nicht verhärte gegen den plötzlich Scheidenden! Kennt ihr den Schrecken des Einschlafenden? – Bis in die Zehen hinein erschrickt er, darob, daß ihm der Boden weicht und der Traum beginnt. Dieses sage ich euch zum Gleichniß. Gestern, zur stillsten Stunde, wich mir der Boden: der Traum begann. Der Zeiger rückte, die Uhr meines Lebens holte Athem –, nie hörte ich solche Stille um mich: also daß mein Herz erschrak. Dann sprach es ohne Stimme zu mir: „Du weißt es, Zarathustra?" – Und ich schrie vor Schrecken bei diesem Flüstern, und das Blut wich aus meinem Gesichte: aber ich schwieg. Da sprach es abermals ohne Stimme zu mir: „Du weißt es, Zarathustra, aber du redest es nicht!" – Und ich antwortete endlich gleich einem Trotzigen: „Ja, ich weiß es, aber ich will es nicht reden!" Da sprach es wieder ohne Stimme zu mir: „Du willst nicht, Zarathustra? Ist dieß auch wahr? Verstecke dich nicht in deinen Trotz!" – Und ich weinte und zitterte wie ein Kind und sprach: „Ach, ich wollte schon, aber wie kann ich es! Erlaß mir Dieß nur! Es ist über meine Kraft!" Da sprach es wieder ohne Stimme zu mir: „Was liegt an dir, Zarathustra! Sprich dein Wort und zerbrich!" – Und ich antwortete: „Ach, ist es mein Wort? Wer bin ich? Ich warte des Würdigeren; ich bin nicht werth, an ihm auch nur zu zerbrechen." Da sprach es wieder ohne Stimme zu mir: „Was liegt an dir? Du bist mir noch nicht demüthig genug. Die Demuth hat das härteste Fell." – Und ich antwortete: „Was trug nicht schon das Fell meiner Demuth! Am Fuße wohne ich meiner Höhe: wie hoch meine Gipfel sind? Niemand sagte es mir noch. Aber gut kenne ich meine Thäler." Da sprach es wieder ohne Stimme zu mir: „Oh Zarathustra, wer Berge zu versetzen hat, der versetzt auch Thäler und Niederungen." – Und ich antwortete: „Noch versetzte mein Wort keine Berge, und was ich redete, erreichte die Menschen nicht. Ich gieng wohl zu den Menschen, aber noch langte ich nicht bei ihnen an." Da sprach es wieder ohne Stimme zu mir: „Was weißt du davon! Der Thau fällt auf das Gras, wenn die Nacht am verschwiegensten ist." – Und ich antwortete: „sie verspotteten mich, als ich meinen eigenen Weg fand und gieng; und in Wahrheit zitterten damals meine Füße. Und so sprachen sie zu mir: du verlerntest den Weg, nun verlernst du auch das Gehen!" Da sprach es wieder ohne Stimme zu mir: „Was liegt an ihrem Spotte! Du bist Einer, der das Gehorchen verlernt hat: nun sollst du befehlen! Weißt du nicht, wer Allen am nöthigsten thut? Der Großes befiehlt. Großes vollführen ist schwer: aber das Schwerere ist, Großes befehlen. Das ist dein Unverzeihlichstes: du hast die Macht, und du willst nicht herrschen." – Und ich antwortete: „Mir fehlt des Löwen Stimme zum Befehlen." Da sprach es wieder wie ein Flüstern zu mir: „Die stillsten Worte sind es, welche den Sturm bringen. Gedanken, die mit Taubenfüßen kommen, lenken die Welt. Oh Zarathustra, du sollst gehen als ein Schatten Dessen, was kommen muß: so wirst du befehlen und befehlend vorangehen." – Und ich antwortete: „Ich schäme mich." Da sprach es wieder ohne Stimme zu mir: „Du mußt noch Kind werden und ohne Scham. Der Stolz der Jugend ist noch auf dir, spät bist du jung geworden: aber wer zum Kinde

72

werden will, muß auch noch feine Jugend überwinden." – Und ich befann mich lange und zitterte. Endlich aber fagte ich, was ich zuerft fagte:
„Ich will nicht." Da gefchah ein Lachen um mich. Wehe, wie dieß
Lachen mir die Eingeweide zerriß und das Herz auffchlitzte! Und es
fprach zum letzten Male zu mir: „Oh Zarathuftra, deine Früchte find reif, aber
du bift nicht reif für deine Früchte! So mußt du wieder in die Einfamkeit: denn du follft noch mürbe werden." – Und wieder lachte es und
floh: dann wurde es ftille um mich wie mit einer zwiefachen Stille. Ich aber
lag am Boden, und der Schweiß floß mir von den Gliedern. – Nun hörtet ihr Alles, und warum ich in meine Einfamkeit zurück muß. Nichts ver-
fchwieg ich euch, meine Freunde. Aber auch Dieß hörtet ihr von mir,
wer immer noch aller Menfchen Verfchwiegenfter ift – und es fein will!
Ach meine Freunde! Ich hätte euch noch Etwas zu fagen, ich hätte euch noch
Etwas zu geben! Warum gebe ich es nicht? Bin ich denn geizig?" –
Als Zarathuftra aber diefe Worte gefprochen hatte, überfiel ihn die
Gewalt des Schmerzes und die Nähe des Abfchieds von feinen Freunden,
alfo daß er laut weinte; und Niemand wußte ihn zu tröften. Des Nachts aber
gieng er allein fort und verließ feine Freunde.

DRITTER THEIL

– „IHR SEHT NACH OBEN, WENN IHR NACH ERHEBUNG VER-
LANGT. UND ICH SEHE HINAB, WEIL ICH ERHOBEN BIN.
WER VON EUCH KANN ZUGLEICH LACHEN UND ERHOBEN SEIN?
WER AUF DEN HÖCHSTEN BERGEN STEIGT, DER LACHT ÜBER
ALLE TRAUER-SPIELE UND TRAUER-ERNSTE.“

Vom Lesen und Schreiben.

DER WANDERER

UM Mitternacht war es, da nahm Zarathustra seinen Weg über den Rücken der Insel, daß er mit dem frühen Morgen an das andre Gestade käme: denn dort wollte er zu Schiff steigen. Es gab nämlich allda eine gute Rhede, an der auch fremde Schiffe gern vor Anker giengen; die nahmen Manchen mit sich, der von den glückseligen Inseln über das Meer wollte. Als nun Zarathustra so den Berg hinanstieg, gedachte er unterwegs des vielen einsamen Wanderns von Jugend an, und wie viele Berge und Rücken und Gipfel er schon gestiegen sei. Ich bin ein Wanderer und ein Bergsteiger, sagte er zu seinem Herzen, ich liebe die Ebenen nicht und es scheint, ich kann nicht lange still sitzen. Und was mir nun auch noch als Schicksal und Erlebniß komme, — ein Wandern wird darin sein und ein Bergsteigen: man erlebt endlich nur noch sich selber. Die Zeit ist abgeflossen, wo mir noch Zufälle begegnen durften; und was könnte jetzt noch zu mir fallen, was nicht schon mein Eigen wäre! Es kehrt nur zurück, es kommt mir endlich heim — mein eigen Selbst, und was von ihm lange in der Fremde war und zerstreut unter alle Dinge und Zufälle. Und noch Eins weiß ich: ich stehe jetzt vor meinem letzten Gipfel und vor Dem, was mir am längsten aufgespart war. Ach, meinen härtesten Weg muß ich hinan! Ach, ich begann meine einsamste Wanderung! Wer aber meiner Art ist, der entgeht einer solchen Stunde nicht: der Stunde, die zu ihm redet: „Jetzo erst gehst du deinen Weg der Größe! Gipfel und Abgrund – das ist jetzt in Eins beschlossen! Du gehst deinen Weg der Größe: nun ist deine letzte Zuflucht worden, was bisher deine letzte Gefahr hieß! Du gehst deinen Weg der Größe: das muß nun dein bester Muth sein, daß es hinter dir keinen Weg mehr giebt! Du gehst deinen Weg der Größe: hier soll dir Keiner nachschleichen! Dein Fuß selber löschte hinter dir den Weg aus, und über ihm steht geschrieben: Unmöglichkeit. Und wenn dir nunmehr alle Leitern fehlen, so mußt du verstehen, noch auf deinen eigenen Kopf zu steigen: wie wolltest du anders aufwärts steigen? Auf deinen eigenen Kopf und hinweg über dein eigenes Herz! Jetzt muß das Mildeste an dir noch zum Härtesten werden. Wer sich stets viel geschont hat, der kränkelt zuletzt an seiner vielen Schonung. Gelobt sei, was hart macht! Ich lobe das Land nicht, wo Butter und Honig – fließt! Von sich absehn lernen ist nöthig, um Viel zu sehn: — diese Härte thut jedem Berge-Steigenden noth. Wer aber mit den Augen zudringlich ist als Erkennender, wie sollte der von allen Dingen mehr als ihre vorderen Gründe sehn! Du aber, oh Zarathustra, wolltest aller Dinge Grund schaun und Hintergrund: so mußt du schon über dich selber steigen, — hinan, hinauf, bis du auch deine Sterne noch unter dir hast! Ja! Hinab auf mich selber sehn und noch auf meine Sterne: Das erst hieße mir mein Gipfel, Das blieb mir noch zurück als mein letzter Gipfel! — ALSO SPRACH ZARATHUSTRA im Steigen zu sich, mit harten Sprüchlein sein Herz tröstend: denn er war wund am Herzen wie noch niemals zuvor. Und als er auf die Höhe des Bergrückens kam, siehe, da lag das andere Meer vor ihm ausgebreitet: und er stand still und schwieg lange. Die Nacht aber war kalt in dieser Höhe und klar und hellgestirnt. Ich erkenne mein Loos, sagte er endlich mit Trauer. Wohlan! Ich bin bereit. Eben begann meine letzte Einsamkeit. Ach, diese schwarze traurige See unter mir! Ach, diese schwangre nächtliche Verdrossenheit! Ach, Schicksal und See! Zu euch muß ich nun hinab steigen! Vor meinem höchsten Berge stehe ich und vor meiner längsten Wanderung: darum muß ich erst tiefer hinab, als ich jemals stieg: —tiefer hinab in den Schmerz, als ich jemals stieg, bis hinein in seine schwärzeste Fluth! So will es mein Schicksal: Wohlan! Ich bin bereit. Woher kommen die höchsten Berge? so fragte ich einst. Da lernte ich, daß sie aus dem Meere

76

kommen. ⬧ Dieß Zeugniß ist in ihr Gestein geschrieben und in die Wände ihrer Gipfel. Aus dem Tiefsten muß das Höchste zu seiner Höhe kommen. – ⬧⬧⬧ ALSO SPRACH ZARATHUSTRA auf der Spitze des Berges, wo es kalt war; als er aber in die Nähe des Meeres kam und zuletzt allein unter den Klippen stand, da war er unterwegs müde geworden und sehnsüchtiger als noch zuvor. ⬧ Es schläft jetzt Alles noch, sprach er; auch das Meer schläft. Schlaftrunken und fremd blickt sein Auge nach mir. ⬧ Aber es athmet warm, das fühle ich. Und ich fühle auch, daß es träumt. Es windet sich träumend auf harten Kissen. ⬧ Horch! Horch! Wie es stöhnt von bösen Erinnerungen! Oder bösen Erwartungen? ⬧ Ach, ich bin traurig mit dir, du dunkles Ungeheuer, und mir selber noch gram um deinetwillen. ⬧ Ach, daß meine Hand nicht Stärke genug hat! Gerne, wahrlich, möchte ich dich von bösen Träumen erlösen! – ⬧⬧⬧ Und indem Zarathustra so sprach, lachte er mit Schwermuth und Bitterkeit über sich selber. Wie! Zarathustra! sagte er, willst du noch dem Meere Trost singen? ⬧ Ach, du liebreicher Narr Zarathustra, du Vertrauens-Überseliger! Aber so warst du immer: immer kamst du vertraulich zu allem Furchtbaren. ⬧ Jedes Ungethüm wolltest du noch streicheln. Ein Hauch warmen Athems, ein Wenig weiches Gezottel an der Tatze –: und gleich warst du bereit, es zu lieben und zu locken. ⬧ Die Liebe ist die Gefahr des Einsamsten, die Liebe zu Allem, wenn es nur lebt! Zum Lachen ist wahrlich meine Narrheit und meine Bescheidenheit in der Liebe! – ⬧⬧⬧ ALSO SPRACH ZARATHUSTRA und lachte dabei zum andern Male: da aber gedachte er seiner verlassenen Freunde –, und wie als ob er sich mit seinen Gedanken an ihnen vergangen habe, zürnte er sich ob seiner Gedanken. Und alsbald geschah es, daß der Lachende weinte: – vor Zorn und Sehnsucht weinte Zarathustra bitterlich.

VOM GESICHT UND RÄTHSEL

ALS es unter den Schiffsleuten ruchbar wurde, daß Zarathustra auf dem Schiffe sei – denn es war ein Mann zugleich mit ihm an Bord gegangen, der von den glückseligen Inseln kam –, da entstand eine große Neugierde und Erwartung. Aber Zarathustra schwieg zwei Tage und war kalt und taub vor Traurigkeit, also, daß er weder auf Blicke noch auf Fragen antwortete. Am Abende aber des zweiten Tages that er seine Ohren wieder auf, ob er gleich noch schwieg: denn es gab viel Seltsames und Gefährliches auf diesem Schiffe anzuhören, welches weither kam und noch weiterhin wollte. Zarathustra aber war ein Freund aller Solchen, die weite Reisen thun und nicht ohne Gefahr leben mögen. Und siehe! zuletzt wurde ihm im Zuhören die eigne Zunge gelöst, und das Eis seines Herzens brach: – da begann er also zu reden: ⬧⬧⬧ Euch, den kühnen Suchern, Versuchern, und wer je sich mit listigen Segeln auf furchtbare Meere einschiffte, – ⬧ euch, den Räthsel-Trunkenen, den Zwielicht-Frohen, deren Seele mit Flöten zu jedem Irr-Schlunde gelockt wird: ⬧ – denn nicht wollt ihr mit feiger Hand einem Faden nachtasten; und, wo ihr errathen könnt, da haßt ihr es, zu erschließen – ⬧ euch allein erzähle ich das Räthsel, das ich sah, – das Gesicht des Einsamsten. – ⬧ Düster gieng ich jüngst durch leichenfarbne Dämmerung, – düster und hart, mit gepreßten Lippen. Nicht nur Eine Sonne war mir untergegangen. ⬧ Ein Pfad, der trotzig durch Geröll stieg, ein boshafter, einsamer, dem nicht Kraut, nicht Strauch mehr zusprach: ein Berg-Pfad knirschte unter dem Trotz meines Fußes. ⬧ Stumm über höhnischem Geklirr von Kieseln schreitend, den Stein zertretend, der ihn gleiten ließ: also zwang mein Fuß sich aufwärts. ⬧ Aufwärts: – dem Geiste zum Trotz, der ihn abwärts zog, abgrundwärts zog, dem Geiſte der Schwere, meinem Teufel und Erzfeinde. Aufwärts: – obwohl er auf mir ſaß, halb Zwerg, halb Maulwurf; lahm; lähmend; Blei durch mein Ohr, Bleitropfen-Gedanken in mein Hirn träufelnd. „Oh Zarathuſtra, raunte er höhniſch Silb' um Silbe, du Stein der Weisheit! Du warfſt dich hoch, aber jeder geworfene Stein muß – fallen! Oh Zarathuſtra, du Stein der Weisheit, du Schleuderſtein, du Stern-Zertrümmerer! Dich ſelber warfſt du ſo hoch, – aber jeder geworfene Stein – muß fallen! Verurtheilt zu dir ſelber und zur eignen Steinigung: oh Zarathuſtra, weit warfſt du ja den Stein, – aber auf dich wird er zurückfallen!" Drauf ſchwieg der Zwerg; und das währte lange. Sein Schweigen aber drückte mich; und ſolchermaaßen zu Zwein iſt man wahrlich einſamer als zu Einem! Ich ſtieg, ich ſtieg, ich träumte, ich dachte, – aber Alles drückte mich. Einem Kranken glich ich, den ſeine ſchlimme Marter müde macht, und den wieder ein ſchlimmerer Traum aus dem Einſchlafen weckt. – Aber es giebt Etwas in mir, das ich Muth heiße: das ſchlug bisher mir jeden Unmuth todt. Dieſer Muth hieß mich endlich ſtille ſtehn und ſprechen: „Zwerg! Du! Oder ich!" – Muth nämlich iſt der beſte Todtſchläger, – Muth, welcher angreift: denn in jedem Angriffe iſt klingendes Spiel. Der Menſch aber iſt das muthigſte Thier: damit überwand er jedes Thier. Mit klingendem Spiele überwand er noch jeden Schmerz; Menſchen-Schmerz aber iſt der tiefſte Schmerz. Der Muth ſchlägt auch den Schwindel todt an Abgründen: und wo ſtünde der Menſch nicht an Abgründen! Iſt Sehen nicht ſelber – Abgründe ſehen? Muth iſt der beſte Todtſchläger: der Muth ſchlägt auch das Mitleiden todt. Mitleiden aber iſt der tiefſte Abgrund: ſo tief der Menſch in das Leben ſieht, ſo tief ſieht er auch in das Leiden. Muth aber iſt der beſte Todtſchläger, Muth, der angreift: der ſchlägt noch den Tod todt, denn er ſpricht: „War Das das Leben? Wohlan! Noch Ein Mal!" In ſolchem Spruche aber iſt viel klingendes Spiel. Wer Ohren hat, der höre. –

2.

„Halt! Zwerg! ſprach ich. Ich! Oder du! Ich aber bin der Stärkere von uns Beiden –: du kennſt meinen abgründlichen Gedanken nicht! Den – könnteſt du nicht tragen!" – Da geſchah, was mich leichter machte: denn der Zwerg ſprang mir von der Schulter, der Neugierige! Und er hockte ſich auf einen Stein vor mich hin. Es war aber gerade da ein Thorweg, wo wir hielten. „Siehe dieſen Thorweg! Zwerg! ſprach ich weiter: der hat zwei Geſichter. Zwei Wege kommen hier zuſammen: die gieng noch Niemand zu Ende. Dieſe lange Gaſſe zurück: die währt eine Ewigkeit. Und jene lange Gaſſe hinaus – das iſt eine andre Ewigkeit. Sie widerſprechen ſich, dieſe Wege; ſie ſtoßen ſich gerade vor den Kopf: – und hier, an dieſem Thorwege, iſt es, wo ſie zuſammen kommen. Der Name des Thorwegs ſteht oben geſchrieben: „Augenblick". Aber wer Einen von ihnen weiter gienge – und immer weiter und immer ferner: glaubſt du, Zwerg, daß dieſe Wege ſich ewig widerſprechen?" – „Alles Gerade lügt, murmelte ver- ächtlich der Zwerg. Alle Wahrheit iſt krumm, die Zeit ſelber iſt ein Kreis." „Du Geiſt der Schwere! ſprach ich zürnend, mache dir es nicht zu leicht! Oder ich laſſe dich hocken, wo du hockſt, Lahmfuß, – und ich trug dich hoch! Siehe, ſprach ich weiter, dieſen Augenblick! Von dieſem Thorwege Augenblick läuft eine lange ewige Gaſſe rückwärts: hinter uns liegt eine Ewigkeit. Muß nicht, was laufen kann von allen Dingen, ſchon einmal dieſe Gaſſe gelaufen ſein? Muß nicht, was geſchehn kann von allen Dingen, ſchon einmal geſchehn, gethan, vorübergelaufen ſein? Und wenn Alles ſchon dageweſen iſt: was hältſt du Zwerg von dieſem Augenblick? Muß auch dieſer Thorweg nicht ſchon – dageweſen ſein? Und ſind nicht

solchermaaßen feſt alle Dinge verknotet, daß dieſer Augenblick alle kommenden Dinge nach ſich zieht? Alſo — — ſich ſelber noch? Denn, was laufen kann von allen Dingen: auch in dieſer langen Gaſſe hinaus — muß es einmal noch laufen! — Und dieſe langſame Spinne, die im Mondſcheine kriecht, und dieſer Mondſchein ſelber, und ich und du im Thorwege, zuſammen flüſternd, von ewigen Dingen flüſternd — müſſen wir nicht Alle ſchon dageweſen ſein? — und wiederkommen und in jener anderen Gaſſe laufen, hinaus, vor uns, in dieſer langen ſchaurigen Gaſſe — müſſen wir nicht ewig wiederkommen? —" Alſo redete ich, und immer leiſer: denn ich fürchtete mich vor meinen eignen Gedanken und Hintergedanken. Da, plötzlich, hörte ich einen Hund nahe heulen. Hörte ich jemals einen Hund ſo heulen? Mein Gedanke lief zurück. Ja! Als ich Kind war, in fernſter Kindheit: — da hörte ich einen Hund ſo heulen. Und ſah ihn auch, geſträubt, den Kopf nach Oben, zitternd, in ſtillſter Mitternacht, wo auch Hunde an Geſpenſter glauben: — alſo daß es mich erbarmte. Eben nämlich gieng der volle Mond, todtſchweigſam, über das Haus, eben ſtand er ſtill, eine runde Gluth, — ſtill auf flachem Dache, gleich als auf fremdem Eigenthume: — darob entſetzte ſich damals der Hund: denn Hunde glauben an Diebe und Geſpenſter. Und als ich wieder ſo heulen hörte, da erbarmte es mich abermals. Wohin war jetzt Zwerg? Und Thorweg? Und Spinne? Und alles Flüſtern? Träumte ich denn? Wachte ich auf? Zwiſchen wilden Klippen ſtand ich mit Einem Male, allein, öde, im ödeſten Mondſcheine. Aber da lag ein Menſch! Und da! Der Hund, ſpringend, geſträubt, winſelnd, — jetzt ſah er mich kommen — da heulte er wieder, da ſchrie er: — hörte ich je einen Hund ſo Hülfe ſchrein? Und, wahrlich, was ich ſah, desgleichen ſah ich nie. Einen jungen Hirten ſah ich, ſich windend, würgend, zuckend, verzerrten Antlitzes, dem eine ſchwarze ſchwere Schlange aus dem Munde hieng. Sah ich je ſo viel Ekel und bleiches Grauen auf Einem Antlitze? Er hatte wohl geſchlafen? Da kroch ihm die Schlange in den Schlund — da biß ſie ſich feſt. Meine Hand riß die Schlange und riß: — umſonſt! ſie riß die Schlange nicht aus dem Schlunde. Da ſchrie es aus mir: „Beiß zu! Beiß zu! Den Kopf ab! Beiß zu!" — ſo ſchrie es aus mir, mein Grauen, mein Haß, mein Ekel, mein Erbarmen, all mein Gutes und Schlimmes ſchrie mit Einem Schrei aus mir. — Ihr Kühnen um mich! Ihr Sucher, Verſucher, und wer von euch mit liſtigen Segeln ſich in unerforſchte Meere einſchiffte! Ihr Räthſel-Frohen! So rathet mir doch das Räthſel, das ich damals ſchaute, ſo deutet mir doch das Geſicht des Einſamſten! Denn ein Geſicht war's und ein Vorherſehn: — was ſah ich damals im Gleichniſſe? Und wer iſt, der einſt noch kommen muß? Wer iſt der Hirt, dem alſo die Schlange in den Schlund kroch? Wer iſt der Menſch, dem alſo alles Schwerſte, Schwärzeſte in den Schlund kriechen wird? — Der Hirt aber biß, wie mein Schrei ihm rieth: er biß mit gutem Biſſe! Weit weg ſpie er den Kopf der Schlange —: und ſprang empor. — Nicht mehr Hirt, nicht mehr Menſch, — ein Verwandelter, ein Umleuchteter, welcher lachte! Niemals noch auf Erden lachte je ein Menſch, wie er lachte! Oh meine Brüder, ich hörte ein Lachen, das keines Menſchen Lachen war, — — und nun frißt ein Durſt an mir, eine Sehnſucht, die nimmer ſtille wird. Meine Sehnſucht nach dieſem Lachen frißt an mir: oh wie ertrage ich noch zu leben! Und wie ertrüge ich's, jetzt zu ſterben! —

ALSO SPRACH ZARATHUSTRA.

VON DER SELIGKEIT WIDER WILLEN

MIT folchen Räthfeln und Bitterniffen im Herzen fuhr Zarathuftra über das Meer. Als er aber vier Tagereifen fern war von den glückfeligen Infeln und von feinen Freunden, da hatte er allen feinen Schmerz überwunden –: fiegreich und mit feften Füßen ftand er wieder auf feinem Schickfal. Und damals redete Zarathuftra alfo zu feinem frohlockenden Gewiffen: ᴥᴥ ᴥᴥ Allein bin ich wieder und will es fein, allein mit reinem Himmel und freiem Meere; und wieder ift Nachmittag um mich. ᴥᴥ Des Nachmittags fand ich zum erften Male einft meine Freunde, des Nachmittags auch zum anderen Male: – zur Stunde, da alles Licht ftiller wird. ᴥᴥ Denn was von Glück noch unterwegs ift zwifchen Himmel und Erde, das fucht fich nun zur Herberge noch eine lichte Seele: vor Glück ift alles Licht jetzt ftiller worden. ᴥᴥ Oh Nachmittag meines Lebens! Einft ftieg auch mein Glück zu Thale, daß es fich eine Herberge fuche: da fand es diefe offnen gaftfreundlichen Seelen. ᴥᴥ Oh Nachmittag meines Lebens! Was gab ich nicht hin, daß ich Eins hätte: diefe lebendige Pflanzung meiner Gedanken und dieß Morgenlicht meiner höchften Hoffnung! ᴥᴥ Gefährten fuchte einft der Schaffende und Kinder feiner Hoffnung: und fiehe, es fand fich, daß er fie nicht finden könne, es fei denn, er fchaffe fie felber erft. ᴥᴥ Alfo bin ich mitten in meinem Werke, zu meinen Kindern gehend und von ihnen kehrend: um feiner Kinder willen muß Zarathuftra fich felbft vollenden. ᴥᴥ Denn von Grund aus liebt man nur fein Kind und Werk; und wo große Liebe zu fich felber ift, da ift fie der Schwangerfchaft Wahrzeichen: fo fand ich's. ᴥᴥ Noch grünen mir meine Kinder in ihrem erften Frühlinge, nahe bei einander ftehend und gemeinfam von Winden gefchüttelt, die Bäume meines Gartens und beften Erdreichs. ᴥᴥ Und wahrlich! Wo folche Bäume bei einander ftehn, da find glückfelige Infeln! ᴥᴥ Aber einftmals will ich fie ausheben und einen Jeden für fich allein ftellen: daß er Einfamkeit lerne und Trotz und Vorficht. ᴥᴥ Knorrig und gekrümmt und mit biegfamer Härte foll er mir dann am Meere daftehn, ein lebendiger Leuchtthurm unbefiegbaren Lebens. ᴥᴥ Dort, wo die Stürme hinab in's Meer ftürzen, und des Gebirgs Rüffel Waffer trinkt, da foll ein Jeder einmal feine Tag- und Nachtwachen haben, zu feiner Prüfung und Erkenntniß. ᴥᴥ Erkannt und geprüft foll er werden, darauf, ob er meiner Art und Abkunft ift, – ob er eines langen Willens Herr fei, fchweigfam, auch wenn er redet, und nachgebend alfo, daß er im Geben nimmt: – ᴥᴥ – daß er einft mein Gefährte werde und ein Mitfchaffender und Mitfeiernder Zarathuftra's –: ein Solcher, der mir meinen Willen auf meine Tafeln fchreibt: zu aller Dinge vollerer Vollendung. ᴥᴥ Und um feinetwillen und feines Gleichen muß ich felber mich vollenden: darum weiche ich jetzt meinem Glücke aus und biete mich allem Unglücke an – zu meiner letzten Prüfung und Erkenntniß. ᴥᴥ ᴥᴥ Und wahrlich, Zeit war's, daß ich gieng; und des Wanderers Schatten und die längfte Weile und die ftillfte Stunde – alle redeten mir zu: "es ift höchfte Zeit!" ᴥᴥ Der Wind blies mir durch's Schlüffelloch und fagte "Komm!" Die Thür fprang mir liftig auf und fagte "Geh!" ᴥᴥ Aber ich lag angekettet an die Liebe zu meinen Kindern: das Begehren legte mir diefe Schlinge, das Begehren nach Liebe, daß ich meiner Kinder Beute würde und mich an fie verlöre. ᴥᴥ Begehren – das heißt mir fchon: mich verloren haben. Ich habe euch, meine Kinder! In diefem Haben foll Alles Sicherheit und Nichts Begehren fein. ᴥᴥ Aber brütend lag die Sonne meiner Liebe auf mir, im eignen Safte kochte Zarathuftra, – da flogen Schatten und Zweifel über mich weg. ᴥᴥ Nach Froft und Winter gelüftete mich fchon: "oh daß Froft und Winter mich wieder knacken und knirfchen machten!" feufzte ich: – da ftiegen eifige Nebel aus mir auf. ᴥᴥ Meine Vergangenheit brach ihre Gräber, manch lebendig begrabner Schmerz wachte auf –: ausgefchlafen hatte er fich nur, versteckt in Leichen-Gewänder. ◄◄ Also rief mir Alles in Zeichen zu: „es ist Zeit!" Aber ich – hörte nicht: bis endlich mein Abgrund sich rührte und mein Gedanke mich biß. ◄◄ Ach, abgründlicher Gedanke, der du mein Gedanke bist! Wann finde ich die Stärke, dich graben zu hören und nicht mehr zu zittern? ◄◄ Bis zur Kehle hinauf klopft mir das Herz, wenn ich dich graben höre! Dein Schweigen noch will mich würgen, du abgründlich Schweigender! ◄◄ Noch wagte ich niemals, dich herauf zu rufen: genug schon, daß ich dich mit mir – trug! Noch war ich nicht stark genug zum letzten Löwen-Übermuthe und -Muthwillen. ◄◄ Genug des Furchtbaren war mir immer schon deine Schwere: aber einst soll ich noch die Stärke finden und die Löwen-Stimme, die dich herauf ruft! ◄◄ Wenn ich mich Dessen erst überwunden habe, dann will ich mich auch des Größeren noch überwinden; und ein Sieg soll meiner Vollendung Siegel sein! – ◄◄ Inzwischen treibe ich noch auf ungewissen Meeren; der Zufall schmeichelt mir, der glattzüngige; vorwärts und rückwärts schaue ich –, noch schaue ich kein Ende. ◄◄ Noch kam mir die Stunde meines letzten Kampfes nicht, – oder kommt sie mir wohl eben? Wahrlich mit tückischer Schönheit schaut mich rings Meer und Leben an! ◄◄ Oh Nachmittag meines Lebens! Oh Glück vor Abend! Oh Hafen auf hoher See! Oh Friede im Ungewissen! Wie mißtraue ich euch Allen! ◄◄ Wahrlich, mißtrauisch bin ich gegen eure tückische Schönheit! Dem Liebenden gleiche ich, der allzusammtenem Lächeln mißtraut. ◄◄ Wie er die Geliebteste vor sich her stößt, zärtlich noch in seiner Härte, der Eifersüchtige –, also stoße ich diese selige Stunde vor mir her. ◄◄ Hinweg mit dir, du selige Stunde! Mit dir kam mir eine Seligkeit wider Willen! Willig zu meinem tiefsten Schmerze stehe ich hier: – zur Unzeit kamst du! ◄◄ Hinweg mit dir, du selige Stunde! Lieber nimm Herberge dort – bei meinen Kindern! Eile! und segne sie vor Abend noch mit meinem Glücke! ◄◄ Da naht schon der Abend: die Sonne sinkt. Dahin – mein Glück! – ◄◄◄◄ ALSO SPRACH ZARA-THUSTRA. Und er wartete auf sein Unglück die ganze Nacht: aber er wartete umsonst. Die Nacht blieb hell und still, und das Glück selber kam ihm immer näher und näher. Gegen Morgen aber lachte Zarathustra zu seinem Herzen und sagte spöttisch: „das Glück läuft mir nach. Das kommt davon, daß ich nicht den Weibern nachlaufe. Das Glück aber ist ein Weib."

VOR SONNEN-AUFGANG

OH Himmel über mir, du Reiner! Tiefer! Du Licht-Abgrund! Dich schauend schaudere ich vor göttlichen Begierden. ◄◄ In deine Höhe mich zu werfen – das ist meine Tiefe! In deine Reinheit mich zu bergen – das ist meine Unschuld! ◄◄ Den Gott verhüllt seine Schönheit: so verbirgst du deine Sterne. Du redest nicht: so kündest du mir deine Weisheit. ◄◄ Stumm über brausendem Meere bist du heut mir aufgegangen, deine Liebe und deine Scham redet Offenbarung zu meiner brausenden Seele. ◄◄ Daß du schön zu mir kamst, verhüllt in deine Schönheit, daß du stumm zu mir sprichst, offenbar in deiner Weisheit: ◄◄ Oh wie erriethe ich nicht alles Schamhafte deiner Seele! Vor der Sonne kamst du zu mir, dem Einsamsten. ◄◄ Wir sind Freunde von Anbeginn: uns ist Gram und Grauen und Grund gemeinsam; noch die Sonne ist uns gemeinsam. ◄◄ Wir reden nicht zu einander, weil wir zu Vieles wissen –: wir schweigen uns an, wir lächeln uns unser Wissen zu. ◄◄ Bist du nicht das Licht zu meinem Feuer? Hast du nicht die Schwester-Seele zu meiner Einsicht? ◄◄ Zusammen lernten wir Alles; zusammen lernten wir über uns zu uns selber aufsteigen und wolkenlos lächeln: – ◄◄ – wolkenlos hinab lächeln aus lichten Augen und aus meilenweiter Ferne, wenn unter uns Zwang und Zweck und Schuld wie Regen dampfen. ◄◄

Und wanderte ich allein: weß hungerte meine Seele in Nächten und Irr-Pfaden? Und ſtieg ich Berge, wen ſuchte ich je, wenn nicht dich, auf Bergen? ◄► Und all mein Wandern und Bergſteigen: eine Noth war's nur und ein Behelf des Unbeholfenen: – fliegen allein will mein ganzer Wille, in dich hinein fliegen! ◄► Und wen haßte ich mehr, als ziehende Wolken und Alles, was dich befleckt? Und meinen eignen Haß haßte ich noch, weil er dich befleckte! ◄► Den ziehenden Wolken bin ich gram, dieſen ſchleichenden Raub-Katzen: ſie nehmen dir und mir, was uns gemein iſt, – das ungeheure unbegrenzte Ja- und Amen-ſagen. ◄► Dieſen Mittlern und Miſchern ſind wir gram, den ziehenden Wolken: dieſen Halb- und Halben, welche weder ſegnen lernten, noch von Grund aus fluchen. ◄► Lieber will ich noch unter verſchloßnem Himmel in der Tonne ſitzen, lieber ohne Himmel im Abgrund ſitzen, als dich, Licht-Himmel, mit Zieh-Wolken befleckt ſehn! ◄► Und oft gelüſtete mich, ſie mit zackichten Blitz-Golddrähten feſtzuheften, daß ich, gleich dem Donner, auf ihrem Keſſel-Bauche die Pauke ſchlüge: – ◄► – ein zorniger Paukenſchläger, weil ſie mir dein Ja! und Amen! rauben, du Himmel über mir, du Reiner! Lichter! Du Licht-Abgrund! – weil ſie dir mein Ja! und Amen! rauben. ◄► Denn lieber noch will ich Lärm und Donner und Wetter-Flüche, als dieſe bedächtige zweifelnde Katzen-Ruhe; und auch unter Menſchen haſſe ich am beſten alle Leiſetreter und Halb- und Halben und zweifelnde, zögernde Zieh-Wolken. ◄► Und „wer nicht ſegnen kann, der ſoll fluchen lernen!“ – dieſe helle Lehre fiel mir aus hellem Himmel, dieſer Stern ſteht auch noch in ſchwarzen Nächten an meinem Himmel. ◄► Ich aber bin ein Segnender und ein Ja-ſager, wenn du nur um mich biſt, du Reiner! Lichter! Du Licht-Abgrund! – in alle Abgründe trage ich da noch mein ſegnendes Ja-ſagen. ◄► Zum Segnenden bin ich worden und zum Ja-ſagenden: und dazu rang ich lange und war ein Ringer, daß ich einſt die Hände frei bekäme zum Segnen. ◄► Das aber iſt mein Segnen: über jedwedem Ding als ſein eigener Himmel ſtehn, als ſein rundes Dach, ſeine azurne Glocke und ewige Sicherheit: und ſelig iſt, wer alſo ſegnet! ◄► Denn alle Dinge ſind getauft am Borne der Ewigkeit und jenſeits von Gut und Böſe; Gut und Böſe ſelber aber ſind nur Zwiſchenſchatten und feuchte Trübſale und Zieh-Wolken. ◄► Wahrlich, ein Segnen iſt es und kein Läſtern, wenn ich lehre: „über allen Dingen ſteht der Himmel Zufall, der Himmel Unſchuld, der Himmel Ohngefähr, der Himmel Übermuth.“ ◄► „Von Ohngefähr“ – das iſt der älteſte Adel der Welt, den gab ich allen Dingen zurück, ich erlöſte ſie von der Knechtſchaft unter dem Zwecke. ◄► Dieſe Freiheit und Himmels-Heiterkeit ſtellte ich gleich azurner Glocke über alle Dinge, als ich lehrte, daß über ihnen und durch ſie kein „ewiger Wille“ – will. ◄► Dieſen Übermuth und dieſe Narrheit ſtellte ich an die Stelle jenes Willens, als ich lehrte: „bei Allem iſt Eins unmöglich – Vernünftigkeit!“ ◄► Ein Wenig Vernunft zwar, ein Same der Weisheit zerſtreut von Stern zu Stern, – dieſer Sauerteig iſt allen Dingen eingemiſcht: um der Narrheit willen iſt Weisheit allen Dingen eingemiſcht! ◄► Ein Wenig Weisheit iſt ſchon möglich; aber dieſe ſelige Sicherheit fand ich an allen Dingen: daß ſie lieber noch auf den Füßen des Zufalls – tanzen. ◄► Oh Himmel über mir, du Reiner! Hoher! Das iſt mir nun deine Reinheit, daß es keine ewige Vernunft-Spinne und -Spinnennetze giebt: – ◄► – daß du mir ein Tanzboden biſt für göttliche Zufälle, daß du mir ein Göttertiſch biſt für göttliche Würfel und Würfelſpieler! – ◄► Doch du errötheſt? Sprach ich Unausſprechbares? Läſterte ich, indem ich dich ſegnen wollte? ◄► Oder iſt es die Scham zu Zweien, welche dich erröthen machte? – Heißeſt du mich gehn und ſchweigen, weil nun – der Tag kommt? ◄► Die Welt iſt tief –: und tiefer, als je der Tag gedacht hat. Nicht Alles darf vor dem Tage Worte haben. Aber der Tag kommt: ſo ſcheiden wir nun! ◄► Oh Himmel über mir, du Scham-

hafter! Glühender! Oh du mein Glück vor Sonnen-Aufgang! Der Tag kommt: fo fcheiden wir nun! —

ALSO SPRACH ZARATHUSTRA

VON DER VERKLEINERNDEN TUGEND

ALS Zarathuftra wieder auf dem feften Lande war, gieng er nicht ftracks auf fein Gebirge und feine Höhle los, fondern that viele Wege und Fragen und erkundete dieß und das, alfo, daß er von fich felber im Scherze fagte: „fiehe einen Fluß, der in vielen Windungen zurück zur Quelle fließt!" Denn er wollte in Erfahrung bringen, was fich inzwifchen mit dem Menfchen zugetragen habe: ob er größer oder kleiner geworden fei. Und Ein Mal fah er eine Reihe neuer Häufer; da wunderte er fich und fagte: „Was bedeuten diefe Häufer? Wahrlich, keine große Seele ftellte fie hin, fich zum Gleichniffe! Nahm wohl ein blödes Kind fie aus feiner Spielfchachtel? Daß doch ein anderes Kind fie wieder in feine Schachtel thäte! Und diefe Stuben und Kammern: können Männer da aus- und eingehen? Gemacht dünken fie mich für Seiden-Puppen; oder für Nafchkatzen, die auch wohl an fich nafchen laffen." Und Zarathuftra blieb ftehn und dachte nach. Endlich fagte er betrübt: „Es ift Alles kleiner geworden! Überall fehe ich niedrigere Thore: wer meiner Art ift, geht da wohl noch hindurch, aber — er muß fich bücken! Oh wann komme ich wieder in meine Heimath, wo ich mich nicht mehr bücken muß — nicht mehr bücken muß vor den Kleinen!" — Und Zarathuftra feufzte und blickte in die Ferne. — Des- felbigen Tages aber redete er feine Rede über die verkleinernde Tugend. 2. Ich gehe durch dieß Volk und halte meine Augen offen: fie vergeben mir es nicht, daß ich auf ihre Tugenden nicht neidifch bin. Sie beißen nach mir, weil ich zu ihnen fage: für kleine Leute find kleine Tugenden nöthig — und weil es mir hart eingeht, daß kleine Leute nöthig find! Noch gleiche ich dem Hahn hier auf fremdem Gehöfte, nach dem auch die Hennen beißen; doch darob bin ich diefen Hennen nicht ungut. Ich bin höflich gegen fie, wie gegen alles kleine Ärgerniß; gegen das Kleine ftachlicht zu fein, dünkt mich eine Weisheit für Igel. Sie reden Alle von mir, wenn fie Abends um's Feuer fitzen, — fie reden von mir, aber Niemand denkt — an mich! Dieß ift die neue Stille, die ich lernte: ihr Lärm um mich breitet einen Mantel über meine Gedanken. Sie lärmen unter einander: „was will uns diefe düftere Wolke? fehen wir zu, daß fie uns nicht eine Seuche bringe!" Und jüngft riß ein Weib fein Kind an fich, das zu mir wollte: „nehmt die Kinder weg! fchrie es; folche Augen verfengen Kinder-Seelen." Sie huften, wenn ich rede: fie meinen, Huften fei ein Einwand gegen ftarke Winde, — fie errathen Nichts vom Braufen meines Glückes! „Wir haben noch keine Zeit für Zarathuftra" — fo wenden fie ein; aber was liegt an einer Zeit, die für Zarathuftra „keine Zeit hat"? Und wenn fie gar mich rühmen: wie könnte ich wohl auf ihrem Ruhme einfchlafen? Ein Stachel-Gürtel ift mir ihr Lob: es kratzt mich noch, wenn ich es von mir thue. Und auch Das lernte ich unter ihnen: der Lobende ftellt fich, als gebe er zurück, in Wahrheit aber will er mehr befchenkt fein! Fragt meinen Fuß, ob ihm ihre Lob- und Lock-Weife gefällt! Wahrlich, nach folchem Takt und Tiktak mag er weder tanzen, noch ftille ftehn. Zur kleinen Tugend möchten fie mich locken und loben; zum Tiktak des kleinen Glücks möchten fie meinen Fuß überreden. Ich gehe durch dieß Volk und halte die Augen offen: fie find kleiner geworden und werden immer kleiner: – das aber macht ihre Lehre von Glück und Tugend. Sie find nämlich auch in der Tugend befcheiden, – denn fie wollen Behagen. Mit Behagen aber verträgt fich nur die befcheidene Tugend. Wohl lernen auch fie auf ihre Art Schreiten und Vorwärts-Schreiten: das heiße ich ihr Humpeln –. Damit werden fie Jedem zum Anftoß, der Eile hat. Und Mancher von ihnen geht vorwärts und blickt dabei zurück, mit verfteiftem Nacken: Dem renne ich gern wider den Leib. Fuß und Augen follen nicht lügen, noch fich einander Lügen ftrafen. Aber es ift viel Lügnerei bei den kleinen Leuten. Einige von ihnen wollen, aber die Meiften werden nur gewollt. Einige von ihnen find echt, aber die Meiften find fchlechte Schaufpieler. Es giebt Schaufpieler wider Wiffen unter ihnen und Schaufpieler wider Willen –, die Echten find immer felten, fonderlich die echten Schaufpieler. Des Mannes ift hier wenig: darum vermännlichen fich ihre Weiber. Denn nur wer Mannes genug ift, wird im Weibe das Weib – erlöfen. Und diefe Heuchelei fand ich unter ihnen am fchlimmften: daß auch Die, welche befehlen, die Tugenden Derer heucheln, welche dienen. „Ich diene, du dienft, wir dienen“ – fo betet hier auch die Heuchelei der Herrfchenden, – und wehe, wenn der erfte Herr nur der erfte Diener ift! Ach, auch in ihre Heucheleien verflog fich wohl meines Auges Neugier; und gut errieth ich all ihr Fliegen-Glück und ihr Summen um befonnte Fenfterfcheiben. Soviel Güte, foviel Schwäche fehe ich. Soviel Gerechtigkeit und Mitleiden, foviel Schwäche. Rund, rechtlich und gütig find fie mit einander, wie Sandkörnchen rund, rechtlich und gütig mit Sandkörnchen find. Befcheiden ein kleines Glück umarmen – das heißen fie „Ergebung“! und dabei fchielen fie befcheiden fchon nach einem neuen kleinen Glücke aus. Sie wollen im Grunde einfältiglich Eins am meiften: daß ihnen Niemand wehe thue. So kommen fie Jedermann zuvor und thun ihm wohl. Dieß aber ift Feigheit: ob es fchon „Tugend“ heißt. – Und wenn fie einmal rauh reden, diefe kleinen Leute: ich höre darin nur ihre Heiferkeit, – jeder Windzug nämlich macht fie heifer. Klug find fie, ihre Tugenden haben kluge Finger. Aber ihnen fehlen die Fäufte, ihre Finger wiffen nicht, fich hinter Fäufte zu verkriechen. Tugend ift ihnen Das, was befcheiden und zahm macht: damit machten fie den Wolf zum Hunde und den Menfchen felber zu des Menfchen beftem Hausthiere. „Wir fetzten unfern Stuhl in die Mitte – das fagt mir ihr Schmunzeln – und ebenfo weit weg von fterbenden Fechtern wie von vergnügten Säuen.“ Dieß aber ift – Mittelmäßigkeit: ob es fchon Mäßigkeit heißt. –

3.

Ich gehe durch dieß Volk und laffe manches Wort fallen: aber fie wiffen weder zu nehmen noch zu behalten. Sie wundern fich, daß ich nicht kam, auf Lüfte und Lafter zu läftern; und wahrlich, ich kam auch nicht, daß ich vor Tafchendieben warnte! Sie wundern fich, daß ich nicht bereit bin, ihre Klugheit noch zu witzigen und zu fpitzigen: als ob fie noch nicht genug der Klüglinge hätten, deren Stimme mir gleich Schieferftiften kritzelt! Und wenn ich rufe: „Flucht allen feigen Teufeln in euch, die gerne winfeln und Hände falten und anbeten möchten“: fo rufen fie: „Zarathuftra ift gottlos“. Und fonderlich rufen es ihre Lehrer der Ergebung –; aber gerade ihnen liebe ich’s, in das Ohr zu fchrein: Ja! Ich bin Zarathuftra, der Gottlofe! Diefe Lehrer der Ergebung! Überall hin, wo es klein und krank und grindig ift, kriechen fie, gleich Läufen; und nur mein Ekel hindert mich,

84

sie zu knacken. Wohlan! Dieß ist meine Predigt für ihre Ohren: ich bin Zarathustra, der Gottlose, der da spricht „wer ist gottloser denn ich, daß ich mich seiner Unterweisung freue?" Ich bin Zarathustra, der Gottlose: wo finde ich Meines-Gleichen? Und alle Die sind Meines-Gleichen, die sich selber ihren Willen geben und alle Ergebung von sich abthun. Ich bin Zarathustra, der Gottlose: ich koche mir noch jeden Zufall in meinem Topfe. Und erst, wenn er da gar gekocht ist, heiße ich ihn willkommen, als meine Speise. Und wahrlich, mancher Zufall kam herrisch zu mir: aber herrischer noch sprach zu ihm mein Wille, — da lag er schon bittend auf den Knieen — — bittend, daß er Herberge finde und Herz bei mir, und schmeichlerisch zuredend: „sieh doch, oh Zarathustra, wie nur Freund zu Freunde kommt!" — Doch was rede ich, wo Niemand meine Ohren hat! Und so will ich es hinaus in alle Winde rufen: Ihr werdet immer kleiner, ihr kleinen Leute! Ihr bröckelt ab, ihr Behaglichen! Ihr geht mir noch zu Grunde — — an euren vielen kleinen Tugenden, an eurem vielen kleinen Unterlassen, an eurer vielen kleinen Ergebung! Zu viel schonend, zu viel nachgebend: so ist euer Erdreich! Aber daß ein Baum groß werde, dazu will er um harte Felsen harte Wurzeln schlagen! Auch was ihr unterlaßt, webt am Gewebe aller Menschen-Zukunft; auch euer Nichts ist ein Spinnennetz und eine Spinne, die von der Zukunft Blute lebt. Und wenn ihr nehmt, so ist es wie Stehlen, ihr kleinen Tugendhaften; aber noch unter Schelmen spricht die Ehre: „man soll nur stehlen, wo man nicht rauben kann." „Es giebt sich"— das ist auch eine Lehre der Ergebung. Aber ich sage euch, ihr Behaglichen: es nimmt sich und wird immer mehr noch von euch nehmen! Ach, daß ihr alles halbe Wollen von euch abthätet und entschlossen würdet zur Trägheit wie zur That! Ach, daß ihr mein Wort verstündet: „thut immerhin, was ihr wollt, — aber seid erst Solche, die wollen können!" „Liebt immerhin euren Nächsten gleich euch, — aber seid mir erst Solche, die sich selber lieben — — mit der großen Liebe lieben, mit der großen Verachtung lieben!" Also spricht Zarathustra, der Gottlose. — Doch was rede ich, wo Niemand meine Ohren hat! Es ist hier noch eine Stunde zu früh für mich. Mein eigner Vorläufer bin ich unter diesem Volke, mein eigner Hahnen-Ruf durch dunkle Gassen. Aber ihre Stunde kommt! Und es kommt auch die meine! Stündlich werden sie kleiner, ärmer, unfruchtbarer, — armes Kraut! armes Erdreich! Und bald sollen sie mir dastehn wie dürres Gras und Steppe, und wahrlich! ihrer selber müde — und mehr, als nach Wasser, nach Feuer lechzend! Oh gesegnete Stunde des Blitzes! Oh Geheimniß vor Mittag! — Laufende Feuer will ich einst noch aus ihnen machen und Verkünder mit Flammen-Zungen: — — verkünden sollen sie einst noch mit Flammen-Zungen: Er kommt, er ist nahe, der große Mittag!

ALSO SPRACH ZARATHUSTRA

AUF DEM ÖLBERGE

DER Winter, ein schlimmer Gast, sitzt bei mir zu Hause; blau sind meine Hände von seiner Freundschaft Händedruck. Ich ehre ihn, diesen schlimmen Gast, aber lasse gerne ihn allein sitzen. Gerne laufe ich ihm davon; und, läuft man gut, so entläuft man ihm! Mit warmen Füßen und warmen Gedanken laufe ich dorthin, wo der Wind stille steht, — zum Sonnen-Winkel meines Ölbergs. Da lache ich meines gestrengen Gastes und bin ihm noch gut, daß er zu Hause mir die Fliegen wegfängt und vielen kleinen Lärm stille macht. Er leidet es nämlich nicht, wenn eine Mücke singen will, oder gar zwei; noch die Gasse macht er einsam, daß der Mondschein drin Nachts sich fürchtet. Ein harter Gast ist er, – aber ich ehre ihn, und nicht bete ich, gleich den Zärtlingen, zum dickbäuchichten Feuer-Götzen. Lieber noch ein Wenig zähneklappern, als Götzen anbeten! – so will's meine Art. Und sonderlich bin ich allen brünstigen dampfenden dumpfigen Feuer-Götzen gram. Wen ich liebe, den liebe ich Winters besser als Sommers; besser spotte ich jetzt meiner Feinde und herzhafter, seit der Winter mir im Hause sitzt. Herzhaft wahrlich, selbst dann noch, wenn ich zu Bett krieche –: da lacht und muthwillt noch mein verkrochenes Glück; es lacht noch mein Lügen-Traum. Ich ein – Kriecher? Niemals kroch ich im Leben vor Mächtigen; und log ich je, so log ich aus Liebe. Deßhalb bin ich froh auch im Winter-Bette. Ein geringes Bett wärmt mich mehr als ein reiches, denn ich bin eifersüchtig auf meine Armuth. Und im Winter ist sie mir am treusten. Mit einer Bosheit beginne ich jeden Tag, ich spotte des Winters mit einem kalten Bade: darob brummt mein gestrenger Hausfreund. Auch kitzle ich ihn gerne mit einem Wachskerzlein: daß er mir endlich den Himmel herauslasse aus aschgrauer Dämmerung. Sonderlich boshaft bin ich nämlich des Morgens: zur frühen Stunde, da der Eimer am Brunnen klirrt und die Rosse warm durch graue Gassen wiehern: – Ungeduldig warte ich da, daß mir endlich der lichte Himmel aufgehe, der schneebärtige Winter-Himmel, der Greis und Weißkopf, – – der Winter-Himmel, der schweigsame, der oft noch seine Sonne verschweigt! Lernte ich wohl von ihm das lange lichte Schweigen? Oder lernte er's von mir? Oder hat ein Jeder von uns es selbst erfunden? Aller guten Dinge Ursprung ist tausendfältig, – alle guten muthwilligen Dinge springen vor Lust in's Dasein: wie sollten sie das immer nur – Ein Mal thun! Ein gutes muthwilliges Ding ist auch das lange Schweigen und gleich dem Winter-Himmel blicken aus lichtem rundäugichten Antlitze: – – gleich ihm seine Sonne verschweigen und seinen unbeugsamen Sonnen-Willen: wahrlich, diese Kunst und diesen Winter-Muthwillen lernte ich gut! Meine liebste Bosheit und Kunst ist es, daß mein Schweigen lernte, sich nicht durch Schweigen zu verrathen. Mit Worten und Würfeln klappernd überliste ich mir die feierlichen Warter: allen diesen gestrengen Aufpassern soll mein Wille und Zweck entschlüpfen. Daß mir Niemand in meinen Grund und letzten Willen hinab sehe, – dazu erfand ich mir das lange lichte Schweigen. So manchen Klugen fand ich: der verschleierte sein Antlitz und trübte sein Wasser, daß Niemand ihm hindurch und hinunter sehe. Aber zu ihm gerade kamen die klügeren Mißtrauer und Nußknacker: ihm gerade fischte man seinen verborgensten Fisch heraus! Sondern die Hellen, die Wackern, die Durchsichtigen – das sind mir die klügsten Schweiger: denen so tief ihr Grund ist, daß auch das hellste Wasser ihn nicht – verräth. – Du schneebärtiger schweigender Winter-Himmel, du rundäugichter Weißkopf über mir! Oh du himmlisches Gleichniß meiner Seele und ihres Muthwillens! Und muß ich mich nicht verbergen, gleich Einem, der Gold verschluckt hat, – daß man mir nicht die Seele aufschlitze? Muß ich nicht Stelzen tragen, daß sie meine langen Beine übersehen, – alle diese Neidbolde und Leidholde, die um mich sind? Diese räucherigen, stubenwarmen, verbrauchten, vergrünten, vergrämelten Seelen – wie könnte ihr Neid mein Glück ertragen! So zeige ich ihnen nur das Eis und den Winter auf meinen Gipfeln – und nicht, daß mein Berg noch alle Sonnengürtel um sich schlingt! Sie hören nur meine Winter-Stürme pfeifen: und nicht, daß ich auch über warme Meere fahre, gleich sehnsüchtigen, schweren, heißen Südwinden. Sie erbarmen sich noch meiner Unfälle und Zufälle: – aber mein Wort heißt: „laßt den Zufall zu mir kommen: unschuldig ist er, wie ein Kindlein!" Wie könnten sie mein Glück ertragen, wenn ich nicht Unfälle und Winter-Nöthe und Eisbären-Mützen und Schneehimmel-Hüllen um mein Glück legte!

86

— wenn ich mich nicht selbst ihres Mitleids erbarmte: des Mitleids dieser Neidbolde und Leidholde! — wenn ich nicht selber vor ihnen seufzte und frostklapperte, und mich geduldsam in ihr Mitleid wickeln ließe! Dieß ist der weise Muthwille und Wohlwille meiner Seele, daß sie ihren Winter und ihre Froststürme nicht verbirgt; sie verbirgt auch ihre Frostbeulen nicht. Des Einen Einsamkeit ist die Flucht des Kranken; des Andern Einsamkeit die Flucht vor den Kranken. Mögen sie mich klappern und seufzen hören vor Winterkälte, alle diese armen scheelen Schelme um mich! Mit solchem Geseufz und Geklapper flüchte ich noch vor ihren geheizten Stuben. Mögen sie mich bemitleiden und bemitseufzen ob meiner Frostbeulen: „am Eis der Erkenntniß erfriert er uns noch!" — so klagen sie. Inzwischen laufe ich mit warmen Füßen kreuz und quer auf meinem Ölberge: im Sonnen-Winkel meines Ölberges singe und spotte ich alles Mitleids. —

ALSO SANG ZARATHUSTRA.

VOM VORÜBERGEHEN

ALSO, durch viel Volk und vielerlei Städte langsam hindurchschreitend, gieng Zarathustra auf Umwegen zurück zu seinem Gebirge und seiner Höhle. Und siehe, dabei kam er unversehens auch an das Stadtthor der großen Stadt: hier aber sprang ein schäumender Narr mit ausgebreiteten Händen auf ihn zu und trat ihm in den Weg. Dieß aber war der selbige Narr, welchen das Volk „den Affen Zarathustra's" hieß: denn er hatte ihm Etwas vom Satz und Fall der Rede abgemerkt und borgte wohl auch gerne vom Schatze seiner Weisheit. Der Narr aber redete also zu Zarathustra: „Oh Zarathustra, hier ist die große Stadt: hier hast du Nichts zu suchen und Alles zu verlieren. Warum wolltest du durch diesen Schlamm waten? Habe doch Mitleiden mit deinem Fuße! Speie lieber auf das Stadtthor und — kehre um! Hier ist die Hölle für Einsiedler-Gedanken: hier werden große Gedanken lebendig gesotten und klein gekocht. Hier verwesen alle großen Gefühle: hier dürfen nur klapperdürre Gefühlchen klappern! Riechst du nicht schon die Schlachthäuser und Garküchen des Geistes? Dampft nicht diese Stadt vom Dunst geschlachteten Geistes? Siehst du nicht die Seelen hängen wie schlaffe schmutzige Lumpen? — Und sie machen noch Zeitungen aus diesen Lumpen! Hörst du nicht, wie der Geist hier zum Wortspiel wurde? Widriges Wort-Spülicht bricht er heraus! — Und sie machen noch Zeitungen aus diesem Wort-Spülicht. Sie hetzen einander und wissen nicht, wohin? Sie erhitzen einander und wissen nicht, warum? Sie klimpern mit ihrem Bleche, sie klingeln mit ihrem Golde. Sie sind kalt und suchen sich Wärme bei gebrannten Wassern; sie sind erhitzt und suchen Kühle bei gefrorenen Geistern; sie sind Alle siech und süchtig an öffentlichen Meinungen. Alle Lüste und Laster sind hier zu Hause; aber es giebt hier auch Tugendhafte, es giebt hier viel anstellige angestellte Tugend: — Viel anstellige Tugend mit Schreibfingern und hartem Sitz- und Warte-Fleische, gesegnet mit kleinen Bruststernen und ausgestopften steißlosen Töchtern. Es giebt hier auch viel Frömmigkeit und viel gläubige Speichel-Leckerei, Schmeichel-Bäckerei vor dem Gott der Heerschaaren. „Von Oben" her träufelt ja der Stern und der gnädige Speichel; nach Oben hin sehnt sich jeder sternenlose Busen. Der Mond hat seinen Hof, und der Hof hat seine Mond-kälber: zu Allem aber, was vom Hofe kommt, betet das Bettel-Volk und alle anstellige Bettel-Tugend. „Ich diene, du dienst, wir dienen" — so betet alle anstellige Tugend hinauf zum Fürsten: daß der verdiente Stern sich endlich an den schmalen Busen hefte! Aber der Mond dreht sich noch um

87

alles Irdifche: fo dreht fich auch der Fürft noch um das Aller-Irdifchfte –: das aber ift das Gold der Krämer. ⚜⚜ Der Gott der Heerfchaaren ift kein Gott der Goldbarren; der Fürft denkt, aber der Krämer – lenkt! ⚜⚜Bei Allem, was licht und ftark und gut in dir ift, oh Zarathuftra! Speie auf diefe Stadt der Krämer und kehre um! ⚜⚜ Hier fließt alles Blut faulicht und lauicht und fchaumicht durch alle Adern: fpeie auf die große Stadt, welche der große Abraum ift, wo aller Abfchaum zufammenfchäumt! ⚜⚜Speie auf die Stadt der eingedrückten Seelen und fchmalen Brüfte, der fpitzen Augen, der kleb-rigen Finger – ⚜⚜ – auf die Stadt der Aufdringlinge, der Unverfchämten, der Schreib- und Schreihälfe, der überheizten Ehrgeizigen: – ⚜⚜ – wo alles Anbrüchige, Anrüchige, Lüfterne, Düftere, Übermürbe, Gefchwürige, Verfchwörerifche zufammenfchwärt: – ⚜⚜ – fpeie auf die große Stadt und kehre um!“ – – ⚜⚜⚜ Hier aber unterbrach Zarathuftra den fchäumen-den Narren und hielt ihm den Mund zu. ⚜⚜ „Höre endlich auf! rief Zara-thuftra, mich ekelt lange fchon deiner Rede und deiner Art! ⚜⚜Warum wohnteft du fo lange am Sumpfe, daß du felber zum Frofch und zur Kröte werden mußteft? ⚜⚜ Fließt dir nicht felber nun ein faulichtes fchaumichtes Sumpf-Blut durch die Adern, daß du alfo quaken und läftern lernteft? ⚜⚜ Warum giengft du nicht in den Wald? Oder pflügteft die Erde? Ift das Meer nicht voll von grünen Eilanden? ⚜⚜Ich verachte dein Verachten; und wenn du mich warnteft, – warum warnteft du dich nicht felber? ⚜⚜ Aus der Liebe allein foll mir mein Verachten und mein warnender Vogel auffliegen: aber nicht aus dem Sumpfe! – ⚜⚜ Man heißt dich meinen Affen, du fchäu-mender Narr: aber ich heiße dich mein Grunze-Schwein, – durch Grunzen verdirbft du mir noch mein Lob der Narrheit. ⚜⚜ Was war es denn, was dich zuerft grunzen machte? Daß Niemand dir genug gefchmeichelt hat: – darum fetzteft du dich hin zu diefem Unrathe, daß du Grund hätteft viel zu grunzen, – ⚜⚜ – daß du Grund hätteft zu vieler Rache! Rache nämlich, du eitler Narr, ift all dein Schäumen, ich errieth dich wohl! ⚜⚜Aber dein Narren-Wort thut mir Schaden, felbft wo du Recht haft! Und wenn Zarathu-ftra's Wort fogar hundert Mal Recht hätte: du würdeft mit meinem Wort immer – Unrecht thun!“ ⚜⚜ ALSO SPRACH ZARATHUSTRA; und er blickte die große Stadt an, feufzte und fchwieg lange. Endlich redete er alfo: ⚜⚜⚜Mich ekelt auch diefer großen Stadt und nicht nur diefes Narren. Hier und dort ift Nichts zu beffern, Nichts zu böfern. ⚜⚜Wehe diefer großen Stadt! – Und ich wollte, ich fähe fchon die Feuerfäule, in der fie verbrannt wird! ⚜⚜ Denn folche Feuerfäulen müffen dem großen Mittage vorangehn. Doch dieß hat feine Zeit und fein eigenes Schickfal. – ⚜⚜Diefe Lehre aber gebe ich dir, du Narr, zum Abfchiede: wo man nicht mehr lieben kann, da foll man – vorübergehn! – ⚜⚜⚜ ALSO SPRACH ZARATHUSTRA und gieng an dem Narren und der großen Stadt vorüber.

VON DEN ABTRÜNNIGEN ▨▨▨

ACH liegt Alles fchon welk und grau, was noch jüngft auf diefer Wiefe grün und bunt ftand? Und wie vielen Honig der Hoffnung trug ich von hier in meine Bienenkörbe! ⚜⚜Diefe jungen Herzen find alle fchon alt geworden, – und nicht alt einmal! nur müde, gemein, bequem: – fie heißen es „wir find wieder fromm geworden“. ⚜⚜ Noch jüngft fah ich fie in der Frühe auf tapferen Füßen hinauslaufen: aber ihre Füße der Erkenntniß wurden müde, und nun verleumden fie auch noch ihre Morgen-Tapferkeit! ⚜⚜Wahrlich, Mancher von ihnen hob einft die Beine wie ein Tänzer, ihm winkte das Lachen in meiner Weisheit: – da befann er fich. Eben fah ich ihn krumm – zum Kreuze kriechen. ⚜⚜ Um Licht und Freiheit flatterten fie

88

einst gleich Mücken und jungen Dichtern. Ein Wenig älter, ein Wenig kälter: und schon sind sie Dunkler und Munkler und Ofenhocker. Verzagte ihnen wohl das Herz darob, daß mich die Einsamkeit verschlang gleich einem Walfische? Lauschte ihr Ohr wohl sehnsüchtig-lange umsonst nach mir und meinen Trompeten- und Herolds-Rufen? — Ach! Immer sind ihrer nur Wenige, deren Herz einen langen Muth und Übermuth hat; und Solchen bleibt auch der Geist geduldsam. Der Rest aber ist feige. Der Rest: das sind immer die Allermeisten, der Alltag, der Überfluß, die Viel-zu-Vielen — diese Alle sind feige! — Wer meiner Art ist, dem werden auch die Erlebnisse meiner Art über den Weg laufen: also, daß seine ersten Gesellen Leichname und Possenreißer sein müssen. Seine zweiten Gesellen aber — die werden sich seine Gläubigen heißen: ein lebendiger Schwarm, viel Liebe, viel Thorheit, viel unbärtige Verehrung. An diese Gläubigen soll Der nicht sein Herz binden, wer meiner Art unter Menschen ist; an diese Lenze und bunten Wiesen soll Der nicht glauben, wer die flüchtig-feige Menschenart kennt! Könnten sie anders, so würden sie auch anders wollen. Halb- und Halbe verderben alles Ganze. Daß Blätter welk werden, — was ist da zu klagen! Laß sie fahren und fallen, oh Zarathustra, und klage nicht! Lieber noch blase mit raschelnden Winden unter sie, — — blase unter diese Blätter, oh Zarathustra: daß alles Welke schneller noch von dir davonlaufe! — 2. „Wir sind wieder fromm geworden" — so bekennen diese Abtrünnigen; und Manche von ihnen sind noch zu feige, also zu bekennen. Denen sehe ich in's Auge, — denen sage ich es in's Gesicht und in die Röthe ihrer Wangen: ihr seid Solche, welche wieder beten! Es ist aber eine Schmach, zu beten! Nicht für Alle, aber für dich und mich, und wer auch im Kopfe sein Gewissen hat. Für dich ist es eine Schmach, zu beten! Du weißt es wohl: dein feiger Teufel in dir, der gerne Hände-falten und Hände-in-den-Schooß-legen und es bequemer haben möchte: — dieser feige Teufel redet dir zu „es giebt einen Gott!" Damit aber gehörst du zur lichtscheuen Art, denen Licht nimmer Ruhe läßt; nun mußt du täglich deinen Kopf tiefer in Nacht und Dunst stecken! Und wahrlich, du wähltest die Stunde gut: denn eben wieder fliegen die Nachtvögel aus. Die Stunde kam allem lichtscheuen Volke, die Abend- und Feierstunde, wo es nicht — „feiert". Ich höre und rieche es: es kam ihre Stunde für Jagd und Umzug, nicht zwar für eine wilde Jagd, sondern für eine zahme lahme schnüffelnde Leisetreter- und Leisebeter-Jagd, — — für eine Jagd auf seelenvolle Duckmäuser: alle Herzens-Mausefallen sind jetzt wieder aufgestellt! Und wo ich einen Vorhang aufhebe, da kommt ein Nachtfalterchen herausgestürzt. Hockte es da wohl zusammen mit einem andern Nachtfalterchen? Denn überall rieche ich kleine verkrochne Gemeinden; und wo es Kämmerlein giebt, da giebt es neue Bet-Brüder drin und den Dunst von Bet-Brüdern. Sie sitzen lange Abende bei einander und sprechen: „lasset uns wieder werden wie die Kindlein und ‚lieber Gott' sagen!" — an Mund und Magen verdorben durch die frommen Zuckerbäcker. Oder sie sehen lange Abende einer listigen lauernden Kreuzspinne zu, welche den Spinnen selber Klugheit predigt und also lehrt: „unter Kreuzen ist gut spinnen!" Oder sie sitzen Tags über mit Angelruthen an Sümpfen und glauben sich tief damit; aber wer dort fischt, wo es keine Fische giebt, den heiße ich noch nicht einmal oberflächlich! Oder sie lernen fromm-froh die Harfe schlagen bei einem Lieder-Dichter, der sich gern jungen Weibchen in's Herz harfen möchte: — denn er wurde der alten Weibchen müde und ihres Lobpreisens. Oder sie lernen gruseln bei einem gelahrten Halb-Tollen, der in dunklen Zimmern wartet, daß ihm die Geister kommen —

89

und der Geift ganz davonläuft! ◓ Oder fie horchen einem alten umge-
triebnen Schnurr- und Knurrpfeifer zu, der trüben Winden die Trübfal der
Töne ablernte; nun pfeift er nach dem Winde und predigt in trüben Tönen
Trübfal. ◓ Und Einige von ihnen find fogar Nachtwächter geworden:
die verftehen jetzt in Hörner zu blafen und Nachts umherzugehn und alte
Sachen aufzuwecken, die lange fchon eingefchlafen find. ◓ Fünf Worte
von alten Sachen hörte ich geftern Nachts an der Garten-Mauer: die kamen
von folchen alten betrübten trocknen Nachtwächtern. ◓ „Für einen Vater
forgt er nicht genug um feine Kinder: Menfchen-Väter thun dieß beffer!" –
◓ „Er ift zu alt! Er forgt fchon gar nicht mehr um feine Kinder" – alfo antwortete der andre Nachtwächter. ◓ „Hat er denn Kinder? Niemand
kann's beweifen, wenn er's felber nicht beweift! Ich wollte längft, er bewiefe
es einmal gründlich." ◓ „Beweifen? Als ob Der je Etwas bewiefen hätte!
Beweifen fällt ihm fchwer; er hält große Stücke darauf, daß man ihm glaubt."
◓ „Ja! Ja! Der Glaube macht ihn felig, der Glaube an ihn. Das ift fo die
Art alter Leute! So geht's uns auch!" – ◓ – Alfo fprachen zu einander
die zwei alten Nachtwächter und Lichtfcheuchen, und tuteten darauf betrübt in ihre Hörner: fo gefchah's geftern Nachts an der Garten-Mauer. ◓
Mir aber wand fich das Herz vor Lachen und wollte brechen und wußte
nicht, wohin? und fank in's Zwerchfell. ◓ Wahrlich, das wird noch mein
Tod fein, daß ich vor Lachen erfticke, wenn ich Efel betrunken fehe und
Nachtwächter alfo an Gott zweifeln höre. ◓ Ift es denn nicht lange vorbei, auch für alle folche Zweifel? Wer darf noch folche alte eingefchlafne
lichtfcheue Sachen aufwecken! ◓ Mit den alten Göttern gieng es ja lange
fchon zu Ende: – und wahrlich, ein gutes fröhliches Götter-Ende hatten fie!
◓ Sie „dämmerten" fich nicht zu Tode, – das lügt man wohl! Vielmehr:
fie haben fich felber einmal zu Tode – gelacht! ◓ Das gefchah, als das
gottlofefte Wort von einem Gotte felber ausgieng, – das Wort: „Es ift Ein
Gott! Du follft keinen andern Gott haben neben mir!" – ◓ – ein alter
Grimm-Bart von Gott, ein eiferfüchtiger, vergaß fich alfo: – ◓ Und alle
Götter lachten damals und wackelten auf ihren Stühlen und riefen: „Ift das
nicht eben Göttlichkeit, daß es Götter, aber keinen Gott giebt?" ◓ Wer
Ohren hat, der höre. – ◓◓◓ ALSO REDETE ZARATHUSTRA
in der Stadt, die er liebte und welche zubenannt ift „die bunte Kuh". Von hier
nämlich hatte er nur noch zwei Tage zu gehen, daß er wieder in feine Höhle
käme und zu feinen Thieren; feine Seele aber frohlockte beftändig ob der
Nähe feiner Heimkehr. –

DIE HEIMKEHR ⊡⊡⊡⊡⊡⊡⊡⊡

OH Einfamkeit! Du meine Heimath Einfamkeit! Zu lange lebte ich wild
in wilder Fremde, als daß ich nicht mit Thränen zu dir heimkehrte!
◓ Nun drohe mir nur mit dem Finger, wie Mütter drohn, nun lächle mir
zu, wie Mütter lächeln, nun fprich nur: „Und wer war das, der wie ein Sturmwind einft von mir davonftürmte? – ◓ – der fcheidend rief: zu lange faß
ich bei der Einfamkeit, da verlernte ich das Schweigen! Das – lernteft du
nun wohl? ◓ Oh Zarathuftra, Alles weiß ich: und daß du unter den
Vielen verlaffener warft, du Einer, als je bei mir! ◓ Ein Anderes ift Ver-
laffenheit, ein Anderes Einfamkeit: Das – lernteft du nun! Und daß du unter
Menfchen immer wild und fremd fein wirft: ◓ – wild und fremd auch
noch, wenn fie dich lieben: denn zuerft von Allem wollen fie gefchont fein!
◓ Hier aber bift du bei dir zu Heim und Haufe; hier kannft du Alles hin-
ausreden und alle Gründe ausfchütten, Nichts fchämt fich hier verfteckter,
verftockter Gefühle. ◓ Hier kommen alle Dinge liebkofend zu deiner

Rede und schmeicheln dir: denn sie wollen auf deinem Rücken reiten. Auf jedem Gleichniß reitest du hier zu jeder Wahrheit. ✑✑ Aufrecht und aufrichtig darfst du hier zu allen Dingen reden: und wahrlich, wie Lob klingt es ihren Ohren, daß Einer mit allen Dingen – gerade redet! ✑✑ Ein Anderes aber ist Verlassensein. Denn, weißt du noch, oh Zarathustra? Als damals dein Vogel über dir schrie, als du im Walde standest, unschlüssig, wohin? unkundig, einem Leichnam nahe: – ✑✑ – als du sprachst: mögen mich meine Thiere führen! Gefährlicher fand ich's unter Menschen, als unter Thieren: – Das war Verlassenheit! ✑✑ Und weißt du noch, oh Zarathustra? Als du auf deiner Insel saßest, unter leeren Eimern ein Brunnen Weins, gebend und ausgebend, unter Durstigen schenkend und ausschenkend: – bis du endlich durstig allein unter Trunkenen saßest und nächtlich klagtest „ist Nehmen nicht seliger als Geben? Und Stehlen noch seliger als Nehmen?" – Das war Verlassenheit! ✑✑ Und weißt du noch, oh Zarathustra? Als deine stillste Stunde kam und dich von dir selber forttrieb, als sie mit bösem Flüstern sprach: „Sprich und zerbrich!" – ✑✑ – als sie dir all dein Warten und Schweigen leid machte und deinen demüthigen Muth entmuthigte: Das war Verlassenheit!" – ✑✑ Oh Einsamkeit! Du meine Heimath Einsamkeit! Wie selig und zärtlich redet deine Stimme zu mir! ✑✑ Wir fragen einander nicht, wir klagen einander nicht, wir gehen offen mit einander durch offne Thüren. ✑✑ Denn offen ist es bei dir und hell; und auch die Stunden laufen hier auf leichteren Füßen. Im Dunklen nämlich trägt man schwerer an der Zeit, als im Lichte. ✑✑ Hier springen mir alles Seins Worte und Wort-Schreine auf: alles Sein will hier Wort werden, alles Werden will hier von mir reden lernen. ✑✑ Da unten aber – da ist alles Reden umsonst! Da ist Vergessen und Vorübergehn die beste Weisheit: Das – lernte ich nun! ✑✑ Wer Alles bei den Menschen begreifen wollte, der müßte Alles angreifen. Aber dazu habe ich zu reinliche Hände. ✑✑ Ich mag schon ihren Athem nicht einathmen; ach, daß ich so lange unter ihrem Lärm und üblem Athem lebte! ✑✑ Oh selige Stille um mich! Oh reine Gerüche um mich! Oh wie aus tiefer Brust diese Stille reinen Athem holt! Oh wie sie horcht, diese selige Stille! ✑✑ Aber da unten – da redet Alles, da wird Alles überhört. Man mag seine Weisheit mit Glocken einläuten: die Krämer auf dem Markte werden sie mit Pfennigen überklingeln! ✑✑ Alles bei ihnen redet, Niemand weiß mehr zu verstehn. Alles fällt in's Wasser, Nichts fällt mehr in tiefe Brunnen. ✑✑ Alles bei ihnen redet, Nichts geräth mehr und kommt zu Ende. Alles gackert, aber wer will noch still auf dem Neste sitzen und Eier brüten? ✑✑ Alles bei ihnen redet, Alles wird zerredet. Und was gestern noch zu hart war für die Zeit selber und ihren Zahn: heute hängt es zerschabt und zernagt aus den Mäulern der Heutigen. ✑✑ Alles bei ihnen redet, Alles wird verrathen. Und was einst Geheimniß hieß und Heimlichkeit tiefer Seelen, heute gehört es den Gassen-Trompetern und andern Schmetterlingen. ✑✑ Oh Menschenwesen, du wunderliches! Du Lärm auf dunklen Gassen! Nun liegst du wieder hinter mir: – meine größte Gefahr liegt hinter mir! ✑✑ Im Schonen und Mitleiden lag immer meine größte Gefahr; und alles Menschenwesen will geschont und gelitten sein. ✑✑ Mit verhaltenen Wahrheiten, mit Narrenhand und vernarrtem Herzen und reich an kleinen Lügen des Mitleidens: – also lebte ich immer unter Menschen. ✑✑ Verkleidet saß ich unter ihnen, bereit, mich zu verkennen, daß ich sie ertrüge, und gern mir zuredend „du Narr, du kennst die Menschen nicht!" ✑✑ Man verlernt die Menschen, wenn man unter Menschen lebt: zu viel Vordergrund ist an allen Menschen, – was sollen da weitsichtige, weit-süchtige Augen! ✑✑ Und wenn sie mich verkannten: ich Narr schonte sie darob mehr als mich; gewohnt zur Härte gegen mich und oft noch an mir selber mich rächend für diese Schonung. ✑✑ Zerstochen von giftigen Fliegen und ausgehöhlt, dem Steine gleich, von vielen Tropfen Bosheit, so saß ich

unter ihnen und redete mir noch zu: „unschuldig ist alles Kleine an seiner Klein-
heit!" Sonderlich Die, welche sich „die Guten" heißen, fand ich als die
giftigsten Fliegen: sie stechen in aller Unschuld, sie lügen in aller Unschuld; wie
vermöchten sie, gegen mich – gerecht zu sein! Wer unter den Guten
lebt, den lehrt Mitleid lügen. Mitleid macht dumpfe Luft allen freien Seelen.
Die Dummheit der Guten nämlich ist unergründlich. Mich selber verbergen und meinen Reichthum – das lernte ich da unten: denn Jeden fand
ich noch arm am Geiste. Das war der Lug meines Mitleidens, daß ich bei
Jedem wußte, – daß ich Jedem es ansah und anroch, was ihm Geistes
genug und was ihm schon Geistes zuviel war! Ihre steifen Weisen: ich
hieß sie weise, nicht steif, – so lernte ich Worte verschlucken. Ihre Todtengräber: ich hieß sie Forscher und Prüfer, – so lernte ich Worte vertauschen.
Die Todtengräber graben sich Krankheiten an. Unter altem Schutte
ruhn schlimme Dünste. Man soll den Morast nicht aufrühren. Man soll auf Bergen leben. Mit seligen Nüstern athme ich wieder Berges-Freiheit! Erlöst
ist endlich meine Nase vom Geruch alles Menschenwesens! Von scharfen
Lüften gekitzelt, wie von schäumenden Weinen, niest meine Seele, – niest und
jubelt sich zu: Gesundheit!

ALSO SPRACH ZARATHUSTRA.

VON DEN DREI BÖSEN

IM Traum, im letzten Morgentraume stand ich heut auf einem Vorgebirge,
– jenseits der Welt, hielt eine Wage und wog die Welt. Oh daß zu
früh mir die Morgenröthe kam: die glühte mich wach, die Eifersüchtige! Eifersüchtig ist sie immer auf meine Morgentraum-Gluthen. Meßbar für Den,
der Zeit hat, wägbar für einen guten Wäger, erfliegbar für starke Fittige,
errathbar für göttliche Nüsseknacker: also fand mein Traum die Welt: –
Mein Traum, ein kühner Segler, halb Schiff, halb Windsbraut, gleich Schmetterlingen schweigsam, ungeduldig gleich Edelfalken: wie hatte er doch zum
Welt-Wägen heute Geduld und Weile! Sprach ihm heimlich wohl meine
Weisheit zu, meine lachende wache Tags-Weisheit, welche über alle „un-
endliche Welten" spottet? Denn sie spricht: „wo Kraft ist, wird auch die Zahl
Meisterin: die hat mehr Kraft". Wie sicher schaute mein Traum auf
diese endliche Welt, nicht neugierig, nicht altgierig, nicht fürchtend, nicht
bittend: – – als ob ein voller Apfel sich meiner Hand böte, ein reifer
Goldapfel, mit kühl-sanfter sammtener Haut: – so bot sich mir die Welt: –
– als ob ein Baum mir winke, ein breitästiger, starkwilliger, gekrümmt zur
Lehne und noch zum Fußbrett für den Wegmüden: so stand die Welt auf
meinem Vorgebirge: – – als ob zierliche Hände mir einen Schrein ent-
gegentrügen, – einen Schrein, offen für das Entzücken schamhafter verehren-
der Augen: also bot sich mir heute die Welt entgegen: – – nicht Räthsel genug, um Menschen-Liebe davon zu scheuchen, nicht Lösung genug,
um Menschen-Weisheit einzuschläfern: – ein menschlich gutes Ding war mir
heut die Welt, der man so Böses nachredet! Wie danke ich es meinem Morgentraum, daß ich also in der Frühe heut die Welt wog! Als ein
menschlich gutes Ding kam er zu mir, dieser Traum und Herzenströster!
Und daß ich's ihm gleich thue am Tage und sein Bestes ihm nach- und ab-
lerne: will ich jetzt die drei bösesten Dinge auf die Wage thun und menschlich gut abwägen. – Wer da segnen lehrte, der lehrte auch fluchen:
welches sind in der Welt die drei bestverfluchten Dinge? Diese will ich auf
die Wage thun. Wollust, Herrschsucht, Selbstsucht: diese Drei wurden
bisher am besten verflucht und am schlimmsten beleu- und belügenmun-

92

det, – diese Drei will ich menschlich gut abwägen. Wohlauf! Hier ist mein Vorgebirg, und da das Meer: das wälzt sich zu mir heran, zottelig, schmeichlerisch, das getreue alte hundertköpfige Hunds-Ungethüm, das ich liebe. Wohlauf! Hier will ich die Wage halten über gewälztem Meere: und auch einen Zeugen wähle ich, daß er zusehe, – dich, du Einsiedler-Baum, dich starkduftigen, breitgewölbten, den ich liebe! – Auf welcher Brücke geht zum Dereinst das Jetzt? Nach welchem Zwange zwingt das Hohe sich zum Niederen? Und was heißt auch das Höchste noch – hinaufwachsen? – Nun steht die Wage gleich und still: drei schwere Fragen warf ich hinein, drei schwere Antworten trägt die andre Wagschale. 2. Wollust: allen bußhemdigen Leib-Verächtern ihr Stachel und Pfahl, und als „Welt" verflucht bei allen Hinterweltlern: denn sie höhnt und narrt alle Wirr- und Irr-Lehrer. Wollust: dem Gesindel das langsame Feuer, auf dem es verbrannt wird; allem wurmichten Holze, allen stinkenden Lumpen der bereite Brunst- und Brodel-Ofen. Wollust: für die freien Herzen unschuldig und frei, das Garten-Glück der Erde, aller Zukunft Dankes-Überschwang an das Jetzt. Wollust: nur dem Welken ein süßlich Gift, für die Löwen-Willigen aber die große Herzstärkung, und der ehrfürchtig geschonte Wein der Weine. Wollust: das große Gleichniß-Glück für höheres Glück und höchste Hoffnung. Vielem nämlich ist Ehe verheißen und mehr als Ehe, – – Vielem, das fremder sich ist, als Mann und Weib: – und wer begriff es ganz, wie fremd sich Mann und Weib sind! Wollust: – doch ich will Zäune um meine Gedanken haben und auch noch um meine Worte: daß mir nicht in meine Gärten die Schweine und Schwärmer brechen! – Herrschsucht: die Glüh-Geißel der härtesten Herzensharten; die grause Marter, die sich dem Grausamsten selber aufspart; die düstre Flamme lebendiger Scheiterhaufen. Herrschsucht: die boshafte Bremse, die den eitelsten Völkern aufgesetzt wird; die Verhöhnerin aller ungewissen Tugend; die auf jedem Rosse und jedem Stolze reitet. Herrschsucht: das Erdbeben, das alles Morsche und Höhlichte bricht und aufbricht; die rollende grollende strafende Zerbrecherin übertünchter Gräber; das blitzende Fragezeichen neben vorzeitigen Antworten. Herrschsucht: vor deren Blick der Mensch kriecht und duckt und fröhnt und niedriger wird als Schlange und Schwein: – bis endlich die große Verachtung aus ihm aufschreit –, Herrschsucht: die furchtbare Lehrerin der großen Verachtung, welche Städten und Reichen in's Antlitz predigt „hinweg mit dir!" – bis es aus ihnen selber aufschreit „hinweg mit mir!" Herrschsucht: die aber lockend auch zu Reinen und Einsamen und hinauf zu selbstgenugsamen Höhen steigt, glühend gleich einer Liebe, welche purpurne Seligkeiten lockend an Erdenhimmel malt. Herrschsucht: doch wer hieße es Sucht, wenn das Hohe hinab nach Macht gelüstet! Wahrlich, nichts Siches und Süchtiges ist an solchem Gelüsten und Niedersteigen! Daß die einsame Höhe sich nicht ewig vereinsame und selbst begnüge; daß der Berg zu Thale komme, und die Winde der Höhe zu den Niederungen: – Oh wer fände den rechten Tauf- und Tugendnamen für solche Sehnsucht! „Schenkende Tugend" – so nannte das Unnennbare einst Zarathustra. Und damals geschah es auch – und wahrlich, es geschah zum ersten Male! –, daß sein Wort die Selbstsucht selig pries, die heile, gesunde Selbstsucht, die aus mächtiger Seele quillt: – – aus mächtiger Seele, zu welcher der hohe Leib gehört, der schöne, sieghafte, erquickliche, um den herum jedwedes Ding Spiegel wird: – der geschmeidige überredende Leib, der Tänzer, dessen Gleichniß und Auszug die selbst-lustige Seele ist. Solcher Leiber und Seelen Selbst-Lust heißt sich selber: „Tugend".

93

Mit ihren Worten von Gut und Schlecht schirmt sich solche Selbst-Lust wie mit heiligen Hainen; mit den Namen ihres Glücks bannt sie von sich alles Verächtliche. Von sich weg bannt sie alles Feige; sie spricht: Schlecht – das ist feige! Verächtlich dünkt ihr der immer Sorgende, Seufzende, Klägliche und wer auch die kleinsten Vortheile aufliest. Sie verachtet auch alle wehselige Weisheit: denn wahrlich, es giebt auch Weisheit, die im Dunklen blüht, eine Nachtschatten-Weisheit: als welche immer seufzt „Alles ist eitel!" Das scheue Mißtrauen gilt ihr gering, und Jeder, wer Schwüre statt Blicke und Hände will: auch alle allzu mißtrauische Weisheit, – denn solche ist feiger Seelen Art. Geringer noch gilt ihr der Schnell-Gefällige, der Hündische, der gleich auf dem Rücken liegt, der Demüthige; und auch Weisheit giebt es, die demüthig und hündisch und fromm und schnell-gefällig ist. Verhaßt ist ihr gar und ein Ekel, wer nie sich wehren will, wer giftigen Speichel und böse Blicke hinunterschluckt, der Allzu-Geduldige, Alles-Dulder, Allgenügsame: das nämlich ist die knechtische Art. Ob Einer vor Göttern und göttlichen Fußtritten knechtisch ist, ob vor Menschen und blöden Menschen-Meinungen: alle Knechts-Art speit sie an, diese selige Selbstsucht! Schlecht: so heißt sie Alles, was geknickt und knickerisch-knechtisch ist, unfreie Zwinker-Augen, gedrückte Herzen, und jene falsche nachgebende Art, welche mit breiten feigen Lippen küßt. Und After-Weisheit: so heißt sie Alles, was Knechte und Greise und Müde witzeln; und sonderlich die ganze schlimme aberwitzige, überwitzige Priester-Narrheit! Die After-Weisen aber, alle die Priester, Weltmüden, und wessen Seele von Weibs- und Knechtsart ist, – oh wie hat ihr Spiel von jeher der Selbstsucht übel mitgespielt! Und Das gerade sollte Tugend sein und Tugend heißen, daß man der Selbstsucht übel mitspiele! Und „selbstlos" – so wünschten sich selber mit gutem Grunde alle diese weltmüden Feiglinge und Kreuzspinnen! Aber denen Allen kommt nun der Tag, die Wandlung, das Richtschwert, der große Mittag: da soll Vieles offenbar werden! Und wer das Ich heil und heilig spricht und die Selbstsucht selig, wahrlich, der spricht auch, was er weiß, ein Weissager: „Siehe, er kommt, er ist nahe, der große Mittag!"

ALSO SPRACH ZARATHUSTRA.

VOM GEIST DER SCHWERE

MEIN Mundwerk – ist des Volks: zu grob und herzlich rede ich für die Seidenhasen. Und noch fremder klingt mein Wort allen Tinten-Fischen und Feder-Füchsen. Meine Hand – ist eine Narrenhand: wehe allen Tischen und Wänden, und was noch Platz hat für Narren-Zierath, Narren-Schmierath! Mein Fuß – ist ein Pferdefuß; damit trapple und trabe ich über Stock und Stein, kreuz- und quer-feld-ein, und bin des Teufels vor Lust bei allem schnellen Laufen. Mein Magen – ist wohl eines Adlers Magen? Denn er liebt am liebsten Lammfleisch. Gewißlich aber ist er eines Vogels Magen. Von unschuldigen Dingen genährt und von Wenigem, bereit und ungeduldig zu fliegen, davonzufliegen – das ist nun meine Art: wie sollte nicht Etwas daran von Vogel-Art sein! Und zumal, daß ich dem Geist der Schwere feind bin, das ist Vogel-Art: und wahrlich, todfeind, erzfeind, urfeind! Oh wohin flog und verflog sich nicht schon meine Feindschaft! Davon könnte ich schon ein Lied singen – – und will es singen: ob ich gleich allein in leerem Hause bin und es meinen eignen Ohren singen muß. Andre Sänger giebt es freilich, denen macht das volle Haus erst ihre Kehle weich, ihre Hand gesprächig, ihr Auge ausdrücklich, ihr Herz wach: – Denen gleiche ich nicht. –

2 ⟐⟐ Wer die Menſchen einſt fliegen lehrt, der hat alle Grenzſteine ver-
rückt; alle Grenzſteine ſelber werden ihm in die Luft fliegen, die Erde wird er
neu taufen – als „die Leichte". ⟐⟐ Der Vogel Strauß läuft ſchneller als das
ſchnellſte Pferd, aber auch er ſteckt noch den Kopf ſchwer in ſchwere Erde:
alſo der Menſch, der noch nicht fliegen kann. ⟐⟐ Schwer heißt ihm Erde und
Leben; und ſo will es der Geiſt der Schwere! Wer aber leicht werden will und
ein Vogel, der muß ſich ſelber lieben: – alſo lehre ich. ⟐⟐ Nicht freilich mit der
Liebe der Siechen und Süchtigen: denn bei denen ſtinkt auch die Eigenliebe!
⟐⟐ Man muß ſich ſelber lieben lernen – alſo lehre ich – mit einer heilen und
geſunden Liebe: daß man es bei ſich ſelber aushalte und nicht umherſchweife.
⟐⟐ Solches Umherſchweifen tauft ſich „Nächſtenliebe": mit dieſem Worte
iſt bisher am beſten gelogen und geheuchelt worden, und ſonderlich von Solchen, die aller Welt ſchwer fielen. ⟐⟐ Und wahrlich, das iſt kein Gebot für
Heute und Morgen, ſich lieben lernen. Vielmehr iſt von allen Künſten dieſe die
feinſte, liſtigſte, letzte und geduldſamſte. ⟐⟐ Für ſeinen Eigener iſt nämlich
alles Eigene gut verſteckt; und von allen Schatzgruben wird die eigne am
ſpäteſten ausgegraben, – alſo ſchafft es der Geiſt der Schwere. ⟐⟐ Faſt in
der Wiege giebt man uns ſchon ſchwere Worte und Werthe mit: „Gut" und
„Böſe" – ſo heißt ſich dieſe Mitgift. Um derentwillen vergiebt man uns, daß
wir leben. ⟐⟐ Und dazu läßt man die Kindlein zu ſich kommen, daß man
ihnen bei Zeiten wehre, ſich ſelber zu lieben: alſo ſchafft es der Geiſt der
Schwere. ⟐⟐ Und wir – wir ſchleppen treulich, was man uns mitgiebt, auf
harten Schultern und über rauhe Berge! Und ſchwitzen wir, ſo ſagt man uns:
„Ja, das Leben iſt ſchwer zu tragen!" ⟐⟐ Aber der Menſch nur iſt ſich ſchwer
zu tragen! Das macht, er ſchleppt zu vieles Fremde auf ſeinen Schultern.
Dem Kameele gleich kniet er nieder und läßt ſich gut aufladen. ⟐⟐ Sonderlich der ſtarke, tragſame Menſch, dem Ehrfurcht innewohnt: zu viele fremde
ſchwere Worte und Werthe lädt er auf ſich, – nun dünkt das Leben ihm eine
Wüſte! ⟐⟐ Und wahrlich! Auch manches Eigene iſt ſchwer zu tragen!
Und viel Inwendiges am Menſchen iſt der Auſter gleich, nämlich ekel und
ſchlüpfrig und ſchwer erfaßlich –, ⟐⟐ – alſo daß eine edle Schale mit edler
Zierath fürbitten muß. Aber auch dieſe Kunſt muß man lernen: Schale haben
und ſchönen Schein und kluge Blindheit! ⟐⟐ Abermals trügt über Manches
am Menſchen, daß manche Schale gering und traurig und zu ſehr Schale iſt.
Viel verborgene Güte und Kraft wird nie errathen; die köſtlichſten Lecker-
biſſen finden keine Schmecker! ⟐⟐ Die Frauen wiſſen das, die köſtlichſten:
ein Wenig fetter, ein Wenig magerer – oh wie viel Schickſal liegt in ſo Wenigem! ⟐⟐ Der Menſch iſt ſchwer zu entdecken und ſich ſelber noch am
ſchwerſten; oft lügt der Geiſt über die Seele. Alſo ſchafft es der Geiſt der
Schwere. ⟐⟐ Der aber hat ſich ſelber entdeckt, welcher ſpricht: Das iſt mein
Gutes und Böſes: damit hat er den Maulwurf und Zwerg ſtumm gemacht,
welcher ſpricht: „Allen gut, Allen bös." ⟐⟐ Wahrlich, ich mag auch Solche
nicht, denen jegliches Ding gut und dieſe Welt gar die beſte heißt. Solche
nenne ich die Allgenügſamen. ⟐⟐ Allgenügſamkeit, die Alles zu ſchmecken
weiß: das iſt nicht der beſte Geſchmack! Ich ehre die widerſpänſtigen wähle-
riſchen Zungen und Mägen, welche „Ich" und „Ja" und „Nein" ſagen lernten.
⟐⟐ Alles aber kauen und verdauen – das iſt eine rechte Schweine-Art!
Immer I-A ſagen – das lernte allein der Eſel, und wer ſeines Geiſtes iſt! – ⟐⟐
Das tiefe Gelb und das heiße Roth: ſo will es mein Geſchmack, – der miſcht
Blut zu allen Farben. Wer aber ſein Haus weiß tüncht, der verräth mir eine
weißgetünchte Seele. ⟐⟐ In Mumien verliebt die Einen, die Andern in Geſpenſter; und Beide gleich feind allem Fleiſch und Blute – oh wie gehen Beide
mir wider den Geſchmack! Denn ich liebe Blut. ⟐⟐ Und dort will ich nicht
wohnen und weilen, wo Jedermann ſpuckt und ſpeit: das iſt nun mein Geſchmack, – lieber noch lebte ich unter Dieben und Meineidigen. Niemand

trägt Gold im Munde. Widriger aber find mir noch alle Speichellecker; und das widrigfte Thier von Menfch, das ich fand, das taufte ich Schmaroßer: das wollte nicht lieben und doch von Liebe leben. Unfelig heiße ich Alle, die nur Eine Wahl haben: böfe Thiere zu werden oder böfe Thierbändiger: bei Solchen würde ich mir keine Hütten bauen. Unfelig heiße ich auch Die, welche immer warten müffen, – die gehen mir wider den Gefchmack: alle die Zöllner und Krämer und Könige und andren Länder- und Ladenhüter. Wahrlich, ich lernte das Warten auch und von Grund aus, – aber nur das Warten auf mich. Und über Allem lernte ich ftehn und gehn und laufen und fpringen und klettern und tanzen. Das ift aber meine Lehre: wer einft fliegen lernen will, der muß erft ftehn und gehn und laufen und klettern und tanzen lernen: – man erfliegt das Fliegen nicht! Mit Strickleitern lernte ich manches Fenfter erklettern, mit hurtigen Beinen klomm ich auf hohe Maften: auf hohen Maften der Erkenntniß fißen dünkte mich keine geringe Seligkeit, – – gleich kleinen Flammen flackern auf hohen Maften: ein kleines Licht zwar, aber doch ein großer Troft für verfchlagene Schiffer und Schiffbrüchige! Auf vielerlei Weg und Weife kam ich zu meiner Wahrheit: nicht auf Einer Leiter ftieg ich zur Höhe, wo mein Auge in meine Ferne fchweift. Und ungern nur fragte ich ftets nach Wegen, – das gieng mir immer wider den Gefchmack! Lieber fragte und verfuchte ich die Wege felber. Ein Verfuchen und Fragen war all mein Gehen: – und wahrlich, auch antworten muß man lernen auf folches Fragen! Das aber – ift mein Gefchmack: – kein guter, kein fchlechter, aber mein Gefchmack, deffen ich weder Scham noch Hehl mehr habe. „Das – ift nun mein Weg, – wo ift der eure?" fo antwortete ich Denen, welche mich „nach dem Wege" fragten. Den Weg nämlich – den giebt es nicht!

ALSO SPRACH ZARATHUSTRA.

VON ALTEN UND NEUEN TAFELN

HIER fiße ich und warte, alte zerbrochene Tafeln um mich und auch neue halb befchriebene Tafeln. Wann kommt meine Stunde? – die Stunde meines Niederganges, Unterganges: denn noch Ein Mal will ich zu den Menfchen gehn. Deß warte ich nun: denn erft müffen mir die Zeichen kommen, daß es meine Stunde fei, – nämlich der lachende Löwe mit dem Taubenfchwarme. Inzwifchen rede ich als Einer, der Zeit hat, zu mir felber. Niemand erzählt mir Neues: fo erzähle ich mir mich felber. –

2 Als ich zu den Menfchen kam, da fand ich fie fißen auf einem alten Dünkel: Alle dünkten fich lange fchon zu wiffen, was dem Menfchen gut und böfe fei. Eine alte müde Sache dünkte ihnen alles Reden von Tugend; und wer gut fchlafen wollte, der fprach vor Schlafengehen noch von „Gut" und „Böfe". Diefe Schläferei ftörte ich auf, als ich lehrte: was gut und böfe ift, das weiß noch Niemand: – es fei denn der Schaffende! – Das aber ift Der, welcher des Menfchen Ziel fchafft und der Erde ihren Sinn giebt und ihre Zukunft: Diefer erft fchafft es, daß Etwas gut und böfe ift. Und ich hieß fie ihre alten Lehr-Stühle umwerfen, und wo nur jener alte Dünkel gefeffen hatte; ich hieß fie lachen über ihre großen Tugend-Meifter und Heiligen und Dichter und Welt-Erlöfer. Über ihre düfteren Weifen hieß ich fie lachen, und wer je als fchwarze Vogelfcheuche warnend auf dem Baume des Lebens gefeffen hatte. An ihre große Gräberftraße feßte ich mich und felber zu Aas und Geiern – und ich lachte über all ihr Einft und feine mürbe verfallende Herrlichkeit. Wahrlich, gleich Bußpredigern und

Narrn fchrie ich Zorn und Zeter über all ihr Großes und Kleines, – daß ihr Beftes fo gar klein ift! Daß ihr Böfeftes fo gar klein ift! – alfo lachte ich. 🐍 Meine weife Sehnfucht fchrie und lachte alfo aus mir, die auf Bergen geboren ift, eine wilde Weisheit wahrlich! – meine große flügelbraufende Sehnfucht. 🐍 Und oft riß fie mich fort und hinauf und hinweg und mitten im Lachen: da flog ich wohl fchaudernd, ein Pfeil, durch fonnentrunkenes Entzücken: 🐍 – hinaus in ferne Zukünfte, die kein Traum noch fah, in heißere Süden, als je fich Bildner träumten: dorthin, wo Götter tanzend fich aller Kleider fchämen: – 🐍 – daß ich nämlich in Gleichniffen rede, und gleich Dichtern hinke und ftammle: und wahrlich, ich fchäme mich, daß ich noch Dichter fein muß! – 🐍 Wo alles Werden mich Götter-Tanz und Götter-Muthwillen dünkte, und die Welt los- und ausgelaffen und zu fich felber zurückfliehend:– 🐍 – als ein ewiges Sich-fliehn und -Wiederfuchen vieler Götter, als das felige Sich-Widerfprechen, Sich-Wieder-hören, Sich-Wieder-Zugehören vieler Götter:– 🐍 Wo alle Zeit mich ein feliger Hohn auf Augenblicke dünkte, wo die Nothwendigkeit die Freiheit felber war, die felig mit dem Stachel der Freiheit fpielte: – 🐍 Wo ich auch meinen alten Teufel und Erzfeind wiederfand, den Geift der Schwere, und Alles, was er fchuf: Zwang, Satzung, Noth und Folge und Zweck und Wille und Gut und Böfe: – 🐍 Denn muß nicht dafein, über das getanzt, hinweggetanzt werde? Müffen nicht um der Leichten, Leichteften willen – Maulwürfe und fchwere Zwerge dafein? –

3 🐍🐍 Dort war's auch, wo ich das Wort „Übermenfch" vom Wege auflas, und daß der Menfch Etwas fei, das überwunden werden müffe, 🐍 – daß der Menfch eine Brücke fei und kein Zweck: fich felig preifend ob feines Mittags und Abends, als Weg zu neuen Morgenröthen: 🐍 – das Zarathuftra-Wort vom großen Mittage, und was fonft ich über den Menfchen aufhängte, gleich purpurnen zweiten Abendröthen. 🐍 Wahrlich, auch neue Sterne ließ ich fie fehn fammt neuen Nächten; und über Wolken und Tag und Nacht fpannte ich noch das Lachen aus wie ein buntes Gezelt. 🐍 Ich lehrte fie all mein Dichten und Trachten: in Eins zu dichten und zufammen zu tragen, was Bruchftück ift am Menfchen und Räthfel und graufer Zufall, – 🐍 – als Dichter, Räthfelrather und Erlöfer des Zufalls lehrte ich fie an der Zukunft fchaffen, und Alles, das war –, fchaffend zu erlöfen. 🐍 Das Vergangne am Menfchen zu erlöfen und alles „Es war" umzufchaffen, bis der Wille fpricht: „Aber fo wollte ich es! So werde ich's wollen –" 🐍 – dieß hieß ich ihnen Erlöfung, dieß allein lehrte ich fie Erlöfung heißen. –– 🐍 Nun warte ich meiner Erlöfung –, daß ich zum letzten Male zu ihnen gehe. 🐍 Denn noch Ein Mal will ich zu den Menfchen: unter ihnen will ich untergehen, fterbend will ich ihnen meine reichfte Gabe geben! 🐍 Der Sonne lernte ich das ab, wenn fie hinabgeht, die Überreiche: Gold fchüttet fie da in's Meer aus unerfchöpflichem Reichthume, – 🐍 – alfo, daß der ärmfte Fifcher noch mit goldenem Ruder rudert! Dieß nämlich fah ich einft und wurde der Thränen nicht fatt im Zufchauen. –– 🐍 Der Sonne gleich will auch Zarathuftra untergehn: nun fitzt er hier und wartet, alte zerbrochne Tafeln um fich und auch neue Tafeln, – halbbefchriebene.

4 🐍🐍 Siehe, hier ift eine neue Tafel: aber wo find meine Brüder, die fie mit mir zu Thale und in fleifcherne Herzen tragen? – 🐍 Alfo heifcht es meine große Liebe zu den Fernften: fchone deinen Nächften nicht! Der Menfch ift Etwas, das überwunden werden muß. 🐍 Es giebt vielerlei Weg und Weife der Überwindung: da fiehe du zu! Aber nur ein Poffenreißer denkt: „der Menfch kann auch überfprungen werden." 🐍 Überwinde dich felber noch in deinem Nächften: und ein Recht, daß du dir rauben kannft, follft du dir nicht geben laffen! 🐍 Was du thuft, das kann dir Keiner wie-

der thun. Siehe, es giebt keine Vergeltung. ❧❧ Wer sich nicht befehlen kann, der soll gehorchen. Und Mancher kann sich befehlen, aber da fehlt noch Viel, daß er sich auch gehorche!

5 ❧❧❧ Also will es die Art edler Seelen: sie wollen Nichts umsonst haben, am wenigsten das Leben. ❧❧ Wer vom Pöbel ist, der will umsonst leben; wir Anderen aber, denen das Leben sich gab, — wir sinnen immer darüber, was wir am besten dagegen geben! ❧❧ Und wahrlich, dieß ist eine vornehme Rede, welche spricht: „was uns das Leben verspricht, das wollen wir – dem Leben halten!" ❧❧ Man soll nicht genießen wollen, wo man nicht zu genießen giebt. Und – man soll nicht genießen wollen! ❧❧ Genuß und Unschuld nämlich sind die schamhaftesten Dinge: Beide wollen nicht gesucht sein. Man soll sie haben –, aber man soll eher noch nach Schuld und Schmerzen suchen! –

6 ❧❧❧ Oh meine Brüder, wer ein Erstling ist, der wird immer geopfert. Nun aber sind wir Erstlinge. ❧❧ Wir bluten Alle an geheimen Opfertischen, wir brennen und braten Alle zu Ehren alter Götzenbilder. ❧❧ Unser Bestes ist noch jung: das reizt alte Gaumen. Unser Fleisch ist zart, unser Fell ist nur ein Lamm-Fell: – wie sollten wir nicht alte Götzenpriester reizen! ❧❧ In uns selber wohnt er noch, der alte Götzenpriester, der unser Bestes sich zum Schmause brät. Ach, meine Brüder, wie sollten Erstlinge nicht Opfer sein! ❧❧ Aber so will es unsre Art; und ich liebe Die, welche sich nicht bewahren wollen. Die Untergehenden liebe ich mit meiner ganzen Liebe: denn sie gehn hinüber. –

7 ❧❧❧ Wahr sein – das können Wenige! Und wer es kann, der will es noch nicht! Am wenigsten aber können es die Guten. ❧❧ Oh diese Guten! – Gute Menschen reden nie die Wahrheit; für den Geist ist solchermaßen gut sein eine Krankheit. ❧❧ Sie geben nach, diese Guten, sie ergeben sich, ihr Herz spricht nach, ihr Grund gehorcht: wer aber gehorcht, der hört sich selber nicht! ❧❧ Alles, was den Guten böse heißt, muß zusammen kommen, daß Eine Wahrheit geboren werde: oh meine Brüder, seid ihr auch böse genug zu dieser Wahrheit? ❧❧ Das verwegene Wagen, das lange Mißtrauen, das grausame Nein, der Überdruß, das Schneiden in's Lebendige – wie selten kommt Das zusammen! Aus solchem Samen aber wird – Wahrheit gezeugt! ❧❧ Neben dem bösen Gewissen wuchs bisher alles Wissen! Zerbrecht, zerbrecht mir, ihr Erkennenden, die alten Tafeln!

8 ❧❧❧ Wenn das Wasser Balken hat, wenn Stege und Geländer über den Fluß springen: wahrlich, da findet Keiner Glauben, der da spricht: „Alles ist im Fluß". ❧❧ Sondern selber die Tölpel widersprechen ihm. „Wie? sagen die Tölpel, Alles wäre im Flusse? Balken und Geländer sind doch über dem Flusse!" ❧❧ „Über dem Flusse ist Alles fest, alle die Werthe der Dinge, die Brücken, Begriffe, alles „Gut" und „Böse": das ist Alles fest!" – ❧❧ Kommt gar der harte Winter, der Fluß-Thierbändiger: dann lernen auch die Witzigsten Mißtrauen; und, wahrlich, nicht nur die Tölpel sprechen dann: „Sollte nicht Alles – stille stehn?" ❧❧ „Im Grunde steht Alles stille" –, das ist eine rechte Winter-Lehre, ein gut Ding für unfruchtbare Zeit, ein guter Trost für Winterschläfer und Ofenhocker. ❧❧ „Im Grund steht Alles still" –: dagegen aber predigt der Thauwind! ❧❧ Der Thauwind, ein Stier, der kein pflügender Stier ist, – ein wüthender Stier, ein Zerstörer, der mit zornigen Hörnern Eis bricht! Eis aber – – bricht Stege! ❧❧ Oh meine Brüder, ist jetzt nicht Alles im Flusse? Sind nicht alle Geländer und Stege in's Wasser gefallen? Wer hielte sich noch an „Gut" und „Böse"? ❧❧ „Wehe uns! Heil uns! Der Thauwind weht!" – Also predigt mir, oh meine Brüder, durch alle Gassen!

98

9 🔹🔹 Es giebt einen alten Wahn, der heißt Gut und Böse. Um Wahrsager und Sterndeuter drehte sich bisher das Rad dieses Wahns. 🔹🔹 Einst glaubte man an Wahrsager und Sterndeuter: und darum glaubte man „Alles ist Schicksal: du sollst, denn du mußt!" 🔹🔹 Dann wieder mißtraute man allen Wahrsagern und Sterndeutern: und darum glaubte man „Alles ist Freiheit: du kannst, denn du willst!" 🔹🔹 Oh meine Brüder, über Sterne und Zukunft ist bisher nur gewähnt, nicht gewußt worden: und darum ist über Gut und Böse bisher nur gewähnt, nicht gewußt worden!

10 🔹🔹 „Du sollst nicht rauben! Du sollst nicht todtschlagen!" – solche Worte hieß man einst heilig; vor ihnen beugte man Knie und Köpfe und zog die Schuhe aus. 🔹🔹 Aber ich frage euch: wo gab es je bessere Räuber und Todtschläger in der Welt, als es solche heilige Worte waren? 🔹🔹 Ist in allem Leben selber nicht – Rauben und Todtschlagen? Und daß solche Worte heilig hießen, wurde damit die Wahrheit selber nicht – todtgeschlagen? 🔹🔹 Oder war es eine Predigt des Todes, daß heilig hieß, was allem Leben widersprach und widerrieth? – Oh meine Brüder, zerbrecht, zerbrecht mir die alten Tafeln!

11 🔹🔹 Dieß ist mein Mitleid mit allem Vergangenen, daß ich sehe: es ist preisgegeben, – 🔹🔹 – der Gnade, dem Geiste, dem Wahnsinne jedes Geschlechtes preisgegeben, das kommt und Alles, was war, zu seiner Brücke umdeutet! 🔹🔹 Ein großer Gewalt-Herr könnte kommen, ein gewitzter Unhold, der mit seiner Gnade und Ungnade alles Vergangene zwänge und zwängte: bis es ihm Brücke würde und Vorzeichen und Herold und Hahnenschrei. 🔹🔹 Dieß aber ist die andre Gefahr und mein andres Mitleiden: – wer vom Pöbel ist, dessen Gedenken geht zurück bis zum Großvater, – mit dem Großvater aber hört die Zeit auf. 🔹🔹 Also ist alles Vergangene preisgegeben: denn es könnte einmal kommen, daß der Pöbel Herr würde, und in seichten Gewässern alle Zeit ertränke. 🔹🔹 Darum, oh meine Brüder, bedarf es eines neuen Adels, der allem Pöbel und allem Gewalt-Herrischen Widersacher ist und auf neue Tafeln neu das Wort schreibt „edel". 🔹🔹 Vieler Edlen nämlich bedarf es und vielerlei Edlen, daß es Adel gebe! Oder, wie ich einst im Gleichniß sprach: „Das eben ist Göttlichkeit, daß es Götter, aber keinen Gott giebt!"

12 🔹🔹 Oh meine Brüder, ich weihe und weise euch zu einem neuen Adel: ihr sollt mir Zeuger und Züchter werden und Säemänner der Zukunft, – 🔹🔹 – wahrlich, nicht zu einem Adel, den ihr kaufen könntet gleich den Krämern und mit Krämer-Golde: denn wenig Werth hat Alles, was seinen Preis hat. 🔹🔹 Nicht, woher ihr kommt, mache euch fürderhin eure Ehre, sondern wohin ihr geht! Euer Wille und euer Fuß, der über euch selber hinaus will, – das mache eure neue Ehre! 🔹🔹 Wahrlich nicht, daß ihr einem Fürsten gedient habt – was liegt noch an Fürsten! – oder dem, was steht, zum Bollwerk wurdet, daß es fester stünde! 🔹🔹 Nicht, daß euer Geschlecht an Höfen höfisch wurde, und ihr lerntet, bunt, einem Flamingo ähnlich, lange Stunden in flachen Teichen stehn: 🔹🔹 – denn Stehen-können ist ein Verdienst bei Höflingen; und alle Höflinge glauben, zur Seligkeit nach dem Tode gehöre – Sitzen-dürfen! – 🔹🔹 Nicht auch, daß ein Geist, den sie heilig nennen, eure Vorfahren in gelobte Länder führte, die ich nicht lobe: denn wo der schlimmste aller Bäume wuchs, das Kreuz, – an dem Lande ist Nichts zu loben! – 🔹🔹 – und wahrlich, wohin dieser „heilige Geist" auch seine Ritter führte, immer liefen bei solchen Zügen – Ziegen und Gänse und Kreuz- und Querköpfe voran! – 🔹🔹 Oh meine Brüder, nicht zurück soll euer Adel schauen, sondern hinaus! Vertriebene sollt ihr sein aus allen Vater- und Urväterlän-

dern! Eurer Kinder Land follt ihr lieben: diese Liebe sei euer neuer Adel, – das unentdeckte, im fernsten Meere! Nach ihm heiße ich eure Segel suchen und suchen! An euren Kindern sollt ihr gut machen, daß ihr eurer Väter Kinder seid: alles Vergangene sollt ihr so erlösen! Diese neue Tafel stelle ich über euch!

13 „Wozu leben? Alles ist eitel! Leben – das ist Stroh dreschen; Leben – das ist sich verbrennen und doch nicht warm werden." – Solch alterthümliches Geschwätz gilt immer noch als „Weisheit"; daß es aber alt ist und dumpfig riecht, darum wird es besser geehrt. Auch der Moder adelt. – Kinder durften so reden: die scheuen das Feuer, weil es sie brannte! Es ist viel Kinderei in den alten Büchern der Weisheit. Und wer immer „Stroh drischt", wie sollte der auf das Dreschen lästern dürfen! Solchem Narren müßte man doch das Maul verbinden! Solche setzen sich zu Tisch und bringen Nichts mit, selbst den guten Hunger nicht: – und nun lästern sie „Alles ist eitel!" Aber gut essen und trinken, oh meine Brüder, ist wahrlich keine eitle Kunst! Zerbrecht, zerbrecht mir die Tafeln der Nimmer-Frohen!

14 „Dem Reinen ist Alles rein" – so spricht das Volk. Ich aber sage euch: den Schweinen wird Alles Schwein! Darum predigen die Schwärmer und Kopfhänger, denen auch das Herz niederhängt: „die Welt selber ist ein kothiges Ungeheuer". Denn diese Alle sind unsäuberlichen Geistes; sonderlich aber Jene, welche nicht Ruhe noch Rast haben, es sei denn, sie sehen die Welt von hinten, – die Hinterweltler! Denen sage ich in's Gesicht, ob es gleich nicht lieblich klingt: die Welt gleicht darin dem Menschen, daß sie einen Hintern hat, – so Viel ist wahr! Es giebt in der Welt viel Koth: so Viel ist wahr! Aber darum ist die Welt selber noch kein kothiges Ungeheuer! Es ist Weisheit darin, daß Vieles in der Welt übel riecht: der Ekel selber schafft Flügel und quellenahnende Kräfte! An dem Besten ist noch Etwas zum Ekeln; und der Beste ist noch Etwas, das überwunden werden muß! – Oh meine Brüder, es ist viel Weisheit darin, daß viel Koth in der Welt ist! –

15 Solche Sprüche hörte ich fromme Hinterweltler zu ihrem Gewissen reden, und wahrlich, ohne Arg und Falsch, – ob es schon nichts Falscheres in der Welt giebt, noch Ärgeres. „Laß doch die Welt die Welt sein! Hebe dawider auch nicht Einen Finger auf!" „Laß, wer da wolle, die Leute würgen und stechen und schinden und schaben: hebe dawider auch nicht Einen Finger auf! Darob lernen sie noch der Welt absagen." „Und deine eigne Vernunft – die sollst du selber görgeln und würgen; denn es ist eine Vernunft von dieser Welt, – darob lernst du selber der Welt absagen." – – Zerbrecht, zerbrecht mir, oh meine Brüder, diese alten Tafeln der Frommen! Zersprecht mir die Sprüche der Welt-Verleumder!

16 „Wer viel lernt, der verlernt alles heftige Begehren" – das flüstert man heute sich zu auf allen dunklen Gassen. „Weisheit macht müde, es lohnt sich – Nichts; du sollst nicht begehren!" – diese neue Tafel fand ich hängen selbst auf offnen Märkten. Zerbrecht mir, oh meine Brüder, zerbrecht mir auch diese neue Tafel! Die Welt-Müden hängten sie hin und die Prediger des Todes, und auch die Stockmeister: denn seht, es ist auch eine Predigt zur Knechtschaft! – Daß sie schlecht lernten und das Beste nicht, und Alles zu früh und Alles zu geschwind: daß sie schlecht aßen, daher kam ihnen jener verdorbene Magen, – – ein verdorbener Magen ist nämlich ihr Geist: der räth zum Tode! Denn wahrlich, meine Brüder, der Geist ist ein Magen! Das Leben ist ein Born der Lust: aber aus wem der ver-

dorbene Magen redet, der Vater der Trübſal, dem ſind alle Quellen vergiftet. Erkennen: das iſt Luſt dem Löwen-willigen! Aber wer müde wurde, der wird ſelber nur „gewollt", mit dem ſpielen alle Wellen. Und ſo iſt es immer ſchwacher Menſchen Art: ſie verlieren ſich auf ihren Wegen. Und zuletzt fragt noch ihre Müdigkeit: „wozu giengen wir jemals Wege! Es iſt Alles gleich!" Denen klingt es lieblich zu Ohren, daß gepredigt wird: „Es verlohnt ſich Nichts! Ihr ſollt nicht wollen!" Dieß aber iſt eine Predigt zur Knechtſchaft. Oh meine Brüder, ein friſcher Brauſe-Wind kommt Zarathuſtra allen Weg-Müden; viele Naſen wird er noch nieſen machen! Auch durch Mauern bläſt mein freier Athem, und hinein in Gefängniſſe und eingefangne Geiſter! Wollen befreit: denn Wollen iſt Schaffen: ſo lehre ich. Und nur zum Schaffen ſollt ihr lernen! Und auch das Lernen ſollt ihr erſt von mir lernen, das Gut-Lernen! — Wer Ohren hat, der höre!

17 Da ſteht der Nachen, — dort hinüber geht es vielleicht in's große Nichts. — Aber wer will in dieß „Vielleicht" einſteigen? Niemand von euch will in den Todes-Nachen einſteigen! Wieſo wollt ihr dann Welt-Müde ſein! Weltmüde! Und noch nicht einmal Erd-Entrückte wurdet ihr! Lüſtern fand ich euch immer noch nach Erde, verliebt noch in die eigne Erd-Müdigkeit! Nicht umſonſt hängt euch die Lippe herab: — ein kleiner Erden-Wunſch ſitzt noch darauf! Und im Auge — ſchwimmt da nicht ein Wölkchen unvergeßner Erden-Luſt? Es giebt auf Erden viel gute Erfindungen, die einen nützlich, die andern angenehm: derentwegen iſt die Erde zu lieben. Und mancherlei ſo gut Erfundenes giebt es da, daß es iſt wie des Weibes Buſen: nützlich zugleich und angenehm. Ihr Welt-Müden aber! Ihr Erden-Faulen! Euch ſoll man mit Ruthen ſtreichen! Mit Ruthen-ſtreichen ſoll man euch wieder muntre Beine machen. Denn: ſeid ihr nicht Kranke und verlebte Wichte, deren die Erde müde iſt, ſo ſeid ihr ſchlaue Faulthiere oder naſchhafte verkrochene Luſt-Katzen. Und wollt ihr nicht wieder luſtig laufen, ſo ſollt ihr — dahinfahren! An Unheilbaren ſoll man nicht Arzt ſein wollen: alſo lehrt es Zarathuſtra: — ſo ſollt ihr dahinfahren! Aber es gehört mehr Muth dazu, ein Ende zu machen, als einen neuen Vers: das wiſſen alle Ärzte und Dichter. —

18 Oh meine Brüder, es giebt Tafeln, welche die Ermüdung, und Tafeln, welche die Faulheit ſchuf, die faulige: ob ſie ſchon gleich reden, ſo wollen ſie doch ungleich gehört ſein. — Seht hier dieſen Verſchmachtenden! Nur eine Spanne weit iſt er noch von ſeinem Ziele, aber vor Müdigkeit hat er ſich trotzig hier in den Staub gelegt: dieſer Tapfere! Vor Müdigkeit gähnt er Weg und Erde und Ziel und ſich ſelber an: keinen Schritt will er noch weiter thun, — dieſer Tapfere! Nun glüht die Sonne auf ihn, und die Hunde lecken nach ſeinem Schweiße: aber er liegt da in ſeinem Trotze und will lieber verſchmachten: — eine Spanne weit von ſeinem Ziele verſchmachten! Wahrlich, ihr werdet ihn noch an den Haaren in ſeinen Himmel ziehen müſſen, — dieſen Helden! Beſſer noch, ihr laßt ihn liegen, wohin er ſich gelegt hat, daß der Schlaf ihm komme, der Tröſter, mit kühlendem Rauſche Regen: Laßt ihn liegen, bis er von ſelber wach wird, — bis er von ſelber alle Müdigkeit widerruft und was Müdigkeit aus ihm lehrte! Nur, meine Brüder, daß ihr die Hunde von ihm ſcheucht, die faulen Schleicher, und all das ſchwärmende Geſchmeiß: — — all das ſchwärmende Geſchmeiß der „Gebildeten", das ſich am Schweiße jedes Helden — gütlich thut! —

19 Ich ſchließe Kreiſe um mich und heilige Grenzen; immer Wenigere ſteigen mit mir auf immer höhere Berge: ich baue ein Gebirge aus immer

101

heiligeren Bergen. — Wohin ihr aber auch mit mir ſteigen mögt, oh meine Brüder: ſeht zu, daß nicht ein Schmarotzer mit euch ſteige! Schmarotzer: das iſt ein Gewürm, ein kriechendes, geſchmiegtes, das fett werden will an euren kranken wunden Winkeln. Und das iſt ſeine Kunſt, daß er ſteigende Seelen erräth, wo ſie müde ſind: in euren Gram und Unmuth, in eure zarte Scham baut er ſein ekles Neſt. Wo der Starke ſchwach, der Edle allzumild iſt, — dahinein baut er ſein ekles Neſt: der Schmarotzer wohnt, wo der Große kleine wunde Winkel hat. Was iſt die höchſte Art alles Seienden und was die geringſte? Der Schmarotzer iſt die geringſte Art; wer aber höchſter Art iſt, der ernährt die meiſten Schmarotzer. Die Seele nämlich, welche die längſte Leiter hat und am tiefſten hinunter kann: wie ſollten nicht an der die meiſten Schmarotzer ſitzen? — — die umfänglichſte Seele, welche am weiteſten in ſich laufen und irren und ſchweifen kann; die nothwendigſte, welche ſich aus Luſt in den Zufall ſtürzt: — — die ſeiende Seele, welche in's Werden taucht; die habende, welche in's Wollen und Verlangen will: — — die ſich ſelber fliehende, die ſich ſelber im weiteſten Kreiſe einholt; die weiſeſte Seele, welcher die Narrheit am ſüßeſten zuredet: — — die ſich ſelber liebendſte, in der alle Dinge ihr Strömen und Widerſtrömen und Ebbe und Fluth haben: — oh wie ſollte die höchſte Seele nicht die ſchlimmſten Schmarotzer haben?

20 Oh meine Brüder, bin ich denn grauſam? Aber ich ſage: was fällt, das ſoll man auch noch ſtoßen! Das Alles von Heute — das fällt, das verfällt: wer wollte es halten! Aber ich — ich will es noch ſtoßen! Kennt ihr die Wolluſt, die Steine in ſteile Tiefen rollt? — Dieſe Menſchen von Heute: ſeht ſie doch, wie ſie in meine Tiefen rollen! Ein Vorſpiel bin ich beſſerer Spieler, oh meine Brüder! Ein Beiſpiel! Thut nach meinem Beiſpiele! Und wen ihr nicht fliegen lehrt, den lehrt mir — ſchneller fallen! —

21 Ich liebe die Tapferen: aber es iſt nicht genug, Hau-Degen ſein, — man muß auch wiſſen Hau-ſchau-Wen! Und oft iſt mehr Tapferkeit darin, daß Einer an ſich hält und vorübergeht: damit er ſich dem würdigeren Feinde aufſpare! Ihr ſollt nur Feinde haben, die zu haſſen ſind, aber nicht Feinde zum Verachten: ihr müßt ſtolz auf euren Feind ſein: alſo lehrte ich ſchon Ein Mal. Dem würdigeren Feinde, oh meine Freunde, ſollt ihr euch aufſparen: darum müßt ihr an Vielem vorübergehn, — — ſonderlich an vielem Geſindel, das euch in die Ohren lärmt von Volk und Völkern. Haltet euer Auge rein von ihrem Für und Wider! Da giebt es viel Recht, viel Unrecht: wer da zuſieht, wird zornig. Dreinſchaun, dreinhaun — das iſt da Eins: darum geht weg in die Wälder und legt euer Schwert ſchlafen! Geht eure Wege! Und laßt Volk und Völker die ihren gehn! — dunkle Wege wahrlich, auf denen auch nicht Eine Hoffnung mehr wetterleuchtet! Mag da der Krämer herrſchen, wo Alles, was noch glänzt — Krämer-Gold iſt! Es iſt die Zeit der Könige nicht mehr: was ſich heute Volk heißt, verdient keine Könige. Seht doch, wie dieſe Völker jetzt ſelber den Krämern gleich thun: ſie leſen ſich die kleinſten Vortheile noch aus jedem Kehricht! Sie lauern einander auf, ſie lauern einander Etwas ab, — das heißen ſie „gute Nachbarſchaft". Oh ſelige ferne Zeit, wo ein Volk ſich ſagte: „ich will über Völker — Herr ſein!" Denn, meine Brüder: das Beſte ſoll herrſchen, das Beſte will auch herrſchen! Und wo die Lehre anders lautet, da — fehlt es am Beſten.

22 Wenn Die — Brod umſonſt hätten, wehe! Wonach würden Die ſchrein! Ihr Unterhalt — das iſt ihre rechte Unterhaltung; und ſie ſollen es ſchwer haben! Raubthiere ſind es: in ihrem „Arbeiten" — da iſt auch

noch Rauben, in ihrem „Verdienen" – da ist auch noch Überlisten! Darum sollen sie es schwer haben! 🔹🔹 Bessere Raubthiere sollen sie also werden, feinere, klügere, menschen-ähnlichere: der Mensch nämlich ist das beste Raubthier. 🔹🔹 Allen Thieren hat der Mensch schon ihre Tugenden abgeraubt: das macht, von allen Thieren hat es der Mensch am schwersten gehabt. 🔹🔹 Nur noch die Vögel sind über ihm. Und wenn der Mensch noch fliegen lernte, wehe! wohinauf – würde seine Raublust fliegen!

23 🔹🔹🔹 So will ich Mann und Weib: kriegstüchtig den Einen, gebärtüchtig das Andre, beide aber tanztüchtig mit Kopf und Beinen. 🔹🔹 Und verloren sei uns der Tag, wo nicht Ein Mal getanzt wurde! Und falsch heiße uns jede Wahrheit, bei der es nicht Ein Gelächter gab!

24 🔹🔹🔹 Euer Eheschließen: seht zu, daß es nicht ein schlechtes Schließen sei! Ihr schlosset zu schnell: so folgt daraus – Ehebrechen! 🔹🔹 Und besser noch Ehebrechen als Ehe-biegen, Ehe-lügen! – So sprach mir ein Weib: „wohl brach ich die Ehe, aber zuerst brach die Ehe – mich!" 🔹🔹 Schlimm-Gepaarte fand ich immer als die schlimmsten Rachsüchtigen: sie lassen es aller Welt entgelten, daß sie nicht mehr einzeln laufen. 🔹🔹 Deßwillen will ich, daß Redliche zu einander reden: „wir lieben uns: laßt uns zusehn, daß wir uns lieb behalten! Oder soll unser Versprechen ein Versehen sein?" 🔹🔹 – „Gebt uns eine Frist und kleine Ehe, daß wir zusehn, ob wir zur großen Ehe taugen! Es ist ein großes Ding, immer zu Zwein sein!" 🔹🔹 Also rathe ich allen Redlichen; und was wäre denn meine Liebe zum Übermenschen und zu Allem, was kommen soll, wenn ich anders riethe und redete! 🔹🔹 Nicht nur fort euch zu pflanzen, sondern hinauf – dazu, oh meine Brüder, helfe euch der Garten der Ehe!

25 🔹🔹🔹 Wer über alte Ursprünge weise wurde, siehe, der wird zuletzt nach Quellen der Zukunft suchen und nach neuen Ursprüngen. – 🔹🔹 Oh meine Brüder, es ist nicht über lange, da werden neue Völker entspringen und neue Quellen hinab in neue Tiefen rauschen. 🔹🔹 Das Erdbeben nämlich – das verschüttet viel Brunnen, das schafft viel Verschmachten: das hebt auch innre Kräfte und Heimlichkeiten an's Licht. 🔹🔹 Das Erdbeben macht neue Quellen offenbar. Im Erdbeben alter Völker brechen neue Quellen aus. 🔹🔹 Und wer da ruft: „Siehe hier ein Brunnen für viele Durstige, Ein Herz für viele Sehnsüchtige, Ein Wille für viele Werkzeuge": – um Den sammelt sich ein Volk, das ist: viel Versuchende. 🔹🔹🔹 Wer befehlen kann, wer gehorchen muß – Das wird da versucht! Ach, mit welch langem Suchen und Rathen und Mißrathen und Lernen und Neu-Versuchen! 🔹🔹 Die Menschen-Gesellschaft: die ist ein Versuch, so lehre ich's, – ein langes Suchen: sie sucht aber den Befehlenden! – 🔹🔹 – ein Versuch, oh meine Brüder! Und kein „Vertrag"! Zerbrecht, zerbrecht mir solch Wort der Weich-Herzen und Halb- und Halben!

26 🔹🔹🔹 Oh meine Brüder! Bei Welchen liegt doch die größte Gefahr aller Menschen-Zukunft? Ist es nicht bei den Guten und Gerechten? – 🔹🔹 – als bei Denen, die sprechen und im Herzen fühlen: „wir wissen schon, was gut ist und gerecht, wir haben es auch; wehe Denen, die hier noch suchen!" 🔹🔹 Und was für Schaden auch die Bösen thun mögen: der Schaden der Guten ist der schädlichste Schaden! 🔹🔹 Und was für Schaden auch die Welt-Verleumder thun mögen: der Schaden der Guten ist der schädlichste Schaden. 🔹🔹 Oh meine Brüder, den Guten und Gerechten sah Einer einmal in's Herz, der da sprach: „es sind die Pharisäer". Aber man verstand ihn nicht. 🔹🔹 Die Guten und Gerechten selber durften ihn nicht verstehen: ihr Geist ist ein-

gefangen in ihr gutes Gewiſſen. Die Dummheit der Guten iſt unergründlich klug. ◄◘► Das aber iſt die Wahrheit: die Guten müſſen Phariſäer ſein, — ſie haben keine Wahl! ◄◘► Die Guten müſſen Den kreuzigen, der ſich ſeine eigne Tugend erfindet! Das iſt die Wahrheit! ◄◘► Der Zweite aber, der ihr Land entdeckte, Land, Herz und Erdreich der Guten und Gerechten: das war, der da fragte: „wen haſſen ſie am meiſten?" ◄◘► Den Schaffenden haſſen ſie am meiſten: Den, der Tafeln bricht und alte Werthe, den Brecher, — Den heißen ſie Verbrecher. ◄◘► Die Guten nämlich — die können nicht ſchaffen: die ſind immer der Anfang vom Ende: — ◄◘► — ſie kreuzigen Den, der neue Werthe auf neue Tafeln ſchreibt, ſie opfern ſich die Zukunft, — ſie kreuzigen alle Menſchen-Zukunft! ◄◘► Die Guten — die waren immer der Anfang vom Ende. —

27 ◄◘► Oh meine Brüder, verſtandet ihr auch dieß Wort? Und was ich einſt ſagte vom „letzten Menſchen"? — — ◄◘► Bei Welchen liegt die größte Gefahr aller Menſchen-Zukunft? Iſt es nicht bei den Guten und Gerechten? ◄◘► Zerbrecht, zerbrecht mir die Guten und Gerechten! — Oh meine Brüder, verſtandet ihr auch dieß Wort?

28 ◄◘► Ihr flieht von mir? Ihr ſeid erſchreckt? Ihr zittert vor dieſem Worte? ◄◘► Oh meine Brüder, als ich euch die Guten zerbrechen hieß und die Tafeln der Guten: da erſt ſchiffte ich den Menſchen ein auf ſeine hohe See. ◄◘► Und nun erſt kommt ihm der große Schrecken, das große Um-ſich-ſehn, die große Krankheit, der große Ekel, die große See-Krankheit. ◄◘► Falſche Küſten und falſche Sicherheiten lehrten euch die Guten; in Lügen der Guten wart ihr geboren und geborgen. Alles iſt in den Grund hinein verlogen und verbogen durch die Guten. ◄◘► Aber wer das Land „Menſch" entdeckte, entdeckte auch das Land „Menſchen-Zukunft". Nun ſollt ihr mir Seefahrer ſein, wackere, geduldſame! ◄◘► Aufrecht geht mir bei Zeiten, oh meine Brüder, lernt aufrecht gehn! Das Meer ſtürmt: Viele wollen an euch ſich wieder aufrichten. ◄◘► Das Meer ſtürmt: Alles iſt im Meere. Wohlan! Wohlauf! Ihr alten Seemanns-Herzen! ◄◘► Was Vaterland! Dorthin will unſer Steuer, wo unſer Kinder-Land iſt! Dorthinaus, ſtürmiſcher als das Meer, ſtürmt unſre große Sehnſucht! —

29 ◄◘► „Warum ſo hart! — ſprach zum Diamanten einſt die Küchen-Kohle; ſind wir denn nicht Nah-Verwandte?" — ◄◘► Warum ſo weich? Oh meine Brüder, alſo frage ich euch: ſeid ihr denn nicht — meine Brüder? ◄◘► Warum ſo weich, ſo weichend und nachgebend? Warum iſt ſo viel Leugnung, Verleugnung in eurem Herzen? So wenig Schickſal in eurem Blicke? ◄◘► Und wollt ihr nicht Schickſale ſein und Unerbittliche: wie könntet ihr mit mir — ſiegen? ◄◘► Und wenn eure Härte nicht blitzen und ſcheiden und zerſchneiden will: wie könntet ihr einſt mit mir — ſchaffen? ◄◘► Die Schaffenden nämlich ſind hart. Und Seligkeit muß es euch dünken, eure Hand auf Jahrtauſende zu drücken wie auf Wachs, — ◄◘► — Seligkeit, auf dem Willen von Jahrtauſenden zu ſchreiben wie auf Erz, — härter als Erz, edler als Erz. Ganz hart iſt allein das Edelſte. ◄◘► Dieſe neue Tafel, oh meine Brüder, ſtelle ich über euch: werdet hart! —

30 ◄◘► Oh du mein Wille! Du Wende aller Noth, du meine Noth-wendigkeit! Bewahre mich vor allen kleinen Siegen! ◄◘► Du Schickung meiner Seele, die ich Schickſal heiße! Du In-mir! Über-mir! Bewahre und ſpare mich auf zu Einem großen Schickſale! ◄◘► Und deine letzte Größe, mein Wille, ſpare dir für dein Letztes auf, — daß du unerbittlich biſt in deinem Siege! Ach, wer unterlag nicht ſeinem Siege! ◄◘► Ach, weſſen Auge dunkelte nicht in dieſer trunkenen Dämmerung! Ach, weſſen Fuß taumelte nicht

104

und verlernte im Siege – stehen! – – Daß ich einst bereit und reif sei im großen Mittage: bereit und reif gleich glühendem Erze, blitzschwangrer Wolke und schwellendem Milch-Euter: – bereit zu mir selber und zu meinem verborgensten Willen: ein Bogen brünstig nach seinem Pfeile, ein Pfeil brünstig nach seinem Sterne: – ein Stern, bereit und reif in seinem Mittage, glühend, durchbohrt, selig vor vernichtenden Sonnen-Pfeilen: – – eine Sonne selber und ein unerbittlicher Sonnen-Wille, zum Vernichten bereit im Siegen! Oh Wille, Wende aller Noth, du meine Nothwendigkeit! Spare mich auf zu Einem großen Siege! – –

ALSO SPRACH ZARATHUSTRA.

DER GENESENE

EINES Morgens, nicht lange nach seiner Rückkehr zur Höhle, sprang Zarathustra von seinem Lager auf wie ein Toller, schrie mit furchtbarer Stimme und gebärdete sich, als ob noch Einer auf dem Lager läge, der nicht davon aufstehn wolle; und also tönte Zarathustra's Stimme, daß seine Thiere erschreckt hinzukamen, und daß aus allen Höhlen und Schlupfwinkeln, die Zarathustra's Höhle benachbart waren, alles Gethier davon huschte, – fliegend, flatternd, kriechend, springend, wie ihm nur die Art von Fuß und Flügel gegeben war. Zarathustra aber redete diese Worte: Herauf, abgründlicher Gedanke, aus meiner Tiefe! Ich bin dein Hahn und Morgen-Grauen, verschlafener Wurm: auf! auf! Meine Stimme soll dich schon wach krähen! Knüpfe die Fessel deiner Ohren los: horche! Denn ich will dich hören! Auf! Auf! Hier ist Donners genug, daß auch Gräber horchen lernen! Und wische den Schlaf und alles Blöde, Blinde aus deinen Augen! Höre mich auch mit deinen Augen: meine Stimme ist ein Heilmittel noch für Blindgeborne. Und bist du erst wach, sollst du mir ewig wach bleiben. Nicht ist das meine Art, Urgroßmütter aus dem Schlafe wecken, daß ich sie heiße – weiterschlafen! Du regst dich, dehnst dich, röchelst? Auf! Auf! Nicht röcheln – reden sollst du mir! Zarathustra ruft dich, der Gottlose! Ich, Zarathustra, der Fürsprecher des Lebens, der Fürsprecher des Leidens, der Fürsprecher des Kreises – dich rufe ich, meinen abgründlichsten Gedanken! Heil mir! Du kommst, – ich höre dich! Mein Abgrund redet, meine letzte Tiefe habe ich an's Licht gestülpt! Heil mir! Heran! Gieb die Hand – – ha! laß! Haha! – – Ekel, Ekel, Ekel – – – wehe mir! 2. Kaum aber hatte Zarathu- stra diese Worte gesprochen, da stürzte er nieder gleich einem Todten und blieb lange wie ein Todter. Als er aber wieder zu sich kam, da war er bleich und zitterte und blieb liegen und wollte lange nicht essen noch trinken. Solches Wesen dauerte an ihm sieben Tage; seine Thiere verließen ihn aber nicht bei Tag und Nacht, es sei denn, daß der Adler ausflog, Speise zu holen. Und was er holte und zusammenraubte, das legte er auf Zarathustra's Lager: also daß Zarathustra endlich unter gelben und rothen Beeren, Trauben, Rosenäpfeln, wohlriechendem Krautwerke und Pinien-Zapfen lag. Zu seinen Füßen aber waren zwei Lämmer gebreitet, welche der Adler mit Mühe ihren Hirten abgeraubt hatte. Endlich, nach sieben Tagen, richtete sich Zarathustra auf seinem Lager auf, nahm einen Rosenapfel in die Hand, roch daran und fand seinen Geruch lieblich. Da glaubten seine Thiere, die Zeit sei gekommen, mit ihm zu reden. „Oh Zarathustra, sagten sie, nun liegst du schon sieben Tage so, mit

schweren Augen: willst du dich nicht endlich wieder auf deine Füße stellen? Tritt hinaus aus deiner Höhle: die Welt wartet dein wie ein Garten. Der Wind spielt mit schweren Wohlgerüchen, die zu dir wollen; und alle Bäche möchten dir nachlaufen. Alle Dinge sehnen sich nach dir, dieweil du sieben Tage allein bliebst, – tritt hinaus aus deiner Höhle! Alle Dinge wollen deine Ärzte sein! Kam wohl eine neue Erkenntniß zu dir, eine saure, schwere? Gleich angesäuertem Teige lagst du, deine Seele gieng auf und schwoll über alle ihre Ränder. –" – Oh meine Thiere, antwortete Zarathustra, schwätzt also weiter und laßt mich zuhören! Es erquickt mich so, daß ihr schwätzt: wo geschwätzt wird, da liegt mir schon die Welt wie ein Garten. Wie lieblich ist es, daß Worte und Töne da sind: sind nicht Worte und Töne Regenbögen und Schein-Brücken zwischen Ewig-Geschiedenem? Zu jeder Seele gehört eine andre Welt; für jede Seele ist jede andre Seele eine Hinterwelt. Zwischen dem Ähnlichsten gerade lügt der Schein am schönsten; denn die kleinste Kluft ist am schwersten zu überbrücken. Für mich – wie gäbe es ein Außer-mir? Es giebt kein Außen! Aber das vergessen wir bei allen Tönen; wie lieblich ist es, daß wir vergessen! Sind nicht den Dingen Namen und Töne geschenkt, daß der Mensch sich an den Dingen erquicke? Es ist eine schöne Narrethei, das Sprechen: damit tanzt der Mensch über alle Dinge. Wie lieblich ist alles Reden und alle Lüge der Töne! Mit Tönen tanzt unsre Liebe auf bunten Regenbögen. – – "Oh Zarathustra, sagten darauf die Thiere, Solchen, die denken wie wir, tanzen alle Dinge selber: das kommt und reicht sich die Hand und lacht und flieht – und kommt zurück. Alles geht, Alles kommt zurück; ewig rollt das Rad des Seins. Alles stirbt, Alles blüht wieder auf; ewig läuft das Jahr des Seins. Alles bricht, Alles wird neu gefügt; ewig baut sich das gleiche Haus des Seins. Alles scheidet, Alles grüßt sich wieder; ewig bleibt sich treu der Ring des Seins. In jedem Nu beginnt das Sein; um jedes Hier rollt sich die Kugel Dort. Die Mitte ist überall. Krumm ist der Pfad der Ewigkeit." – – Oh ihr Schalks-Narren und Drehorgeln! antwortete Zarathustra und lächelte wieder, wie gut wißt ihr, was sich in sieben Tagen erfüllen mußte: – – und wie jenes Unthier mir in den Schlund kroch und mich würgte! Aber ich biß ihm den Kopf ab und spie ihn weg von mir. Und ihr, – ihr machtet schon ein Leier-Lied daraus? Nun aber liege ich da, müde noch von diesem Beißen und Wegspein, krank noch von der eigenen Erlösung. Und ihr schautet dem Allen zu? Oh meine Thiere, seid auch ihr grausam? Habt ihr meinem großen Schmerze zuschaun wollen, wie Menschen thun? Der Mensch nämlich ist das grausamste Thier. Bei Trauerspielen, Stierkämpfen und Kreuzigungen ist es ihm bisher am wohlsten geworden auf Erden; und als er sich die Hölle erfand, siehe, da war das sein Himmel auf Erden. Wenn der große Mensch schreit –: flugs läuft der kleine hinzu; und die Zunge hängt ihm aus dem Halse vor Lüsternheit. Er aber heißt es sein "Mitleiden". Der kleine Mensch, sonderlich der Dichter – wie eifrig klagt er das Leben in Worten an! Hört ihn, aber überhört mir die Lust nicht, die in allem Anklagen ist! Solche Ankläger des Lebens: die überwindet das Leben mit einem Augenblinzeln. "Du liebst mich? sagt die Freche; warte noch ein Wenig, noch habe ich für dich nicht Zeit." Der Mensch ist gegen sich selber das grausamste Thier; und bei Allem, was sich "Sünder" und "Kreuzträger" und "Büßer" heißt, überhört mir die Wollust nicht, die in diesem Klagen und Anklagen ist! Und ich selber – will ich damit des Menschen Ankläger sein? Ach, meine Thiere, Das allein lernte ich bisher, daß dem Menschen sein Bösestes nöthig ist zu seinem Besten, – – daß alles Böseste seine beste Kraft ist und der härteste Stein dem höchsten Schaffenden; und daß der Mensch besser und böser werden muß: – Nicht an dieß Marterholz war ich geheftet, daß ich weiß: der Mensch ist böse,

106

– ſondern ich ſchrie, wie noch Niemand geſchrien hat: „Ach, daß ſein Böſeſtes ſo gar klein iſt! Ach, daß ſein Beſtes ſo gar klein iſt!“ Der große Überdruß am Menſchen – der würgte mich und war mir in den Schlund gekrochen: und was der Wahrſager wahrſagte: „Alles iſt gleich, es lohnt ſich Nichts, Wiſſen würgt.“ Eine lange Dämmerung hinkte vor mir her, eine todesmüde, todestrunkene Traurigkeit, welche mit gähnendem Munde redete. „Ewig kehrt er wieder, der Menſch, deß du müde biſt, der kleine Menſch“ – ſo gähnte meine Traurigkeit und ſchleppte den Fuß und konnte nicht einſchlafen. Zur Höhle wandelte ſich mir die Menſchen-Erde, ihre Bruſt ſank hinein, alles Lebendige ward mir Menſchen-Moder und Knochen und morſche Vergangenheit. Mein Seufzen ſaß auf allen Menſchen-Gräbern und konnte nicht mehr aufſtehn; mein Seufzen und Fragen unkte und würgte und nagte und klagte bei Tag und Nacht: – „ach, der Menſch kehrt ewig wieder! Der kleine Menſch kehrt ewig wieder!“ – Nackt hatte ich einſt Beide geſehn, den größten Menſchen und den kleinſten Menſchen: allzuähnlich einander, – allzumenſchlich auch den Größten noch! Allzuklein der Größte! – das war mein Überdruß am Menſchen! Und ewige Wiederkunft auch des Kleinſten! – das war mein Überdruß an allem Daſein! Ach, Ekel! Ekel! Ekel! – Alſo ſprach Zarathuſtra und ſeufzte und ſchauderte; denn er erinnerte ſich ſeiner Krankheit. Da ließen ihn aber ſeine Thiere nicht weiter reden. „Sprich nicht weiter, du Geneſender! – ſo antworteten ihm ſeine Thiere, ſondern geh hinaus, wo die Welt auf dich wartet gleich einem Garten. Geh hinaus zu den Roſen und Bienen und Taubenſchwärmen! Sonderlich aber zu den Singe-Vögeln: daß du ihnen das Singen ablernſt! Singen nämlich iſt für Geneſende; der Geſunde mag reden. Und wenn auch der Geſunde Lieder will, will er andre Lieder doch, als der Geneſende.“ – „Oh ihr Schalks-Narren und Drehorgeln, ſo ſchweigt doch! – antwortete Zarathuſtra und lächelte über ſeine Thiere. Wie gut ihr wißt, welchen Troſt ich mir ſelber in ſieben Tagen erfand! Daß ich wieder ſingen müſſe, – den Troſt erfand ich mir und dieſe Geneſung: wollt ihr auch daraus gleich wieder ein Leier-Lied machen?“ – „Sprich nicht weiter, antworteten ihm abermals ſeine Thiere; lieber noch, du Geneſender, mache dir erſt eine Leier zurecht, eine neue Leier! Denn ſiehe doch, oh Zarathuſtra! Zu deinen neuen Liedern bedarf es neuer Leiern. Singe und brauſe über, oh Zarathuſtra, heile mit neuen Liedern deine Seele: daß du dein großes Schickſal trageſt, das noch keines Menſchen Schickſal war! Denn deine Thiere wiſſen es wohl, oh Zarathuſtra, wer du biſt und werden mußt: ſiehe, du biſt der Lehrer der ewigen Wiederkunft –, das iſt nun dein Schickſal! Daß du als der Erſte dieſe Lehre lehren mußt, – wie ſollte dieß große Schickſal nicht auch deine größte Gefahr und Krankheit ſein! Siehe, wir wiſſen, was du lehrſt: daß alle Dinge ewig wiederkehren und wir ſelber mit, und daß wir ſchon ewige Male dageweſen ſind, und alle Dinge mit uns. Du lehrſt, daß es ein großes Jahr des Werdens giebt, ein Ungeheuer von großem Jahre: das muß ſich, einer Sanduhr gleich, immer wieder von Neuem umdrehn, damit es von Neuem ablaufe und auslaufe: – – ſo daß alle dieſe Jahre ſich ſelber gleich ſind, im Größten und auch im Kleinſten, – ſo daß wir ſelber in jedem großen Jahre uns ſelber gleich ſind, im Größten und auch im Kleinſten. Und wenn du jetzt ſterben wollteſt, oh Zarathuſtra: ſiehe, wir wiſſen auch, wie du da zu dir ſprechen würdeſt: – aber deine Thiere bitten dich, daß du noch nicht ſterbeſt! Du würdeſt ſprechen und ohne Zittern, vielmehr aufathmend vor Seligkeit: denn eine große Schwere und Schwüle wäre von dir genommen, du Geduldigſter! – „Nun ſterbe und ſchwinde ich, würdeſt du ſprechen, und im Nu bin ich ein Nichts. Die Seelen ſind ſo ſterblich wie die Leiber. Aber der Knoten von Urſachen kehrt wieder, in den ich

verſchlungen bin, – der wird mich wieder ſchaffen! Ich ſelber gehöre zu
den Urſachen der ewigen Wiederkunft. Ich komme wieder, mit dieſer
Sonne, mit dieſer Erde, mit dieſem Adler, mit dieſer Schlange – nicht zu einem
neuen Leben oder beſſeren Leben oder ähnlichen Leben: – ich komme
ewig wieder zu dieſem gleichen und ſelbigen Leben, im Größten und auch
im Kleinſten, daß ich wieder aller Dinge ewige Wiederkunft lehre, –
– daß ich wieder das Wort ſpreche vom großen Erden- und Menſchen-Mit-
tage, daß ich wieder den Menſchen den Übermenſchen künde. Ich
ſprach mein Wort, ich zerbreche an meinem Wort: ſo will es mein ewiges
Loos –, als Verkündiger gehe ich zu Grunde! Die Stunde kam nun,
daß der Untergehende ſich ſelber ſegnet. Alſo – endet Zarathuſtra's Untergang.“ – – Als die Thiere dieſe Worte geſprochen hatten, ſchwiegen ſie und warteten, daß Zarathuſtra Etwas zu ihnen ſagen werde: aber
Zarathuſtra hörte nicht, daß ſie ſchwiegen. Vielmehr lag er ſtill, mit geſchloſſe-
nen Augen, einem Schlafenden ähnlich, ob er ſchon nicht ſchlief: denn er
unterredete ſich eben mit ſeiner Seele. Die Schlange aber und der Adler, als
ſie ihn ſolchermaaßen ſchweigſam fanden, ehrten die große Stille um ihn und
machten ſich behutſam davon.

VON DER GROSSEN SEHNSUCHT

OH meine Seele, ich lehrte dich „Heute“ ſagen wie „Einſt“ und „Ehemals“
und über alles Hier und Da und Dort deinen Reigen hinweg tanzen.
Oh meine Seele, ich erlöſte dich von allen Winkeln, ich kehrte Staub,
Spinnen und Zwielicht von dir ab. Oh meine Seele, ich wuſch die kleine
Scham und die Winkel-Tugend von dir ab und überredete dich, nackt vor
den Augen der Sonne zu ſtehn. Mit dem Sturme, welcher „Geiſt“ heißt,
blies ich über deine wogende See; alle Wolken blies ich davon, ich erwürgte
ſelbſt die Würgerin, die „Sünde“ heißt. Oh meine Seele, ich gab dir das
Recht, Nein zu ſagen wie der Sturm, und Ja zu ſagen, wie offner Himmel Ja
ſagt: ſtill wie Licht ſtehſt du und gehſt du nun durch verneinende Stürme.
Oh meine Seele, ich gab dir die Freiheit zurück über Erſchaffnes und
Unerſchaffnes: und wer kennt, wie du ſie kennſt, die Wolluſt des Zukünftigen? Oh meine Seele, ich lehrte dich das Verachten, das nicht wie ein
Wurmfraß kommt, das große, das liebende Verachten, welches am meiſten
liebt, wo es am meiſten verachtet. Oh meine Seele, ich lehrte dich ſo
überreden, daß du zu dir die Gründe ſelber überredeſt: der Sonne gleich,
die das Meer noch zu ihrer Höhe überredet. Oh meine Seele, ich nahm
von dir alles Gehorchen, Kniebeugen und Herr-Sagen; ich gab dir ſelber den
Namen „Wende der Noth“ und „Schickſal“. Oh meine Seele, ich gab
dir neue Namen und bunte Spielwerke, ich hieß dich „Schickſal“ und „Um-
fang der Umfänge“ und „Nabelſchnur der Zeit“ und „azurne Glocke“.
Oh meine Seele, deinem Erdreich gab ich alle Weisheit zu trinken, alle neuen
Weine und auch alle unvordenklich alten ſtarken Weine der Weisheit.
Oh meine Seele, jede Sonne goß ich auf dich und jede Nacht und jedes
Schweigen und jede Sehnſucht: – da wuchſeſt du mir auf wie ein Weinſtock.
Oh meine Seele, überreich und ſchwer ſtehſt du nun da, ein Weinſtock
mit ſchwellenden Eutern und gedrängten braunen Gold-Weintrauben: –
– gedrängt und gedrückt von deinem Glücke, wartend vor Überfluſſe
und ſchamhaft noch ob deines Wartens. Oh meine Seele, es giebt nun
nirgends eine Seele, die liebender wäre und umfangender und umfänglicher!
Wo wäre Zukunft und Vergangnes näher beiſammen als bei dir? Oh
meine Seele, ich gab dir Alles, und alle meine Hände ſind an dich leer geworden: – und nun! Nun ſagſt du mir lächelnd und voll Schwermuth: „Wer

von uns hat zu danken? – ᴄᴏ – hat der Geber nicht zu danken, daß der
Nehmende nahm? Ist Schenken nicht eine Nothdurft? Ist Nehmen nicht
– Erbarmen?" – ᴄᴏ Oh meine Seele, ich verstehe das Lächeln deiner Schwermuth: dein Über-Reichthum selber streckt nun sehnende Hände aus! ᴄᴏ
Deine Fülle blickt über brausende Meere hin und sucht und wartet; die Sehnsucht der Über-Fülle blickt aus deinem lächelnden Augen-Himmel! ᴄᴏ
Und wahrlich, oh meine Seele! Wer sähe dein Lächeln und schmölze nicht
vor Thränen? Die Engel selber schmelzen vor Thränen ob der Über-Güte
deines Lächelns. ᴄᴏ Deine Güte und Über-Güte ist es, die nicht klagen
und weinen will: und doch sehnt sich, oh meine Seele, dein Lächeln nach
Thränen und dein zitternder Mund nach Schluchzen. ᴄᴏ „Ist alles Weinen
nicht ein Klagen? Und alles Klagen nicht ein Anklagen?" Also redest du zu
dir selber, und darum willst du, oh meine Seele, lieber lächeln, als dein Leid
ausschütten ᴄᴏ – in stürzende Thränen ausschütten all dein Leid über
deine Fülle und über all die Drängniß des Weinstocks nach Winzer und
Winzermesser! ᴄᴏ Aber willst du nicht weinen, nicht ausweinen deine
purpurne Schwermuth, so wirst du singen müssen, oh meine Seele! – Siehe,
ich lächle selber, der ich dir solches vorhersage: ᴄᴏ – singen, mit brausendem Gesange, bis alle Meere still werden, daß sie deiner Sehnsucht zu-
horchen, – ᴄᴏ – bis über stille sehnsüchtige Meere der Nachen schwebt,
das güldene Wunder, um dessen Gold alle guten schlimmen wunderlichen
Dinge hüpfen: – ᴄᴏ – auch vieles große und kleine Gethier und Alles, was
leichte wunderliche Füße hat, daß es auf veilchenblauen Pfaden laufen
kann, – ᴄᴏ – hin zu dem güldenen Wunder, dem freiwilligen Nachen und
zu seinem Herrn: das aber ist der Winzer, der mit diamantenem Winzermesser wartet, – ᴄᴏ – dein großer Löser, oh meine Seele, der Namenlose
– dem zukünftige Gesänge erst Namen finden! Und wahrlich, schon duftet
dein Athem nach zukünftigen Gesängen, – ᴄᴏ – schon glühst du und
träumst, schon trinkst du durstig an allen tiefen klingenden Trost-Brunnen,
schon ruht deine Schwermuth in der Seligkeit zukünftiger Gesänge! – – ᴄᴏ
Oh meine Seele, nun gab ich dir Alles und auch mein Letztes, und alle meine
Hände sind an dich leer geworden: – daß ich dich singen hieß, siehe, das war
mein Letztes! ᴄᴏ Daß ich dich singen hieß, sprich nun, sprich: wer von uns
hat jetzt – zu danken? – Besser aber noch: singe mir, singe, oh meine Seele!
Und mich laß danken! –

ALSO SPRACH ZARATHUSTRA.

DAS ANDERE TANZLIED

IN dein Auge schaute ich jüngst, oh Leben: Gold sah ich in deinem Nacht-
Auge blinken, – mein Herz stand still vor dieser Wollust: ᴄᴏ – einen
goldenen Kahn sah ich blinken auf nächtigen Gewässern, einen sinkenden,
trinkenden, wieder winkenden goldenen Schaukel-Kahn! ᴄᴏ Nach meinem Fuße, dem tanzwüthigen, warfst du einen Blick, einen lachenden fragen-
den schmelzenden Schaukel-Blick: ᴄᴏ Zwei Mal nur regtest du deine Klap-
per mit kleinen Händen – da schaukelte schon mein Fuß vor Tanz-Wuth.
ᴄᴏ Meine Fersen bäumten sich, meine Zehen horchten, dich zu verstehen:
trägt doch der Tänzer sein Ohr – in seinen Zehen! ᴄᴏ Zu dir hin sprang
ich: da flohst du zurück vor meinem Sprunge; und gegen mich züngelte deines fliehenden fliegenden Haars Zunge! ᴄᴏ Von dir weg sprang ich und
von deinen Schlangen: da standst du schon, halbgewandt, das Auge voll Verlangen. ᴄᴏ Mit krummen Blicken – lehrst du mich krumme Bahnen; auf
krummen Bahnen lernt mein Fuß – Tücken! ᴄᴏ Ich fürchte dich Nahe, ich

liebe dich Ferne; deine Flucht lockt mich, dein Suchen stockt mich: – ich leide, aber was litt ich um dich nicht gerne! Deren Kälte zündet, deren Haß verführt, deren Flucht bindet, deren Spott – rührt: – wer haßte dich nicht, dich große Binderin, Umwinderin, Versucherin, Sucherin, Finderin! Wer liebte dich nicht, dich unschuldige, ungeduldige, windseilige, kindsäugige Sünderin! Wohin ziehst du mich jetzt, du Ausbund und Unband? Und jetzt fliehst du mich wieder, du süßer Wildfang und Undank! Ich tanze dir nach, ich folge dir auch auf geringer Spur. Wo bist du? Gieb mir die Hand! Oder einen Finger nur! Hier sind Höhlen und Dickichte: wir werden uns verirren! – Halt! Steh still! Siehst du nicht Eulen und Fledermäuse schwirren? Du Eule! Du Fledermaus! Du willst mich äffen? Wo sind wir? Von den Hunden lerntest du dieß Heulen und Kläffen. Du fletschest mich lieblich an mit weißen Zähnlein, deine bösen Augen springen gegen mich aus lockichtem Mähnlein! Das ist ein Tanz über Stock und Stein: ich bin der Jäger, – willst du mein Hund oder meine Gemse sein? Jetzt neben mir! Und geschwind, du boshafte Springerin! Jetzt hinauf! Und hinüber! – Wehe! Da fiel ich selber im Springen hin! Oh sieh mich liegen, du Übermuth, und um Gnade flehn! Gerne möchte ich mit dir – lieblichere Pfade gehn! – der Liebe Pfade durch stille bunte Büsche! Oder dort den See entlang: da schwimmen und tanzen Goldfische! Du bist jetzt müde? Da drüben sind Schafe und Abendröthen: ist es nicht schön, zu schlafen, wenn Schäfer flöten? Du bist so arg müde? Ich trage dich hin, laß nur die Arme sinken! Und hast du Durst, – ich hätte wohl Etwas, aber dein Mund will es nicht trinken! – – Oh diese verfluchte flinke gelenke Schlange und Schlupf-Hexe! Wo bist du hin? Aber im Gesicht fühle ich von deiner Hand zwei Tupfen und rothe Klexe! Ich bin es wahrlich müde, immer dein schafichter Schäfer zu sein! Du Hexe, habe ich dir bisher gesungen, nun sollst du mir – schrein! Nach dem Takt meiner Peitsche sollst du mir tanzen und schrein! Ich vergaß doch die Peitsche nicht? – Nein!"– 2. Da antwortete mir das Leben also und hielt sich dabei die zierlichen Ohren zu: "Oh Zarathustra! Klatsche doch nicht so fürchterlich mit deiner Peitsche! Du weißt es ja: Lärm mordet Gedanken, – und eben kommen mir so zärtliche Gedanken. Wir sind Beide zwei rechte Thunichtgute und Thunichtböse. Jenseits von Gut und Böse fanden wir unser Eiland und unsre grüne Wiese – wir Zwei allein! Darum müssen wir schon einander gut sein! Und lieben wir uns auch nicht von Grund aus –, muß man sich denn gram sein, wenn man sich nicht von Grund aus liebt? Und daß ich dir gut bin und oft zu gut, Das weißt du: und der Grund ist, daß ich auf deine Weisheit eifersüchtig bin. Ah, diese tolle alte Närrin von Weisheit! Wenn dir deine Weisheit einmal davonliefe, ach! da liefe dir schnell auch meine Liebe noch davon." – Darauf blickte das Leben nachdenklich hinter sich und um sich und sagte leise: "Oh Zarathustra, du bist mir nicht treu genug! Du liebst mich lange nicht so sehr wie du redest; ich weiß, du denkst daran, daß du mich bald verlassen willst. Es giebt eine alte schwere schwere Brumm-Glocke: die brummt Nachts bis zu deiner Höhle hinauf: – hörst du diese Glocke Mitternachts die Stunde schlagen, so denkst du zwischen Eins und Zwölf daran – – du denkst daran, oh Zarathustra, ich weiß es, daß du mich bald verlassen willst!" – "Ja, antwortete ich zögernd, aber du weißt es auch –" Und ich sagte ihr Etwas in's Ohr, mitten hinein zwischen ihre verwirrten gelben thörichten Haar-Zotteln. "Du weißt Das, oh Zarathustra? Das weiß Niemand. – –" Und wir sahen uns an und blickten auf die

110

grüne Wiese, über welche eben der kühle Abend lief, und weinten mit einander. – Damals aber war mir das Leben lieber, als je alle meine Weisheit. –
ALSO SPRACH ZARATHUSTRA.

3.

EINS!
OH MENSCH! GIEB ACHT!

ZWEI!
WAS SPRICHT DIE TIEFE MITTERNACHT?

DREI!
„ICH SCHLIEF, ICH SCHLIEF –,

VIER!
„AUS TIEFEM TRAUM BIN ICH ERWACHT: –

FÜNF!
„DIE WELT IST TIEF,

SECHS!
„UND TIEFER ALS DER TAG GEDACHT.

SIEBEN!
„TIEF IST IHR WEH –,

ACHT!
„LUST – TIEFER NOCH ALS HERZELEID:

NEUN!
„WEH SPRICHT: VERGEH!

ZEHN!
„DOCH ALLE LUST WILL EWIGKEIT –,

ELF!
„WILL TIEFE, TIEFE EWIGKEIT!"

ZWÖLF!

DIE SIEBEN SIEGEL – ODER: DAS JA- UND AMEN-LIED

WENN ich ein Wahrsager bin und voll jenes wahrsagerischen Geistes,
der auf hohem Joche zwischen zwei Meeren wandelt, – zwischen Vergangenem und Zukünftigem als schwere Wolke wandelt, – schwü-
len Niederungen feind und Allem, was müde ist und nicht sterben noch leben
kann: zum Blitze bereit im dunklen Busen und zum erlösenden Licht-
strahle, schwanger von Blitzen, die Ja! sagen, Ja! lachen, zu wahrsagerischen
Blitzstrahlen: – selig aber ist der also Schwangere! Und wahrlich,
lange muß als schweres Wetter am Berge hängen, wer einst das Licht der
Zukunft zünden soll! – oh wie sollte ich nicht nach der Ewigkeit brünstig sein und nach dem hochzeitlichen Ring der Ringe, – dem Ring der Wiederkunft? Nie noch fand ich das Weib, von dem ich Kinder mochte, es
sei denn dieses Weib, das ich liebe: denn ich liebe dich, oh Ewigkeit!

DENN ICH LIEBE DICH, OH EWIGKEIT!

2 ◭◭ Wenn mein Zorn je Gräber brach, Grenzsteine rückte und alte Tafeln zerbrochen in steile Tiefen rollte: ◭◭ wenn mein Hohn je vermoderte Worte zerblies, und ich wie ein Besen kam den Kreuzspinnen und als Fegewind alten verdumpften Grabkammern: ◭◭ wenn ich je frohlockend saß, wo alte Götter begraben liegen, weltsegnend, weltliebend neben den Denkmalen alter Welt-Verleumder: – ◭◭ – denn selbst Kirchen und Gottes-Gräber liebe ich, wenn der Himmel erst reinen Auges durch ihre zerbrochenen Decken blickt; gern sitze ich gleich Gras und rothem Mohne auf zerbrochnen Kirchen – ◭◭ oh wie sollte ich nicht nach der Ewigkeit brünstig sein und nach dem hochzeitlichen Ring der Ringe, – dem Ring der Wiederkunft? ◭◭ Nie noch fand ich das Weib, von dem ich Kinder mochte, es sei denn dieses Weib, das ich liebe: denn ich liebe dich, oh Ewigkeit!

DENN ICH LIEBE DICH, OH EWIGKEIT!

3 ◭◭ Wenn je ein Hauch zu mir kam vom schöpferischen Hauche und von jener himmlischen Noth, die noch Zufälle zwingt, Sternen-Reigen zu tanzen: ◭◭ wenn ich je mit dem Lachen des schöpferischen Blitzes lachte, dem der lange Donner der That grollend, aber gehorsam nachfolgt: ◭◭ wenn ich je am Göttertisch der Erde mit Göttern Würfel spielte, daß die Erde bebte und brach und Feuerflüsse heraufschnob: – ◭◭ – denn ein Göttertisch ist die Erde, und zitternd von schöpferischen neuen Worten und Götter-Würfen: – ◭◭ oh wie sollte ich nicht nach der Ewigkeit brünstig sein und nach dem hochzeitlichen Ring der Ringe, – dem Ring der Wiederkunft? ◭◭ Nie noch fand ich das Weib, von dem ich Kinder mochte, es sei denn dieses Weib, das ich liebe: denn ich liebe dich, oh Ewigkeit!

DENN ICH LIEBE DICH, OH EWIGKEIT!

4 ◭◭ Wenn ich je vollen Zuges trank aus jenem schäumenden Würz- und Mischkruge, in dem alle Dinge gut gemischt sind: ◭◭ wenn meine Hand je Fernstes zum Nächsten goß, und Feuer zu Geist und Lust zu Leid und Schlimmstes zum Gütigsten: ◭◭ wenn ich selber ein Korn bin von jenem erlösenden Salze, welches macht, daß alle Dinge im Mischkruge gut sich mischen: – ◭◭ – denn es giebt ein Salz, das Gutes mit Bösem bindet; und auch das Böseste ist zum Würzen würdig und zum letzten Überschäumen: – ◭◭ oh wie sollte ich nicht nach der Ewigkeit brünstig sein und nach dem hochzeitlichen Ring der Ringe, – dem Ring der Wiederkunft? ◭◭ Nie noch fand ich das Weib, von dem ich Kinder mochte, es sei denn dieses Weib, das ich liebe: denn ich liebe dich, oh Ewigkeit!

DENN ICH LIEBE DICH, OH EWIGKEIT!

5 ◭◭ Wenn ich dem Meere hold bin und Allem, was Meeres-Art ist, und am holdesten noch, wenn es mir zornig widerspricht: ◭◭ wenn jene suchende Lust in mir ist, die nach Unentdecktem die Segel treibt, wenn eine Seefahrer-Lust in meiner Lust ist: ◭◭ wenn je mein Frohlocken rief: „die Küste schwand – nun fiel mir die letzte Kette ab – ◭◭ – das Grenzenlose braust um mich, weit hinaus glänzt mir Raum und Zeit, wohlan! wohlauf! altes Herz!" – ◭◭ oh wie sollte ich nicht nach der Ewigkeit brünstig sein und nach dem hochzeitlichen Ring der Ringe, – dem Ring der Wiederkunft? ◭◭ Nie noch fand ich das Weib, von dem ich Kinder mochte, es sei denn dieses Weib, das ich liebe: denn ich liebe dich, oh Ewigkeit!

DENN ICH LIEBE DICH, OH EWIGKEIT!

6 ◭◭ Wenn meine Tugend eines Tänzers Tugend ist, und ich oft mit beiden Füßen in gold-smaragdenes Entzücken sprang: ◭◭ wenn meine

Bosheit eine lachende Bosheit ist, heimisch unter Rosenhängen und Lilien-Hecken: – im Lachen nämlich ist alles Böse bei einander, aber heilig- und losgesprochen durch seine eigene Seligkeit: – und wenn Das mein A und O ist, daß alles Schwere leicht, aller Leib Tänzer, aller Geist Vogel werde: und wahrlich, Das ist mein A und O! – oh wie sollte ich nicht nach der Ewigkeit brünstig sein und nach dem hochzeitlichen Ring der Ringe, – dem Ring der Wiederkunft? Nie noch fand ich das Weib, von dem ich Kinder mochte, es sei denn dieses Weib, das ich liebe: denn ich liebe dich, oh Ewigkeit!

DENN ICH LIEBE DICH, OH EWIGKEIT!

7 Wenn ich je stille Himmel über mir ausspannte und mit eignen Flügeln in eigne Himmel flog: wenn ich spielend in tiefen Licht-Fernen schwamm und meiner Freiheit Vogel-Weisheit kam: – so aber spricht Vogel-Weisheit: „Siehe, es giebt kein Oben, kein Unten! Wirf dich umher, hinaus, zurück, du Leichter! Singe, sprich nicht mehr! – sind alle Worte nicht für die Schweren gemacht? Lügen dem Leichten nicht alle Worte? Singe! sprich nicht mehr!" – oh wie sollte ich nicht nach der Ewigkeit brünstig sein und nach dem hochzeitlichen Ring der Ringe, – dem Ring der Wiederkunft? Nie noch fand ich das Weib, von dem ich Kinder mochte, es sei denn dieses Weib, das ich liebe: denn ich liebe dich, oh Ewigkeit!

DENN ICH LIEBE DICH, OH EWIGKEIT!

VIERTER UND LETZTER THEIL

– „ACH, WO IN DER WELT GESCHAHEN GRÖSSERE THORHEI-
TEN, ALS BEI DEN MITLEIDIGEN? UND WAS IN DER WELT STIF-
TETE MEHR LEID, ALS DIE THORHEITEN DER MITLEIDIGEN?
WEHE ALLEN LIEBENDEN, DIE NICHT NOCH EINE HÖHE HA-
BEN, WELCHE ÜBER IHREM MITLEIDEN IST!
ALSO SPRACH DER TEUFEL EINST ZU MIR: „AUCH GOTT HAT
SEINE HÖLLE: DAS IST SEINE LIEBE ZU DEN MENSCHEN."
UND JÜNGST HÖRTE ICH IHN DIESS WORT SAGEN: „GOTT IST
TODT; AN SEINEM MITLEIDEN MIT DEN MENSCHEN IST GOTT
GESTORBEN."

Von den Mitleidigen.

DAS HONIG-OPFER

UND wieder liefen Monde und Jahre über Zarathuſtra's Seele, und er achtete deſſen nicht; ſein Haar aber wurde weiß. Eines Tages, als er auf einem Steine vor ſeiner Höhle ſaß und ſtill hinausſchaute, — man ſchaut aber dort auf das Meer hinaus, und hinweg über gewundene Abgründe —, da giengen ſeine Thiere nachdenklich um ihn herum und ſtellten ſich endlich vor ihn hin. „Oh Zarathuſtra, ſagten ſie, ſchauſt du wohl aus nach deinem Glücke?" — „Was liegt am Glücke! antwortete er, ich trachte lange nicht mehr nach Glücke, ich trachte nach meinem Werke." — „Oh Zarathuſtra, redeten die Thiere abermals, Das ſagſt du als Einer, der des Guten übergenug hat. Liegſt du nicht in einem himmelblauen See von Glück?" — „Ihr Schalks-Narren, antwortete Zarathuſtra und lächelte, wie gut wähltet ihr das Gleichniß! Aber ihr wißt auch, daß mein Glück ſchwer iſt, und nicht wie eine flüſſige Waſſerwelle: es drängt mich und will nicht von mir, und thut gleich geſchmolzenem Peche." — Da giengen die Thiere wieder nachdenklich um ihn herum und ſtellten ſich dann abermals vor ihn hin. „Oh Zarathuſtra, ſagten ſie, daher alſo kommt es, daß du ſelber immer gelber und dunkler wirſt, obſchon dein Haar weiß und flächſern ausſehen will? Siehe doch, du ſitzeſt in deinem Peche!" — „Was ſagt ihr da, meine Thiere? ſagte Zarathuſtra und lachte dazu, wahrlich, ich läſterte, als ich von Peche ſprach. Wie mir geſchieht, ſo geht es allen Früchten, die reif werden. Es iſt der Honig in meinen Adern, der mein Blut dicker und auch meine Seele ſtiller macht." — „So wird es ſein, oh Zarathuſtra, antworteten die Thiere und drängten ſich an ihn; willſt du aber nicht heute auf einen hohen Berg ſteigen? Die Luft iſt rein, und man ſieht heute mehr von der Welt als jemals." — „Ja, meine Thiere, antwortete er, ihr rathet trefflich und mir nach dem Herzen: ich will heute auf einen hohen Berg ſteigen! Aber ſorgt, daß dort Honig mir zur Hand ſei, gelber, weißer, guter, eisfriſcher Waben-Goldhonig. Denn wiſſet, ich will droben das Honig-Opfer bringen." — Als Zarathuſtra aber oben auf der Höhe war, ſandte er die Thiere heim, die ihn geleitet hatten, und fand, daß er nunmehr allein ſei: — da lachte er aus ganzem Herzen, ſah ſich um und ſprach alſo: Daß ich von Opfern ſprach und Honig-Opfern, eine Liſt war's nur meiner Rede und, wahrlich, eine nützliche Thorheit! Hier oben darf ich ſchon freier reden, als vor Einſiedler-Höhlen und Einſiedler-Hausthieren. Was opfern! Ich verſchwende, was mir geſchenkt wird, ich Verſchwender mit tauſend Händen: wie dürfte ich Das noch — Opfern heißen! Und als ich nach Honig begehrte, begehrte ich nur nach Köder und ſüßem Seime und Schleime, nach dem auch Brummbären und wunderliche mürriſche böſe Vögel die Zunge lecken: — nach dem beſten Köder, wie er Jägern und Fiſchfängern noth thut. Denn wenn die Welt wie ein dunkler Thierwald iſt und aller wilden Jäger Luſtgarten, ſo dünkt ſie mich noch mehr und lieber ein abgründliches reiches Meer, —ein Meer voll bunter Fiſche und Krebſe, nach dem es auch Götter gelüſten möchte, daß ſie an ihm zu Fiſchern würden und zu Netz-Auswerfern: ſo reich iſt die Welt an Wunderlichem, großem und kleinem! Sonderlich die Menſchen-Welt, das Menſchen-Meer: — nach dem werfe ich nun meine goldene Angelruthe aus und ſpreche: thue dich auf, du Menſchen-Abgrund! Thue dich auf und wirf mir deine Fiſche und Glitzer-Krebſe zu! Mit meinem beſten Köder ködere ich mir heute die wunderlichſten Menſchen-Fiſche! — mein Glück ſelber werfe ich hinaus in alle Weiten und Fernen, zwiſchen Aufgang, Mittag und Niedergang, ob nicht an meinem Glücke viele Menſchen-Fiſche zerrn und zappeln lernen, bis ſie, anbeißend an meine ſpitzen verborgenen Haken, hinauf müſſen in meine Höhe, die bunteſten Abgrund-Gründlinge zu dem boshaftiſten aller Menſchen-Fiſchfänger. Der nämlich bin ich von

Grund und Anbeginn, ziehend, heranziehend, hinaufziehend, aufziehend,
ein Zieher, Züchter und Zuchtmeister, der sich nicht umsonst einstmals zusprach: „Werde, der du bist!" ᴓᴓ Also mögen nunmehr die Menschen zu
mir hinauf kommen: denn noch warte ich der Zeichen, daß es Zeit sei zu
meinem Niedergange; noch gehe ich selber nicht unter, wie ich muß, unter
Menschen. ᴓᴓ Dazu warte ich hier, listig und spöttisch auf hohen Bergen,
kein Ungeduldiger, kein Geduldiger, vielmehr Einer, der auch die Geduld
verlernt hat, – weil er nicht mehr „duldet". ᴓᴓ Mein Schicksal nämlich läßt
mir Zeit: es vergaß mich wohl? Oder sitzt es hinter einem großen Steine im
Schatten und fängt Fliegen? ᴓᴓ Und wahrlich, ich bin ihm gut darob,
meinem ewigen Schicksale, daß es mich nicht hetzt und drängt und mir Zeit
zu Possen läßt und Bosheiten: also daß ich heute zu einem Fischfange auf
diesen hohen Berg stieg. ᴓᴓ Fieng wohl je ein Mensch auf hohen Bergen
Fische? Und wenn es auch eine Thorheit ist, was ich hier oben will und treibe:
besser noch Dieß, als daß ich da unten feierlich würde vor Warten und grün
und gelb – ᴓᴓ – ein gespreizter Zornschnauber vor Warten, ein heiliger
Heule-Sturm aus Bergen, ein Ungeduldiger, der in die Thäler hinab ruft:
„Hört, oder ich peitsche euch mit der Geißel Gottes!" ᴓᴓ Nicht daß ich
solchen Zürnern darob gram würde: zum Lachen sind sie mir gut genug!
Ungeduldig müssen sie schon sein, diese großen Lärmtrommeln, welche heute
oder niemals zu Worte kommen! ᴓᴓ Ich aber und mein Schicksal – wir
reden nicht zum Heute, wir reden auch nicht zum Niemals: wir haben zum
Reden schon Geduld und Zeit und Überzeit. Denn einst muß er doch kommen
und darf nicht vorübergehn. ᴓᴓ Wer muß einst kommen und darf nicht
vorübergehn? Unser großer Hazar, das ist unser großes fernes Menschen-
Reich, das Zarathustra-Reich von tausend Jahren – – ᴓᴓ Wie ferne mag
solches „Ferne" sein? was geht's mich an! Aber darum steht es mir doch nicht
minder fest –, mit beiden Füßen stehe ich sicher auf diesem Grunde, ᴓᴓ
– auf einem ewigen Grunde, auf hartem Urgesteine, auf diesem höchsten
härtesten Urgebirge, zu dem alle Winde kommen als zur Wetterscheide,
fragend nach Wo? und Woher? und Wohinaus? ᴓᴓ Hier lache, lache,
meine helle heile Bosheit! Von hohen Bergen wirf hinab dein glitzerndes
Spott-Gelächter! Ködere mit deinem Glitzern mir die schönsten Menschen-
Fische! ᴓᴓ Und was in allen Meeren mir zugehört, mein An-und-für-mich
in allen Dingen – Das fische mir heraus, Das führe zu mir herauf: deß warte
ich, der boshaftigste aller Fischfänger. ᴓᴓ Hinaus, hinaus, meine Angel!
Hinein, hinab, Köder meines Glücks! Träufle deinen süßesten Thau, mein
Herzens-Honig! Beiße, meine Angel, in den Bauch aller schwarzen Trübsal!
ᴓᴓ Hinaus, hinaus, mein Auge! Oh welche vielen Meere rings um mich,
welch dämmernde Menschen-Zukünfte! Und über mir – welch rosenrothe
Stille! Welch entwölktes Schweigen!

DER NOTHSCHREI

DES nächsten Tages saß Zarathustra wieder auf seinem Steine vor der
Höhle, während die Thiere draußen in der Welt herumschweiften, daß
sie neue Nahrung heimbrächten, – auch neuen Honig: denn Zarathustra
hatte den alten Honig bis auf das letzte Korn verthan und verschwendet. Als
er aber dermaßen dasaß, mit einem Stecken in der Hand, und den Schatten
seiner Gestalt auf der Erde abzeichnete, nachdenkend, und wahrlich! nicht
über sich und seinen Schatten – da erschrak er mit Einem Male und fuhr zusammen: denn er sahe neben seinem Schatten noch einen andern Schatten.
Und wie er schnell um sich blickte und aufstand, siehe, da stand der Wahrsager neben ihm, derselbe, den er einstmals an seinem Tische gespeist und

117

getränkt hatte, der Verkündiger der großen Müdigkeit, welcher lehrte: „Alles ist gleich, es lohnt sich Nichts, Welt ist ohne Sinn, Wissen würgt". ◊◊ Aber sein Antlitz hatte sich inzwischen verwandelt; und als ihm Zarathustra in die Augen blickte, wurde sein Herz abermals erschreckt: so viel schlimme Verkündigungen und aschgraue Blitze liefen über dieß Gesicht. ◊◊ Der Wahrsager, der es wahrgenommen, was sich in Zarathustra's Seele zutrug, wischte mit der Hand über sein Antlitz hin, wie als ob er dasselbe wegwischen wollte; desgleichen that auch Zarathustra. Und als Beide dergestalt sich schweigend gefaßt und gekräftigt hatten, gaben sie sich die Hände, zum Zeichen, daß sie sich wiedererkennen wollten. ◊◊ „Sei mir willkommen, sagte Zarathustra, du Wahrsager der großen Müdigkeit, du sollst nicht umsonst einstmals mein Tisch- und Gastfreund gewesen sein. Iß und trink auch heute bei mir und vergieb es, daß ein vergnügter alter Mann mit dir zu Tische sitzt!" — „Ein vergnügter alter Mann? antwortete der Wahrsager, den Kopf schüttelnd: wer du aber auch bist oder sein willst, oh Zarathustra, du bist es zum Längsten hier Oben gewesen, — dein Nachen soll über Kurzem nicht mehr im Trocknen sitzen!" — „Sitze ich denn im Trocknen?" fragte Zarathustra lachend. — „Die Wellen um deinen Berg, antwortete der Wahrsager, steigen und steigen, die Wellen großer Noth und Trübsal: die werden bald auch deinen Nachen heben und dich davontragen." — Zarathustra schwieg hierauf und wunderte sich. — „Hörst du noch Nichts? fuhr der Wahrsager fort: rauscht und braust es nicht herauf aus der Tiefe?" — Zarathustra schwieg abermals und horchte: da hörte er einen langen, langen Schrei, welchen die Abgründe sich zuwarfen und weitergaben, denn keiner wollte ihn behalten: so böse klang er. ◊◊ „Du schlimmer Verkündiger, sprach endlich Zarathustra, das ist ein Nothschrei und der Schrei eines Menschen, der mag wohl aus einem schwarzen Meere kommen. Aber was geht mich Menschen-Noth an! Meine letzte Sünde, die mir aufgespart blieb, — weißt du wohl, wie sie heißt?" ◊◊ — „Mitleiden! antwortete der Wahrsager aus einem überströmenden Herzen und hob beide Hände empor — oh Zarathustra, ich komme, daß ich dich zu deiner letzten Sünde verführe!" — ◊◊ Und kaum waren diese Worte gesprochen, da erscholl der Schrei abermals, und länger und ängstlicher als vorher, auch schon viel näher. „Hörst du? Hörst du, oh Zarathustra? rief der Wahrsager, dir gilt der Schrei, dich ruft er: komm, komm, komm, es ist Zeit, es ist höchste Zeit!" — ◊◊ Zarathustra schwieg hierauf, verwirrt und erschüttert; endlich fragte er, wie Einer, der bei sich selber zögert: „Und wer ist das, der dort mich ruft?" ◊◊ „Aber du weißt es ja, antwortete der Wahrsager heftig, was verbirgst du dich? Der höhere Mensch ist es, der nach dir schreit!" ◊◊ „Der höhere Mensch? schrie Zarathustra von Grausen erfaßt: was will der? Was will der? Der höhere Mensch! Was will der hier?" — und seine Haut bedeckte sich mit Schweiß. ◊◊ Der Wahrsager aber antwortete nicht auf die Angst Zarathustra's, sondern horchte und horchte nach der Tiefe zu. Als es jedoch lange Zeit dort stille blieb, wandte er seinen Blick zurück und sahe Zarathustra stehn und zittern. ◊◊ „Oh Zarathustra, hob er mit trauriger Stimme an, du stehst nicht da wie Einer, den sein Glück drehend macht: du wirst tanzen müssen, daß du mir nicht umfällst! ◊◊ Aber wenn du auch vor mir tanzen wolltest und alle deine Seitensprünge springen: Niemand soll mir doch sagen dürfen: „Siehe, hier tanzt der letzte frohe Mensch!" ◊◊ Umsonst käme Einer auf diese Höhe, der den hier suchte: Höhlen fände er wohl und Hinter-Höhlen, Verstecke für Versteckte, aber nicht Glücks-Schachte und Schatzkammern und neue Glücks-Goldadern. ◊◊ Glück — wie fände man wohl das Glück bei solchen Vergrabenen und Einsiedlern! Muß ich das letzte Glück noch auf glückseligen Inseln suchen und ferne zwischen vergessenen Meeren? ◊◊ Aber Alles ist gleich, es lohnt sich Nichts, es hilft kein Suchen, es giebt auch keine glückseligen Inseln mehr!" — — ◊◊◊ Also seufzte der

118

Wahrfager; bei feinem letzten Seufzer aber wurde Zarathuftra wieder hell und ficher, gleich Einem, der aus einem tiefen Schlunde an's Licht kommt. „Nein! Nein! Drei Mal Nein! rief er mit ftarker Stimme und ftrich fich den Bart – Das weiß ich beffer! Es giebt noch glückfelige Infeln! Stille davon, du feufzender Trauerfack! Höre davon auf zu plätfchern, du Regenwolke am Vormittag! Stehe ich denn nicht fchon da, naß von deiner Trübfal und begoffen wie ein Hund? Nun fchüttle ich mich und laufe dir davon, daß ich wieder trocken werde: deß darfft du nicht Wunder haben! Dünke ich dir unhöflich? Aber hier ift mein Hof. Was aber deinen höheren Men- fchen angeht: wohlan! ich fuche ihn flugs in jenen Wäldern: daher kam fein Schrei. Vielleicht bedrängt ihn da ein böfes Thier. Er ift in meinem Be- reiche: darin foll er mir nicht zu Schaden kommen! Und wahrlich, es giebt viele böfe Thiere bei mir.“ – Mit diefen Worten wandte fich Zarathu- ftra zum Gehen. Da fprach der Wahrfager: „Oh Zarathuftra, du bift ein Schelm! Ich weiß es fchon: du willft mich los fein! Lieber noch läufft du in die Wälder und ftellft böfen Thieren nach! Aber was hilft es dir? Des Abends wirft du doch mich wiederhaben; in deiner eignen Höhle werde ich dafitzen, geduldig und fchwer wie ein Klotz – und auf dich warten!“ „So fei's! rief Zarathuftra zurück im Fortgehn: und was mein ift in meiner Höhle, gehört auch dir, meinem Gaftfreunde! Sollteft du aber drin noch Honig finden, wohlan! fo lecke ihn nur auf, du Brummbär, und verfüße deine Seele! Am Abende nämlich wollen wir Beide guter Dinge fein, – guter Dinge und froh darob, daß diefer Tag zu Ende gieng! Und du felber follft zu meinen Liedern als mein Tanzbär tanzen. Du glaubft nicht daran? Du fchüttelft den Kopf? Wohlan! Wohlauf! Alter Bär! Aber auch ich – bin ein Wahrfager.“

ALSO SPRACH ZARATHUSTRA.

GESPRÄCH MIT DEN KÖNIGEN

ZARATHUSTRA war noch keine Stunde in feinen Bergen und Wäl- dern unterwegs, da fahe er mit Einem Male einen feltfamen Aufzug. Gerade auf dem Wege, den er hinabwollte, kamen zwei Könige gegangen, mit Kronen und Purpurgürteln gefchmückt und bunt wie Flamingo-Vögel: die trieben einen beladenen Efel vor fich her. „Was wollen diefe Könige in meinem Reiche?“ fprach Zarathuftra erftaunt zu feinem Herzen und ver- fteckte fich gefchwind hinter einem Bufche. Als aber die Könige bis zu ihm herankamen, fagte er, halblaut, wie Einer, der zu fich allein redet: „Seltfam! Seltfam! Wie reimt fich Das zufammen? Zwei Könige fehe ich – und nur Einen Efel!“ Da machten die beiden Könige Halt, lächelten, fahen nach der Stelle hin, woher die Stimme kam, und fahen fich nachher felber in's Ge- ficht. „Solcherlei denkt man wohl auch unter uns, fagte der König zur Rech- ten, aber man fpricht es nicht aus.“ Der König zur Linken aber zuckte mit den Achfeln und antwortete: „Das mag wohl ein Ziegenhirt fein. Oder ein Einfiedler, der zu lange unter Felfen und Bäumen lebte. Gar keine Gefell- fchaft nämlich verdirbt auch die guten Sitten.“ „Die guten Sitten? ent- gegnete unwillig und bitter der andre König: wem laufen wir denn aus dem Wege? Ift es nicht den „guten Sitten“? Unfrer „guten Gefellfchaft“? Lieber, wahrlich, unter Einfiedlern und Ziegenhirten als mit unferm vergol- deten falfchen überfchminkten Pöbel leben, – ob er fich fchon „gute Gefell- fchaft“ heißt, – ob er fich fchon „Adel“ heißt. Aber da ift Alles falfch und faul, voran das Blut, Dank alten fchlechten Krankheiten und fchlech- teren Heil-Künftlern. Der Befte und Liebfte ift mir heute noch ein ge-

sunder Bauer, grob, liftig, hartnäckig, langhaltig: das ift heute die vornehmfte Art. ◦◦ Der Bauer ift heute der Befte; und Bauern-Art follte Herr fein! Aber es ift das Reich des Pöbels, – ich laffe mir Nichts mehr vormachen. Pöbel aber, das heißt: Mifchmafch. ◦◦ Pöbel-Mifchmafch: darin ift Alles in Allem durcheinander, Heiliger und Hallunke und Junker und Jude und jeglich Vieh aus der Arche Noäh. ◦◦ Gute Sitten! Alles ift bei uns falfch und faul. Niemand weiß mehr zu verehren: dem gerade laufen wir davon. Es find füßliche zudringliche Hunde, fie vergolden Palmenblätter. ◦◦ Diefer Ekel würgt mich, daß wir Könige felber falfch wurden, überhängt und verkleidet durch alten vergilbten Großväter-Prunk, Schaumünzen für die Dümmften und die Schlaueften und wer heute Alles mit der Macht Schacher treibt! ◦◦ Wir find nicht die Erften – und müffen es doch bedeuten: diefer Betrügerei find wir endlich fatt und ekel geworden. ◦◦ Dem Gefindel giengen wir aus dem Wege, allen diefen Schreihälfen und Schreib-Schmeiß-fliegen, dem Krämer-Geftank, dem Ehrgeiz-Gezappel, dem üblen Athem –: pfui, unter dem Gefindel leben, ◦◦ – pfui, unter dem Gefindel die Erften zu bedeuten! Ach, Ekel! Ekel! Ekel! Was liegt noch an uns Königen!" – ◦◦ „Deine alte Krankheit fällt dich an, fagte hier der König zur Linken, der Ekel fällt dich an, mein armer Bruder. Aber du weißt es doch, es hört uns Einer zu." ◦◦ Sofort erhob fich Zarathuftra, der zu diefen Reden Ohren und Augen aufgefperrt hatte, aus feinem Schlupfwinkel, trat auf die Könige zu und begann: ◦◦ „Der Euch zuhört, der Euch gerne zuhört, Ihr Könige, der heißt Zarathuftra. ◦◦ Ich bin Zarathuftra, der einft fprach: „Was liegt noch an Königen!" Vergebt mir, ich freute mich, als Ihr zu einander fagtet: „Was liegt an uns Königen!" ◦◦ Hier aber ift mein Reich und meine Herr-fchaft: was mögt Ihr wohl in meinem Reiche fuchen? Vielleicht aber fandet Ihr unterwegs, was ich fuche: nämlich den höheren Menfchen." ◦◦ Als dieß die Könige hörten, fchlugen fie fich an die Bruft und fprachen mit Einem Munde: „Wir find erkannt! ◦◦ Mit dem Schwerte diefes Wortes zerhauft du unfres Herzens dickfte Finfterniß. Du entdeckteft unfre Noth, denn fiehe! wir find unterwegs, daß wir den höheren Menfchen fänden – ◦◦ – den Menfchen, der höher ift als wir: ob wir gleich Könige find. Ihm führen wir diefen Efel zu. Der höchfte Menfch nämlich foll auf Erden auch der höchfte Herr fein. ◦◦ Es giebt kein härteres Unglück in allem Menfchen-Schick-fale, als wenn die Mächtigen der Erde nicht auch die erften Menfchen find. Da wird Alles falfch und fchief und ungeheuer. ◦◦ Und wenn fie gar die letzten find und mehr Vieh als Menfch: da fteigt und fteigt der Pöbel im Preife, und endlich fpricht gar die Pöbel-Tugend: „fiehe, ich allein bin Tugend"!" – ◦◦ Was hörte ich eben? antwortete Zarathuftra; welche Weisheit bei Königen! Ich bin entzückt, und, wahrlich, fchon gelüftet's mich, einen Reim darauf zu machen: – ◦◦ – mag es auch ein Reim werden, der nicht für Jedermanns Ohren taugt. Ich verlernte feit langem fchon die Rückficht auf lange Ohren. Wohlan! Wohlauf! ◦◦ (Hier aber gefchah es, daß auch der Efel zu Worte kam: er fagte aber deutlich und mit böfem Willen I-A.)

EINSTMALS – ICH GLAUB', IM JAHR DES HEILES EINS –
SPRACH DIE SIBYLLE, TRUNKEN SONDER WEINS:
„WEH, NUN GEHT'S SCHIEF!
„VERFALL! VERFALL! NIE SANK DIE WELT SO TIEF!
„ROM SANK ZUR HURE UND ZUR HUREN-BUDE,
„ROM'S CAESAR SANK ZUM VIEH, GOTT SELBST – WARD JUDE!"

2 ⫷⫸ An diesen Reimen Zarathustra's weideten sich die Könige; der König zur Rechten aber sprach: „oh Zarathustra, wie gut thaten wir, daß wir auszogen, dich zu sehn! ⫷⫸ Deine Feinde nämlich zeigten uns dein Bild in ihrem Spiegel: da blicktest du mit der Fratze eines Teufels und hohnlachend: also daß wir uns vor dir fürchteten. ⫷⫸ Aber was half's! Immer wieder stachst du uns in Ohr und Herz mit deinen Sprüchen. Da sprachen wir endlich: was liegt daran, wie er aussieht! ⫷⫸ Wir müssen ihn hören, ihn, der lehrt: „ihr sollt den Frieden lieben als Mittel zu neuen Kriegen, und den kurzen Frieden mehr als den langen!“ ⫷⫸ Niemand sprach je so kriegerische Worte: „Was ist gut? Tapfer sein ist gut. Der gute Krieg ist's, der jede Sache heiligt.“ ⫷⫸ Oh Zarathustra, unsrer Väter Blut rührte sich bei solchen Worten in unserm Leibe: das war wie die Rede des Frühlings zu alten Weinfässern. ⫷⫸ Wenn die Schwerter durcheinander liefen gleich rothgefleckten Schlangen, da wurden unsre Väter dem Leben gut; alles Friedens Sonne dünkte sie flau und lau, der lange Frieden aber machte Scham. ⫷⫸ Wie sie seufzten, unsre Väter, wenn sie an der Wand blitzblanke ausgedorrte Schwerter sahen! Denen gleich dürsteten sie nach Krieg. Ein Schwert nämlich will Blut trinken und funkelt vor Begierde.“ – – ⫷⫸ – Als die Könige dergestalt mit Eifer von dem Glück ihrer Väter redeten und schwätzten, überkam Zarathustra keine kleine Lust, ihres Eifers zu spotten: denn ersichtlich waren es sehr friedfertige Könige, welche er vor sich sah, solche mit alten und feinen Gesichtern. Aber er bezwang sich. „Wohlan! sprach er, dorthin führt der Weg, da liegt die Höhle Zarathustra's; und dieser Tag soll einen langen Abend haben! Jetzt aber ruft mich eilig ein Nothschrei fort von Euch. ⫷⫸ Es ehrt meine Höhle, wenn Könige in ihr sitzen und warten wollen: aber, freilich, Ihr werdet lange warten müssen! ⫷⫸ Je nun! Was thut's! Wo lernt man heute besser warten als an Höfen? Und der Könige ganze Tugend, die ihnen übrig blieb, – heißt sie heute nicht: Warten-können?“

ALSO SPRACH ZARATHUSTRA.

DER BLUTEGEL

UND Zarathustra gieng nachdenklich weiter und tiefer, durch Wälder und vorbei an moorigen Gründen; wie es aber Jedem ergeht, der über schwere Dinge nachdenkt, so trat er unversehens dabei auf einen Menschen. Und siehe, da sprützten ihm mit Einem Male ein Wehschrei und zwei Flüche und zwanzig schlimme Schimpfworte in's Gesicht: also daß er in seinem Schrecken den Stock erhob und auch auf den Getretenen noch zuschlug. Gleich darauf aber kam ihm die Besinnung; und sein Herz lachte über die Thorheit, die er eben gethan hatte. ⫷⫸ „Vergieb, sagte er zu dem Getretenen, der sich grimmig erhoben und gesetzt hatte, vergieb und vernimm vor Allem erst ein Gleichniß. ⫷⫸ Wie ein Wanderer, der von fernen Dingen träumt, unversehens auf einsamer Straße einen schlafenden Hund anstößt, einen Hund, der in der Sonne liegt: ⫷⫸ – wie da Beide auffahren, sich anfahren, Todfeinden gleich, diese zwei zu Tod Erschrockenen: also ergieng es uns. ⫷⫸ Und doch! Und doch – wie Wenig hat gefehlt, daß sie einander liebkosten, dieser Hund und dieser Einsame! Sind sie doch Beide – Einsame!“ ⫷⫸ – „Wer du auch sein magst, sagte immer noch grimmig der Getretene, du trittst mir auch mit deinem Gleichniß zu nahe, und nicht nur mit deinem Fuße! ⫷⫸ Siehe doch, bin ich denn ein Hund?“ – und dabei erhob sich der Sitzende und zog seinen nackten Arm aus dem Sumpfe. Zuerst nämlich hatte er ausgestreckt am Boden gelegen, verborgen und unkenntlich gleich Solchen, die einem Sumpf-Wilde auflauern. ⫷⫸ „Aber was treibst du doch!“

rief Zarathuſtra erſchreckt, denn er ſahe, daß über den nackten Arm weg viel Blut floß, – „was iſt dir zugeſtoßen? Biß dich, du Unſeliger, ein ſchlimmes Thier?" Der Blutende lachte, immer noch erzürnt. „Was geht's dich an! ſagte er und wollte weitergehn. Hier bin ich heim und in meinem Bereiche. Mag mich fragen, wer da will: einem Tölpel aber werde ich ſchwerlich antworten." „Du irrſt, ſagte Zarathuſtra mitleidig und hielt ihn feſt, du irrſt: hier biſt du nicht bei dir, ſondern in meinem Reiche, und darin ſoll mir Keiner zu Schaden kommen. Nenne mich aber immerhin, wie du willſt, – ich bin, der ich ſein muß. Ich ſelber heiße mich Zarathuſtra. Wohlan! Dort hinauf geht der Weg zu Zarathuſtra's Höhle: die iſt nicht fern, – willſt du nicht bei mir deiner Wunden warten? Es gieng dir ſchlimm, du Unſeliger, in dieſem Leben: erſt biß dich das Thier, und dann – trat dich der Menſch!" – – Als aber der Getretene den Namen Zarathuſtra's hörte, verwandelte er ſich. „Was geſchieht mir doch! rief er aus, wer kümmert mich denn noch in dieſem Leben, als dieſer Eine Menſch, nämlich Zarathuſtra, und jenes Eine Thier, das vom Blute lebt, der Blutegel? Des Blutegels halber lag ich hier an dieſem Sumpfe wie ein Fiſcher, und ſchon war mein ausgehängter Arm zehn Mal angebiſſen, da beißt noch ein ſchönerer Igel nach meinem Blute, Zarathuſtra ſelber! Oh Glück! Oh Wunder! Gelobt ſei dieſer Tag, der mich in dieſen Sumpf lockte! Gelobt ſei der beſte lebendigſte Schröpfkopf, der heut lebt, gelobt ſei der große Gewiſſens-Blutegel Zarathuſtra!" – Alſo ſprach der Getretene; und Zarathuſtra freute ſich über ſeine Worte und ihre feine ehrfürchtige Art. „Wer biſt du? fragte er und reichte ihm die Hand, zwiſchen uns bleibt Viel aufzuklären und aufzuheitern: aber ſchon, dünkt mich, wird es reiner heller Tag." „Ich bin der Gewiſſenhafte des Geiſtes, antwortete der Gefragte, und in Dingen des Geiſtes nimmt es nicht leicht Einer ſtrenger, enger und härter als ich, ausgenommen Der, von dem ich's lernte, Zarathuſtra ſelber. Lieber Nichts wiſſen, als Vieles halb wiſſen! Lieber ein Narr ſein auf eigne Fauſt, als ein Weiſer nach fremdem Gutdünken! Ich – gehe auf den Grund: – was liegt daran, ob er groß oder klein iſt? Ob er Sumpf oder Himmel heißt? Eine Hand breit Grund iſt mir genung: wenn er nur wirklich Grund und Boden iſt! – eine Hand breit Grund: darauf kann man ſtehn. In der rechten Wiſſen-Gewiſſenſchaft giebt es nichts Großes und nichts Kleines." „So biſt du vielleicht der Erkenner des Blutegels? fragte Zarathuſtra; und du gehſt dem Blutegel nach bis auf die letzten Gründe, du Gewiſſenhafter?" „Oh Zarathuſtra, antwortete der Getretene, das wäre ein Ungeheures, wie dürfte ich mich deſſen unterfangen! Weß ich aber Meiſter und Kenner bin, das iſt des Blutegels Hirn: – das iſt meine Welt! Und es iſt auch eine Welt! Vergieb aber, daß hier mein Stolz zu Worte kommt, denn ich habe hier nicht meines Gleichen. Darum ſprach ich „hier bin ich heim". Wie lange gehe ich ſchon dieſem Einen nach, dem Hirn des Blutegels, daß die ſchlüpfrige Wahrheit mir hier nicht mehr entſchlüpfe! Hier iſt mein Reich! – darob warf ich alles Andere fort, darob wurde mir alles Andre gleich; und dicht neben meinem Wiſſen lagert mein ſchwarzes Unwiſſen. Mein Gewiſſen des Geiſtes will es ſo von mir, daß ich Eins weiß und ſonſt Alles nicht weiß: es ekelt mich aller Halben des Geiſtes, aller Dunſtigen, Schwebenden, Schwärmeriſchen. Wo meine Redlichkeit aufhört, bin ich blind und will auch blind ſein. Wo ich aber wiſſen will, will ich auch redlich ſein, nämlich hart, ſtreng, eng, grauſam, unerbittlich. Daß du einſt ſprachſt, oh Zarathuſtra: „Geiſt iſt das Leben, das ſelber in's Leben ſchneidet", das führte und verführte mich zu deiner Lehre. Und, wahrlich, mit eignem Blute mehrte ich mir das eigne Wiſſen!" – „Wie der Augenſchein lehrt", fiel Zarathuſtra ein; denn immer noch floß das Blut an dem nackten Arme des Gewiſſenhaften herab. Es hatten nämlich zehn Blutegel ſich in denſelben eingebiſſen.

122

"Oh du wunderlicher Gesell, wie Viel lehrt mich dieser Augenschein da, nämlich du selber! Und nicht Alles dürfte ich vielleicht in deine strengen Ohren gießen! Wohlan! So scheiden wir hier! Doch möchte ich gerne dich wiederfinden. Dort hinauf führt der Weg zu meiner Höhle: heute Nacht sollst du dort mein lieber Gast sein! Gerne möchte ich's auch an deinem Leibe wieder gut machen, daß Zarathustra dich mit Füßen trat: darüber denke ich nach. Jetzt aber ruft mich ein Nothschrei eilig fort von dir."

ALSO SPRACH ZARATHUSTRA.

DER ZAUBERER

ALS aber Zarathustra um einen Felsen herumbog, da sahe er, nicht weit unter sich, auf dem gleichen Wege, einen Menschen, der die Glieder warf wie ein Tobsüchtiger und endlich bäuchlings zur Erde niederstürzte. "Halt! sprach da Zarathustra zu seinem Herzen, Der dort muß wohl der höhere Mensch sein, von ihm kam jener schlimme Nothschrei, — ich will sehn, ob da zu helfen ist." Als er aber hinzulief, an die Stelle, wo der Mensch auf dem Boden lag, fand er einen zitternden alten Mann mit stieren Augen; und wie sehr sich Zarathustra mühte, daß er ihn aufrichte und wieder auf seine Beine stelle, es war umsonst. Auch schien der Unglückliche nicht zu merken, daß Jemand um ihn sei; vielmehr sah er sich immer mit rührenden Gebärden um, wie ein von aller Welt Verlassener und Vereinsamter. Zuletzt aber, nach vielem Zittern, Zucken und Sich-Zusammenkrümmen, begann er also zu jammern:

Wer wärmt mich, wer liebt mich noch?
Gebt heiße Hände!
gebt Herzens-Kohlenbecken!
Hingestreckt, schaudernd,
Halbtodtem gleich, dem man die Füße wärmt —
geschüttelt, ach! von unbekannten Fiebern,
zitternd vor spitzen eisigen Frost-Pfeilen,
von dir gejagt, Gedanke!
Unnennbarer! Verhüllter! Entsetzlicher!
du Jäger hinter Wolken!
Darniedergeblitzt von dir,
du höhnisch Auge, das mich aus Dunklem anblickt:
— so liege ich,
biege mich, winde mich, gequält
von allen ewigen Martern,
getroffen
von dir, grausamster Jäger,
du unbekannter — Gott!

Triff tiefer!
Triff Ein Mal noch!
Zerstich, zerbrich dieß Herz!
Was soll dieß Martern
mit zähnestumpfen Pfeilen?
Was blickst du wieder,
der Menschen-Qual nicht müde,
mit schadenfrohen Götter-Blitz-Augen?
Nicht tödten willst du,
nur martern, martern?

Wozu – mich martern,
du schadenfroher unbekannter Gott? –

Haha! Du schleichst heran?
Bei solcher Mitternacht
was willst du? Sprich!
Du drängst mich, drückst mich –
Ha! schon viel zu nahe!
Weg! Weg!
Du hörst mich athmen,
du behorchst mein Herz,
du Eifersüchtiger –
Worauf doch eifersüchtig?
Weg! Weg! Wozu die Leiter?
Willst du hinein,
in's Herz,
einsteigen, in meine heimlichsten
Gedanken einsteigen?
Schamloser! Unbekannter – Dieb!
Was willst du dir erstehlen?
Was willst du dir erhorchen?
Was willst du dir erfoltern,
du Folterer!
Du – Henker-Gott!
Oder soll ich, dem Hunde gleich,
vor dir mich wälzen?
Hingebend, begeistert-außer-mir,
dir – Liebe zuwedeln?

Umsonst! Stich weiter,
grausamster Stachel! Nein,
kein Hund – dein Wild nur bin ich,
grausamster Jäger!
Dein stolzester Gefangner,
du Räuber hinter Wolken!
Sprich endlich!
Was willst du, Wegelagerer, von mir?
Du Blitz-Verhüllter! Unbekannter! sprich,
was willst du, unbekanntter – Gott?

Wie? Lösegeld?
Was willst du Lösegelds?
Verlange Viel – das räth mein Stolz!
und rede kurz – das räth mein andrer Stolz!

Haha!
Mich – willst du? Mich?
Mich – ganz?...

Haha!
und marterst mich, Narr, der du bist,
zermarterst meinen Stolz?
Gieb Liebe mir – wer wärmt mich noch?
wer liebt mich noch? – gieb heiße Hände,
gieb Herzens-Kohlenbecken,

124

gieb mir, dem Einsamsten,
den Eis, ach! siebenfaches Eis
nach Feinden selber,
nach Feinden schmachten lehrt,
gieb, ja ergieb,
grausamster Feind,
mir – dich! – –

Davon!
Da floh er selber,
mein letzter einziger Genoß,
mein großer Feind,
mein Unbekannter,
mein Henker-Gott! –

– Nein! Komm zurück,
mit allen deinen Martern!
Zum Letzten aller Einsamen
oh komm zurück!
All meine Thränen-Bäche laufen
zu dir den Lauf!
Und meine letzte Herzens-Flamme –
dir glüht sie auf!
Oh komm zurück,
mein unbekannter Gott! mein Schmerz!
mein letztes – Glück!

2 – Hier aber konnte sich Zarathustra nicht länger halten, nahm
seinen Stock und schlug mit allen Kräften auf den Jammernden los. „Halt ein!
schrie er ihm zu, mit ingrimmigem Lachen, halt ein, du Schauspieler! Du
Falschmünzer! Du Lügner aus dem Grunde! Ich erkenne dich wohl!
Ich will dir schon warme Beine machen, du schlimmer Zauberer, ich verstehe
mich gut darauf, Solchen wie du bist – einzuheizen!" – „Laß ab, sagte
der alte Mann und sprang vom Boden auf, schlage nicht mehr, oh Zarathustra!
Ich trieb's also nur zum Spiele! Solcherlei gehört zu meiner Kunst; dich
selber wollte ich auf die Probe stellen, als ich dir diese Probe gab! Und, wahrlich, du hast mich gut durchschaut! Aber auch du – gabst mir von dir
keine kleine Probe: du bist hart, du weiser Zarathustra! Hart schlägst du zu
mit deinen „Wahrheiten", dein Knüttel erzwingt von mir – diese Wahrheit!"
– „Schmeichle nicht, antwortete Zarathustra, immer noch erregt und
finsterblickend, du Schauspieler aus dem Grunde! Du bist falsch: was redest
du – von Wahrheit! Du Pfau der Pfauen, du Meer der Eitelkeit, was
spieltest du vor mir, du schlimmer Zauberer, an wen sollte ich glauben, als du
in solcher Gestalt jammertest?" „Den Büßer des Geistes, sagte der alte
Mann, den – spielte ich: du selber erfandest einst dieß Wort – – den
Dichter und Zauberer, der gegen sich selber endlich seinen Geist wendet, den
Verwandelten, der an seinem bösen Wissen und Gewissen erfriert. Und
gesteh es nur ein: es währte lange, oh Zarathustra, bis du hinter meine Kunst
und Lüge kamst! Du glaubtest an meine Noth, als du mir den Kopf mit beiden
Händen hieltest, – – ich hörte dich jammern „man hat ihn zu wenig geliebt, zu wenig geliebt!" Daß ich dich soweit betrog, darüber frohlockte inwendig meine Bosheit." „Du magst Feinere betrogen haben als mich,
sagte Zarathustra hart. Ich bin nicht auf der Hut vor Betrügern, ich muß ohne
Vorsicht sein: so will es mein Loos. Du aber – mußt betrügen: so weit
kenne ich dich! Du mußt immer zwei- drei- vier- und fünfdeutig sein! Auch

125

was du jetzt bekanntest, war mir lange nicht wahr und nicht falsch genug! — Du schlimmer Falschmünzer, wie könntest du anders! Deine Krankheit würdest du noch schminken, wenn du dich deinem Arzte nackt zeigtest. — So schminktest du eben vor mir deine Lüge, als du sprachst: „ich trieb's also nur zum Spiele!" Es war auch Ernst darin, du bist Etwas von einem Büßer des Geistes! — Ich errathe dich wohl: du wurdest der Bezauberer Aller, aber gegen dich hast du keine Lüge und List mehr übrig, — du selber bist dir entzaubert! — Du erntetest den Ekel ein, als deine Eine Wahrheit. Kein Wort ist mehr an dir echt, aber dein Mund: nämlich der Ekel, der an deinem Munde klebt." — — — „Wer bist du doch! schrie hier der alte Zauberer mit einer trotzigen Stimme, wer darf also zu mir reden, dem Größten, der heute lebt?" — und ein grüner Blitz schoß aus seinem Auge nach Zarathustra. Aber gleich darauf verwandelte er sich und sagte traurig: — „Oh Zarathustra, ich bin's müde, es ekelt mich meiner Künste, ich bin nicht groß, was verstelle ich mich! Aber, du weißt es wohl — ich suchte nach Größe! — Einen großen Menschen wollte ich vorstellen und überredete Viele: aber diese Lüge gieng über meine Kraft. An ihr zerbreche ich. — Oh Zarathustra, Alles ist Lüge an mir; aber daß ich zerbreche — dieß mein Zerbrechen ist echt!" — „Es ehrt dich, sprach Zarathustra düster und zur Seite niederblickend, es ehrt dich, daß du nach Größe suchtest, aber es verräth dich auch. Du bist nicht groß. — Du schlimmer alter Zauberer, das ist dein Bestes und Redlichstes, was ich an dir ehre, daß du deiner müde wurdest und es aussprachst: „ich bin nicht groß". — Darin ehre ich dich als einen Büßer des Geistes: und wenn auch nur für einen Hauch und Husch, diesen Einen Augenblick warst du — echt. — Aber sprich, was suchst du hier in meinen Wäldern und Felsen? Und wenn du mir dich in den Weg legtest, welche Probe wolltest du von mir? — — weß versuchtest du mich?" — — Also sprach Zarathustra, und seine Augen funkelten. Der alte Zauberer schwieg eine Weile, dann sagte er: „Versuchte ich dich? Ich — suche nur. — Oh Zarathustra, ich suche einen Echten, Rechten, Einfachen, Eindeutigen, einen Menschen aller Redlichkeit, ein Gefäß der Weisheit, einen Heiligen der Erkenntniß, einen großen Menschen! — Weißt du es denn nicht, oh Zarathustra? Ich suche Zarathustra." — — — Und hier entstand ein langes Stillschweigen zwischen Beiden; Zarathustra aber versank tief hinein in sich selber, also daß er die Augen schloß. Dann aber, zu seinem Unterredner zurückkehrend, ergriff er die Hand des Zauberers und sprach, voller Artigkeit und Arglist: — „Wohlan! Dort hinauf führt der Weg, da liegt die Höhle Zarathustra's. In ihr darfst du suchen, wen du finden möchtest. — Und frage meine Thiere um Rath, meinen Adler und meine Schlange: die sollen dir suchen helfen. Meine Höhle aber ist groß. — Ich selber freilich — ich sah noch keinen großen Menschen. Was groß ist, dafür ist das Auge der Feinsten heute grob. Es ist das Reich des Pöbels. — So Manchen fand ich schon, der streckte und blähte sich, und das Volk schrie: „Seht da, einen großen Menschen!" Aber was helfen alle Blasebälge! Zuletzt fährt der Wind heraus. — Zuletzt platzt ein Frosch, der sich zu lange aufbließ: da fährt der Wind heraus. Einem Geschwollnen in den Bauch stechen, das heiße ich eine brave Kurzweil. Hört das, ihr Knaben! — Dieß Heute ist des Pöbels: wer weiß da noch, was groß, was klein ist! Wer suchte da mit Glück nach Größe! Ein Narr allein: den Narren glückt's. — Du suchst nach großen Menschen, du wunderlicher Narr? Wer lehrte's dich? Ist heute dazu die Zeit? Oh du schlimmer Sucher, was — versuchst du mich?" — — — — ALSO SPRACH ZARATHUSTRA, getrösteten Herzens, und gieng lachend seines Wegs fürbaß.

AUSSER DIENST

NICHT lange aber, nachdem Zarathuſtra ſich von dem Zauberer los-
gemacht hatte, ſahe er wiederum Jemanden am Wege ſitzen, den er
gieng, nämlich einen ſchwarzen langen Mann mit einem hageren Bleichge-
ſicht: der verdroß ihn gewaltig. „Wehe, ſprach er zu ſeinem Herzen, da ſitzt
vermummte Trübſal, das dünkt mich von der Art der Prieſter: was wollen
die in meinem Reiche? ◌◌ Wie! Kaum bin ich jenem Zauberer entronnen:
muß mir da wieder ein anderer Schwarzkünſtler über den Weg laufen, –
◌◌ – irgendein Hexenmeiſter mit Handauflegen, ein dunkler Wunderthä-
ter von Gottes Gnaden, ein geſalbter Welt-Verleumder, den der Teufel holen
möge! ◌◌ Aber der Teufel iſt nie am Platze, wo er am Platze wäre: immer
kommt er zu ſpät, dieſer vermaledeite Zwerg und Klumpfuß!" – ◌◌ Alſo
fluchte Zarathuſtra ungeduldig in ſeinem Herzen und gedachte, wie er ab-
gewandten Blicks an dem ſchwarzen Manne vorüberſchlüpfe: aber ſiehe, es
kam anders. Im gleichen Augenblicke nämlich hatte ihn ſchon der Sitzende
erblickt; und nicht unähnlich einem Solchen, dém ein unvermuthetes Glück
zuſtößt, ſprang er auf und gieng auf Zarathuſtra los. ◌◌ „Wer du auch biſt,
du Wandersmann, ſprach er, hilf einem Verirrten, einem Suchenden, einem
alten Manne, der hier leicht zu Schaden kommt! ◌◌ Dieſe Welt hier iſt mir
fremd und fern, auch hörte ich wilde Thiere heulen; und Der, welcher mir
hätte Schutz bieten können, der iſt ſelber nicht mehr. ◌◌ Ich ſuchte den letzten frommen Menſchen, einen Heiligen und Einſiedler, der allein in ſeinem
Walde noch Nichts davon gehört hatte, was alle Welt heute weiß." ◌◌
„Was weiß heute alle Welt? fragte Zarathuſtra. Etwa dieß, daß der alte
Gott nicht mehr lebt, an den alle Welt einſt geglaubt hat?" ◌◌ „Du ſagſt es,
antwortete der alte Mann betrübt. Und ich diente dieſem alten Gotte bis zu
ſeiner letzten Stunde. ◌◌ Nun aber bin ich außer Dienſt, ohne Herrn, und
doch nicht frei, auch keine Stunde mehr luſtig, es ſei denn in Erinnerungen.
◌◌ Dazu ſtieg ich in dieſe Berge, daß ich endlich wieder ein Feſt mir machte,
wie es einem alten Papſte und Kirchen-Vater zukommt: denn wiſſe, ich bin
der letzte Papſt! – ein Feſt frommer Erinnerungen und Gottesdienſte. ◌◌
Nun aber iſt er ſelber todt, der frömmſte Menſch, jener Heilige im Walde, der
ſeinen Gott beſtändig mit Singen und Brummen lobte. ◌◌ Ihn ſelber fand
ich nicht mehr, als ich ſeine Hütte fand, – wohl aber zwei Wölfe darin, welche
um ſeinen Tod heulten – denn alle Thiere liebten ihn. Da lief ich davon. ◌◌
Kam ich alſo umſonſt in dieſe Wälder und Berge? Da entſchloß ſich mein
Herz, daß ich einen Anderen ſuchte, den Frömmſten aller Derer, die nicht an
Gott glauben –, daß ich Zarathuſtra ſuchte!" ◌◌ Alſo ſprach der Greis und
blickte ſcharfen Auges Den an, welcher vor ihm ſtand; Zarathuſtra aber er-
griff die Hand des alten Papſtes und betrachtete ſie lange mit Bewunderung.
◌◌ „Siehe da, du Ehrwürdiger, ſagte er dann, welche ſchöne und lange
Hand! Das iſt die Hand eines Solchen, der immer Segen ausgetheilt hat.
Nun aber hält ſie Den feſt, welchen du ſuchſt, mich, Zarathuſtra. ◌◌ Ich
bin's, der gottloſe Zarathuſtra, der da ſpricht: wer iſt gottloſer als ich, daß
ich mich ſeiner Unterweiſung freue?" – ◌◌ ALSO SPRACH ZARATHU-
STRA und durchbohrte mit ſeinen Blicken die Gedanken und Hintergedanken des alten Papſtes. Endlich begann dieſer: ◌◌ „Wer ihn am meiſten
liebte und beſaß, der hat ihn nun am meiſten auch verloren –: ◌◌ – ſiehe,
ich ſelber bin wohl von uns Beiden jetzt der Gottloſere? Aber wer könnte daran ſich freuen!" – ◌◌ – „Du dienteſt ihm bis zuletzt, fragte Zarathuſtra
nachdenklich, nach einem tiefen Schweigen, du weißt, wie er ſtarb? Iſt es
wahr, was man ſpricht, daß ihn das Mitleiden erwürgte, ◌◌ – daß er es
ſah, wie der Menſch am Kreuze hieng, und es nicht ertrug, daß die Liebe zum
Menſchen ſeine Hölle und zuletzt ſein Tod wurde?" – – ◌◌ Der alte Papſt

127

aber antwortete nicht, sondern blickte scheu und mit einem schmerzlichen und düsteren Ausdrucke zur Seite. ❧❧ „Laß ihn fahren, sagte Zarathustra nach einem langen Nachdenken, indem er immer noch dem alten Manne gerade in's Auge blickte. ❧❧ Laß ihn fahren, er ist dahin. Und ob es dich auch ehrt, daß du diesem Todten nur Gutes nachredest, so weißt du so gut als ich, wer er war; und daß er wunderliche Wege gieng." ❧❧ „Unter drei Augen gesprochen, sagte erheitert der alte Papst (denn er war auf Einem Auge blind), in Dingen Gottes bin ich aufgeklärter als Zarathustra selber — und darf es sein. ❧❧ Meine Liebe diente ihm lange Jahre, mein Wille gieng allem seinen Willen nach. Ein guter Diener aber weiß Alles, und Mancherlei auch, was sein Herr sich selbst verbirgt. ❧❧ Es war ein verborgener Gott, voller Heimlichkeit. Wahrlich zu einem Sohne sogar kam er nicht anders als auf Schleichwegen. An der Thür seines Glaubens steht der Ehebruch. ❧❧ Wer ihn als einen Gott der Liebe preist, denkt nicht hoch genug von der Liebe selber. Wollte dieser Gott nicht auch Richter sein? Aber der Liebende liebt jenseits von Lohn und Vergeltung. ❧❧ Als er jung war, dieser Gott aus dem Morgenlande, da war er hart und rachsüchtig und erbaute sich eine Hölle zum Ergötzen seiner Lieblinge. ❧❧ Endlich aber wurde er alt und weich und mürbe und mitleidig, einem Großvater ähnlicher als einem Vater, am ähnlichsten aber einer wackeligen alten Großmutter. ❧❧ Da saß er, welk, in seinem Ofenwinkel, härmte sich ob seiner schwachen Beine, weltmüde, willensmüde, und erstickte eines Tags an seinem allzugroßen Mitleiden." —— ❧❧ „Du alter Papst, sagte hier Zarathustra dazwischen, hast du Das mit Augen angesehn? Es könnte wohl so abgegangen sein: so, und auch anders. Wenn Götter sterben, sterben sie immer viele Arten Todes. ❧❧ Aber wohlan! So oder so, so und so — er ist dahin! Er gieng meinen Ohren und Augen wider den Geschmack, Schlimmeres möchte ich ihm nicht nachsagen. ❧❧ Ich liebe Alles, was hell blickt und redlich redet. Aber er — du weißt es ja, du alter Priester, es war Etwas von deiner Art an ihm, von Priester-Art — er war vieldeutig. ❧❧ Er war auch undeutlich. Was hat er uns darob gezürnt, dieser Zornschnauber, daß wir ihn schlecht verstünden! Aber warum sprach er nicht reinlicher? ❧❧ Und lag es an unsern Ohren, warum gab er uns Ohren, die ihn schlecht hörten? War Schlamm in unsern Ohren, wohlan! wer legte ihn hinein? ❧❧ Zu Vieles mißrieth ihm, diesem Töpfer, der nicht ausgelernt hatte! Daß er aber Rache an seinen Töpfen und Geschöpfen nahm, dafür daß sie ihm schlecht geriethen, — das war eine Sünde wider den guten Geschmack. ❧❧ Es giebt auch in der Frömmigkeit guten Geschmack: der sprach endlich: „fort mit einem solchen Gotte! Lieber keinen Gott, lieber auf eigne Faust Schicksal machen, lieber Narr sein, lieber selber Gott sein!" ❧❧❧ — „Was höre ich! sprach hier der alte Papst mit gespitzten Ohren; oh Zarathustra, du bist frömmer als du glaubst, mit einem solchen Unglauben! Irgend ein Gott in dir bekehrte dich zu deiner Gottlosigkeit. ❧❧ Ist es nicht deine Frömmigkeit selber, die dich nicht mehr an einen Gott glauben läßt? Und deine übergroße Redlichkeit wird dich auch noch jenseits von Gut und Böse wegführen! ❧❧ Siehe doch, was blieb dir aufgespart? Du hast Augen und Hand und Mund, die sind zum Segnen vorherbestimmt seit Ewigkeit. Man segnet nicht mit der Hand allein. ❧❧ In deiner Nähe, ob du schon der Gottloseste sein willst, wittere ich einen heimlichen Weih- und Wohlgeruch von langen Segnungen: mir wird wohl und wehe dabei. ❧❧ Laß mich deinen Gast sein, oh Zarathustra, für eine einzige Nacht! Nirgends auf Erden wird es mir jetzt wohler als bei dir!" — ❧❧ „Amen! So soll es sein! sprach Zarathustra mit großer Verwunderung, dort hinauf führt der Weg, da liegt die Höhle Zarathustra's. ❧❧ Gerne, fürwahr, würde ich dich selber dahin geleiten, du Ehrwürdiger, denn ich liebe alle frommen Menschen. Aber jetzt ruft mich eilig ein Nothschrei weg von dir. ❧❧ In meinem Bereiche soll mir

128

Niemand zu Schaden kommen; meine Höhle ist ein guter Hafen. Und am liebsten möchte ich jedweden Traurigen wieder auf festes Land und feste Beine stellen. Wer aber nähme dir deine Schwermuth von der Schulter? Dazu bin ich zu schwach. Lange, wahrlich, möchten wir warten, bis dir Einer deinen Gott wieder aufweckt. Dieser alte Gott nämlich lebt nicht mehr: der ist gründlich todt." –

ALSO SPRACH ZARATHUSTRA.

DER HÄSSLICHSTE MENSCH

UND wieder liefen Zarathustra's Füße durch Berge und Wälder, und seine Augen suchten und suchten, aber nirgends war Der zu sehen, welchen sie sehn wollten, der große Nothleidende und Nothschreiende. Auf dem ganzen Wege aber frohlockte er in seinem Herzen und war dankbar. „Welche guten Dinge, sprach er, schenkte mir doch dieser Tag, zum Entgelt, daß er schlimm begann! Welche seltsamen Unterredner fand ich! An deren Worten will ich lange nun kauen gleich als an guten Körnern; klein soll mein Zahn sie mahlen und malmen, bis sie mir wie Milch in die Seele fließen!" – Als aber der Weg wieder um einen Felsen bog, veränderte sich mit Einem Male die Landschaft, und Zarathustra trat in ein Reich des Todes. Hier starrten schwarze und rothe Klippen empor: kein Gras, kein Baum, keine Vogelstimme. Es war nämlich ein Thal, welches alle Thiere mieden, auch die Raubthiere; nur daß eine Art häßlicher, dicker, grüner Schlangen, wenn sie alt wurden, hierher kamen, um zu sterben. Darum nannten dieß Thal die Hirten: Schlangen-Tod. Zarathustra aber versank in eine schwarze Erinnerung, denn ihm war, als habe er schon ein Mal in diesem Thal gestanden. Und vieles Schwere legte sich ihm über den Sinn: also, daß er langsam gieng und immer langsamer und endlich still stand. Da aber sahe er, als er die Augen aufthat, Etwas, das am Wege saß, gestaltet wie ein Mensch, und kaum wie ein Mensch, etwas Unaussprechliches. Und mit Einem Schlage überfiel Zarathustra die große Scham darob, daß er so Etwas mit den Augen angesehn habe: erröthend bis hinauf an sein weißes Haar, wandte er den Blick ab und hob den Fuß, daß er diese schlimme Stelle verlasse. Da aber wurde die todte Öde laut: vom Boden auf nämlich quoll es gurgelnd und röchelnd, wie Wasser Nachts durch verstopfte Wasser-Röhren gurgelt und röchelt; und zuletzt wurde daraus eine Menschen-Stimme und Menschen-Rede: – die lautete also: „Zarathustra! Zarathustra! Rathe mein Räthsel! Sprich, sprich! Was ist die Rache am Zeugen? Ich locke dich zurück, hier ist glattes Eis! Sieh zu, sieh zu, ob dein Stolz sich hier nicht die Beine bricht! Du dünkst dich weise, du stolzer Zarathustra! So rathe doch das Räthsel, du harter Nüsseknacker, – das Räthsel, das ich bin! So sprich doch: wer bin ich!" – Als aber Zarathustra diese Worte gehört hatte, – was glaubt ihr wohl, daß sich da mit seiner Seele zutrug? Das Mitleiden fiel ihn an; und er sank mit Einem Male nieder, wie ein Eichbaum, der lange vielen Holzschlägern widerstanden hat, – schwer, plötzlich, zum Schrecken selber für Die, welche ihn fällen wollten. Aber schon stand er wieder vom Boden auf, und sein Antlitz wurde hart. „Ich erkenne dich wohl, sprach er mit einer erzenen Stimme: du bist der Mörder Gottes! Laß mich gehn. Du ertrugst Den nicht, der dich sah, – der dich immer und durch und durch sah, du häßlichster Mensch! Du nahmst Rache an diesem Zeugen!" Also sprach Zarathustra und wollte davon; aber der Unaussprechliche faßte nach einem Zipfel seines Gewandes und begann von Neuem zu gurgeln und nach Worten zu suchen. „Bleib!" sagte er endlich – – bleib! Geh nicht vorüber! Ich errieth, welche Axt dich zu Boden schlug: Heil dir, oh Zarathustra, daß du wieder stehst! ❧❧ Du erriethest, ich weiß es gut, wie Dem zu Muthe ist, der ihn tödtete, — dem Mörder Gottes. Bleib! Setze dich her zu mir, es ist nicht umsonst. ❧❧ Zu wem wollte ich, wenn nicht zu dir? Bleib, setze dich! Blicke mich aber nicht an! Ehre also — meine Häßlichkeit! ❧❧ Sie verfolgen mich: nun bist du meine letzte Zuflucht. Nicht mit ihrem Hasse, nicht mit ihren Häschern: — oh solcher Verfolgung würde ich spotten und stolz und froh sein! ❧❧ War nicht aller Erfolg bisher bei den Gut-Verfolgten? Und wer gut verfolgt, lernt leicht folgen: — ist er doch einmal — hinterher! Aber ihr Mitleid ist's — ❧❧ — ihr Mitleid ist's, vor dem ich flüchte und dir zuflüchte. Oh Zarathustra, schütze mich, du meine letzte Zuflucht, du Einziger, der mich errieth: ❧❧ — du erriethest, wie Dem zu Muthe ist, welcher ihn tödtete. Bleib! Und willst du gehn, du Ungeduldiger: geh nicht den Weg, den ich kam. Der Weg ist schlecht. ❧❧ Zürnst du mir, daß ich zu lange schon rede-radebreche? Daß ich schon dir rathe? Aber wisse, ich bin's, der häßlichste Mensch, ❧❧ — der auch die größten schwersten Füße hat. Wo ich gieng, ist der Weg schlecht. Ich trete alle Wege todt und zu Schanden. ❧❧ Daß du aber an mir vorübergiengst, schweigend; daß du erröthetest, ich sah es wohl: daran erkannte ich dich als Zarathustra. ❧❧ Jedweder Andere hätte mir sein Almosen zugeworfen, sein Mitleiden, mit Blick und Rede. Aber dazu — bin ich nicht Bettler genug, das erriethest du — ❧❧ — dazu bin ich zu reich, reich an Großem, an Furchtbarem, am Häßlichsten, am Unaussprechlichsten! Deine Scham, oh Zarathustra, ehrte mich! ❧❧ Mit Noth kam ich heraus aus dem Gedräng der Mitleidigen, — daß ich den Einzigen fände, der heute lehrt „Mitleiden ist zudringlich" — dich, oh Zarathustra! ❧❧ — sei es eines Gottes, sei es der Menschen Mitleiden: Mitleiden geht gegen die Scham. Und Nicht-helfen-wollen kann vornehmer sein als jene Tugend, die zuspringt. ❧❧ Das aber heißt heute Tugend selber bei allen kleinen Leuten, das Mitleiden: — die haben keine Ehrfurcht vor großem Unglück, vor großer Häßlichkeit, vor großem Mißrathen. ❧❧ Über diese Alle blicke ich hinweg, wie ein Hund über die Rücken wimmelnder Schafheerden wegblickt. Es sind kleine wohlwollige wohlwillige graue Leute. ❧❧ Wie ein Reiher verachtend über flache Teiche wegblickt, mit zurückgelegtem Kopfe: so blicke ich über das Gewimmel grauer kleiner Wellen und Willen und Seelen weg. ❧❧ Zu lange hat man ihnen Recht gegeben, diesen kleinen Leuten: so gab man ihnen endlich auch die Macht — nun lehren sie: „gut ist nur, was kleine Leute gut heißen". ❧❧ Und „Wahrheit" heißt heute, was der Prediger sprach, der selber aus ihnen herkam, jener wunderliche Heilige und Fürsprecher der kleinen Leute, welcher von sich zeugte „ich — bin die Wahrheit". ❧❧ Dieser Unbescheidne macht nun lange schon den kleinen Leuten den Kamm hoch schwellen — er, der keinen kleinen Irrthum lehrte, als er lehrte „ich — bin die Wahrheit". ❧❧ Ward einem Unbescheidnen jemals höflicher geantwortet? — Du aber, oh Zarathustra, giengst an ihm vorüber und sprachst: „Nein! Nein! Drei Mal Nein!" ❧❧ Du warntest vor seinem Irrthum, du warntest als der Erste vor dem Mitleiden — nicht Alle, nicht Keinen, sondern dich und deine Art. ❧❧ Du schämst dich an der Scham des großen Leidenden; und wahrlich, wenn du sprichst „von dem Mitleiden her kommt eine große Wolke, habt Acht, ihr Menschen!" ❧❧ — wenn du lehrst „alle Schaffenden sind hart, alle große Liebe ist über ihrem Mitleiden": oh Zarathustra, wie gut dünkst du mich eingelernt auf Wetter-Zeichen! ❧❧ Du selber aber — warne dich selber auch vor deinem Mitleiden! Denn Viele sind zu dir unterwegs, viele Leidende, Zweifelnde, Verzweifelnde, Ertrinkende, Frierende — ❧❧ Ich warne dich auch vor mir. Du erriethest mein bestes, schlimmstes Räthsel, mich selber und was ich that. Ich kenne die Axt, die dich fällt. ❧❧ Aber er — mußte sterben: er sah mit Augen, welche Alles sahn, — er sah des

130

Menſchen Tiefen und Gründe, alle ſeine verhehlte Schmach und Häßlichkeit. Sein Mitleiden kannte keine Scham: er kroch in meine ſchmutzigſten Winkel. Dieſer Neugierigſte, Über-Zudringliche, Über-Mitleidige mußte ſterben. Er ſah immer mich: an einem ſolchen Zeugen wollte ich Rache haben – oder ſelber nicht leben. Der Gott, der Alles ſah, auch den Menſchen: dieſer Gott mußte ſterben! Der Menſch erträgt es nicht, daß ſolch ein Zeuge lebt." Alſo ſprach der häßlichſte Menſch. Zarathuſtra aber erhob ſich und ſchickte ſich an fortzugehn: denn ihn fröſtelte bis in ſeine Eingeweide. „Du Unausſprechlicher, ſagte er, du warnteſt mich vor deinem Wege. Zum Danke dafür lobe ich dir den meinen. Siehe, dort hinauf liegt die Höhle Zarathuſtra's. Meine Höhle iſt groß und tief und hat viele Winkel; da findet der Verſteckteſte ſein Verſteck. Und dicht bei ihr ſind hundert Schlüpfe und Schliche für kriechendes, flatterndes und ſpringendes Gethier. Du Ausgeſtoßener, der du dich ſelber ausſtießeſt, du willſt nicht unter Menſchen und Menſchen-Mitleid wohnen? Wohlan, ſo thu's mir gleich! So lernſt du auch von mir; nur der Thäter lernt. Und rede zuerſt und -nächſt mit meinen Thieren! Das ſtolzeſte Thier und das klügſte Thier – die möchten uns Beiden wohl die rechten Rathgeber ſein!" — — ALSO SPRACH ZARATHUSTRA und gieng ſeiner Wege, nachdenklicher und langſamer noch als zuvor: denn er fragte ſich Vieles und wußte ſich nicht leicht zu antworten. „Wie arm iſt doch der Menſch! dachte er in ſeinem Herzen, wie häßlich, wie röchelnd, wie voll verborgener Scham! Man ſagt mir, daß der Menſch ſich ſelber liebe: ach, wie groß muß dieſe Selber-Liebe ſein! Wie viel Verachtung hat ſie wider ſich! Auch dieſer da liebte ſich, wie er ſich verachtete, – ein großer Liebender iſt er mir und ein großer Verächter. Keinen fand ich noch, der ſich tiefer verachtet hätte: auch Das iſt Höhe. Wehe, war Der vielleicht der höhere Menſch, deſſen Schrei ich hörte? Ich liebe die großen Verachtenden. Der Menſch aber iſt Etwas, das überwunden werden muß." — —

DER FREIWILLIGE BETTLER.

ALS Zarathuſtra den häßlichſten Menſchen verlaſſen hatte, fror ihn, und er fühlte ſich einſam: es gieng ihm nämlich vieles Kalte und Einſame durch die Sinne, alſo, daß darob auch ſeine Glieder kälter wurden. Indem er aber weiter und weiter ſtieg, hinauf, hinab, bald an grünen Weiden vorbei, aber auch über wilde ſteinichte Lager, wo ehedem wohl ein ungeduldiger Bach ſich zu Bett gelegt hatte: da wurde ihm mit Einem Male wieder wärmer und herzlicher zu Sinne. „Was geſchah mir doch? fragte er ſich, etwas Warmes und Lebendiges erquickt mich, das muß in meiner Nähe ſein. Schon bin ich weniger allein; unbewußte Gefährten und Brüder ſchweifen um mich, ihr warmer Athem rührt an meine Seele." Als er aber um ſich ſpähete und nach den Tröſtern ſeiner Einſamkeit ſuchte: ſiehe, da waren es Kühe, welche auf einer Anhöhe bei einander ſtanden; deren Nähe und Geruch hatten ſein Herz erwärmt. Dieſe Kühe aber ſchienen mit Eifer einem Redenden zuzuhören und gaben nicht auf Den Acht, der herankam. Wie aber Zarathuſtra ganz in ihrer Nähe war, hörte er deutlich, daß eine Menſchen-Stimme aus der Mitte der Kühe heraus redete; und erſichtlich hatten ſie alleſammt ihre Köpfe dem Redenden zugedreht. Da ſprang Zarathuſtra mit Eifer hinauf und drängte die Thiere auseinander, denn er fürchtete, daß hier Jemandem ein Leids geſchehn ſei, welchem ſchwerlich das Mitleid von Kühen abhelfen mochte. Aber darin hatte er ſich getäuſcht; denn ſiehe, da ſaß ein Menſch auf der Erde und ſchien den Thieren zuzureden, daß ſie keine Scheu vor ihm haben ſollten, ein friedfertiger Menſch und

Berg-Prediger, aus deſſen Augen die Güte ſelber predigte. „Was ſuchſt du hier?“ rief Zarathuſtra mit Befremden. ❧❧ „Was ich hier ſuche? antwortete er: das Selbe, was du ſuchſt, du Störenfried! nämlich das Glück auf Erden. ❧❧ Dazu aber möchte ich von dieſen Kühen lernen. Denn, weißt du wohl, einen halben Morgen ſchon rede ich ihnen zu, und eben wollten ſie mir Beſcheid geben. Warum doch ſtörſt du ſie? ❧❧ So wir nicht umkehren und werden wie die Kühe, ſo kommen wir nicht in das Himmelreich. Wir ſollten ihnen nämlich Eins ablernen: das Wiederkäuen. ❧❧ Und wahrlich, wenn der Menſch auch die ganze Welt gewönne und lernte das Eine nicht, das Wiederkäuen: was hülfe es! Er würde nicht ſeine Trübſal los ❧❧ – ſeine große Trübſal: die aber heißt heute Ekel. Wer hat heute vor Ekel nicht Herz, Mund und Augen voll? Auch du! Auch du! Aber ſiehe doch dieſe Kühe an!“ – ❧❧ Alſo ſprach der Berg-Prediger und wandte dann ſeinen eignen Blick Zarathuſtra zu, – denn bisher hieng er mit Liebe an den Kühen –: da aber verwandelte er ſich. „Wer iſt das, mit dem ich rede? rief er erſchreckt und ſprang vom Boden empor. ❧❧ Dieß iſt der Menſch ohne Ekel, dieß iſt Zarathuſtra ſelber, der Überwinder des großen Ekels, dieß iſt das Auge, dieß iſt der Mund, dieß iſt das Herz Zarathuſtra's ſelber.“ ❧❧ Und indem er alſo ſprach, küßte er Dem, zu welchem er redete, die Hände, mit überſtrömenden Augen, und gebärdete ſich ganz als Einer, dem ein koſtbares Geſchenk und Kleinod unverſehens vom Himmel fällt. Die Kühe aber ſchauten dem Allen zu und wunderten ſich. ❧❧ „Sprich nicht von mir, du Wunderlicher! Lieblicher! ſagte Zarathuſtra und wehrte ſeiner Zärtlichkeit, ſprich mir erſt von dir! Biſt du nicht der freiwillige Bettler, der einſt einen großen Reichthum von ſich warf, – ❧❧ – der ſich ſeines Reichthums ſchämte und der Reichen, und zu den Ärmſten floh, daß er ihnen ſeine Fülle und ſein Herz ſchenke? Aber ſie nahmen ihn nicht an.“ ❧❧ „Aber ſie nahmen mich nicht an, ſagte der freiwillige Bettler, du weißt es ja. So gieng ich endlich zu den Thieren und zu dieſen Kühen.“ ❧❧ „Da lernteſt du, unterbrach Zarathuſtra den Redenden, wie es ſchwerer iſt, recht geben als recht nehmen, und daß gut Schenken eine Kunſt iſt und die letzte liſtigſte Meiſter-Kunſt der Güte.“ ❧❧ „Sonderlich heutzutage, antwortete der freiwillige Bettler: heute nämlich, wo alles Niedrige aufſtändiſch ward und ſcheu und auf ſeine Art hoffährtig: nämlich auf Pöbel-Art. ❧❧ Denn es kam die Stunde, du weißt es ja, für den großen ſchlimmen langen langſamen Pöbel- und Sklaven-Aufſtand: der wächſt und wächſt! Nun empört die Niedrigen alles Wohlthun und kleine Weggeben; und die Überreichen mögen auf der Hut ſein! ❧❧ Wer heute gleich bauchichten Flaſchen tröpfelt aus allzuſchmalen Hälſen: – ſolchen Flaſchen bricht man heute gern den Hals. ❧❧ Lüſterne Gier, galllichter Neid, vergrämte Rachſucht, Pöbel-Stolz: das ſprang mir Alles in's Geſicht. Es iſt nicht mehr wahr, daß die Armen ſelig ſind. Das Himmelreich aber iſt bei den Kühen.“ ❧❧ „Und warum iſt es nicht bei den Reichen?“ fragte Zarathuſtra verſuchend, während er den Kühen wehrte, die den Friedfertigen zutraulich anſchnauften. ❧❧ „Was verſuchſt du mich? antwortete dieſer. Du weißt es ſelber beſſer noch als ich. Was trieb mich doch zu den Ärmſten, oh Zarathuſtra? War es nicht der Ekel vor unſern Reichſten? ❧❧ – vor den Sträflingen des Reichthums, welche ſich ihren Vortheil aus jedem Kehricht auf leſen, mit kalten Augen, geilen Gedanken, vor dieſem Geſindel, das gen Himmel ſtinkt, ❧❧ – vor dieſem vergüldeten verfälſchten Pöbel, deſſen Väter Langfinger oder Aasvögel oder Lumpenſammler waren, mit Weibern willfährig, lüſtern, vergeßlich: – ſie haben's nämlich alle nicht weit zur Hure – ❧❧ Pöbel oben, Pöbel unten! Was iſt heute noch „Arm“ und „Reich“! Dieſen Unterſchied verlernte ich, – da floh ich davon, weiter, immer weiter, bis ich zu dieſen Kühen kam.“ ❧❧ Alſo ſprach der Friedfertige und ſchnaufte ſelber und ſchwitzte bei ſeinen Worten: alſo daß die Kühe ſich von

132

Neuem wunderten. Zarathuſtra aber ſah ihm immer mit Lächeln in's Geſicht, als er ſo hart redete, und ſchüttelte dazu ſchweigend den Kopf. ◁▷ „Du thuſt dir Gewalt an, du Berg-Prediger, wenn du ſolche harte Worte brauchſt. Für ſolche Härte wuchs dir nicht der Mund, nicht das Auge. ◁▷ Auch, wie mich dünkt, dein Magen ſelber nicht: dem widerſteht all ſolches Zürnen und Haſſen und Überſchäumen. Dein Magen will ſanftere Dinge: du biſt kein Fleiſcher. ◁▷ Vielmehr dünkſt du mich ein Pflanzler und Wurzelmann. Vielleicht malmſt du Körner. Sicherlich aber biſt du fleiſchlichen Freuden ab- hold und liebſt den Honig.“ ◁▷ „Du errietheſt mich gut, antwortete der frei- willige Bettler mit erleichtertem Herzen. Ich liebe den Honig, ich malme auch Körner, denn ich ſuchte, was lieblich mundet und reinen Athem macht: ◁▷ – auch was lange Zeit braucht, ein Tag- und Maul-Werk für ſanfte Müßig- gänger und Tagediebe. ◁▷ Am weiteſten freilich brachten es dieſe Kühe: die erfanden ſich das Wiederkäuen und In-der-Sonne-Liegen. Auch ent- halten ſie ſich aller ſchweren Gedanken, welche das Herz blähn.“ ◁▷ – „Wohlan! ſagte Zarathuſtra: du ſollteſt auch meine Thiere ſehn, meinen Adler und meine Schlange, – ihres Gleichen giebt es heute nicht auf Erden. ◁▷ Siehe, dorthin führt der Weg zu meiner Höhle: ſei dieſe Nacht ihr Gaſt. Und rede mit meinen Thieren vom Glück der Thiere, – ◁▷ – bis ich ſelber heimkomme. Denn jetzt ruft ein Nothſchrei mich eilig weg von dir. Auch findeſt du neuen Honig bei mir, eisfriſchen Waben-Goldhonig: den iß! ◁▷ Jetzt aber nimm flugs Abſchied von deinen Kühen, du Wunderlicher! Lieb- licher! ob es dir ſchon ſchwer werden mag. Denn es ſind deine wärmſten Freunde und Lehrmeiſter!“ – ◁▷ „– Einen ausgenommen, den ich noch lieber habe, antwortete der freiwillige Bettler. Du ſelber biſt gut, und beſſer noch als eine Kuh, oh Zarathuſtra!“ ◁▷ „Fort, fort mit dir! du arger Schmeichler! ſchrie Zarathuſtra mit Bosheit, was verdirbſt du mich mit ſol- chem Lob und Schmeichel-Honig?“ ◁▷ „Fort, fort von mir!“ ſchrie er noch Ein Mal und ſchwang ſeinen Stock nach dem zärtlichen Bettler: der aber lief hurtig davon.

DER SCHATTEN

KAUM aber war der freiwillige Bettler davongelaufen und Zarathu- ſtra wieder mit ſich allein, da hörte er hinter ſich eine neue Stimme: die rief „Halt! Zarathuſtra! So warte doch! Ich bin's ja, oh Zarathuſtra, ich, dein Schatten!“ Aber Zarathuſtra wartete nicht, denn ein plötzlicher Verdruß überkam ihn ob des vielen Zudrangs und Gedrängs in ſeinen Bergen. „Wo iſt meine Einſamkeit hin? ſprach er. ◁▷ Es wird mir wahrlich zu viel; dieß Gebirge wimmelt, mein Reich iſt nicht mehr von dieſer Welt, ich brauche neue Berge. ◁▷ Mein Schatten ruft mich? Was liegt an meinem Schatten! Mag er mir nachlaufen! ich – laufe ihm davon.“ ◁▷ Alſo ſprach Zarathu- ſtra zu ſeinem Herzen und lief davon. Aber Der, welcher hinter ihm war, folgte ihm nach: ſo daß alsbald drei Laufende hinter einander her waren, nämlich voran der freiwillige Bettler, dann Zarathuſtra und zudritt und -hin- terſt ſein Schatten. Nicht lange liefen ſie ſo, da kam Zarathuſtra zur Beſinnung über ſeine Thorheit und ſchüttelte mit Einem Rucke allen Verdruß und Über- druß von ſich. ◁▷ „Wie! ſprach er, geſchahen nicht von je die lächerlichſten Dinge bei uns alten Einſiedlern und Heiligen? ◁▷ Wahrlich, meine Thor- heit wuchs hoch in den Bergen! Nun höre ich ſechs alte Narren-Beine hinter einander her klappern! ◁▷ Darf aber Zarathuſtra ſich wohl vor einem Schatten fürchten? Auch dünkt mich zu guterletzt, daß er längere Beine hat als ich.“ ◁▷ Alſo ſprach Zarathuſtra lachend mit Augen und Einge- weiden, blieb ſtehen und drehte ſich ſchnell herum – und ſiehe, faſt warf er

133

dabei seinen Nachfolger und Schatten zu Boden: so dicht schon folgte ihm derselbe auf den Ferfen, und so schwach war er auch. Als er ihn nämlich mit Augen prüfte, erschrak er wie vor einem plötzlichen Gespenste: so dünn, schwärzlich, hohl und überlebt sah dieser Nachfolger aus. "Wer bist du? fragte Zarathustra heftig, was treibst du hier? Und weßhalb heißest du dich meinen Schatten? Du gefällst mir nicht." "Vergib mir, antwortete der Schatten, daß ich's bin; und wenn ich dir nicht gefalle, wohlan, oh Zarathustra! darin lobe ich dich und deinen guten Geschmack. Ein Wanderer bin ich, der viel schon hinter deinen Ferfen her gieng: immer unterwegs, aber ohne Ziel, auch ohne Heim: also daß mir wahrlich wenig zum ewigen Juden fehlt, es sei denn, daß ich nicht ewig, und auch nicht Jude bin. Wie? Muß ich immerdar unterwegs sein? Von jedem Winde gewirbelt, unstät, fortgetrieben? Oh Erde, du wardst mir zu rund! Auf jeder Oberfläche saß ich schon, gleich müdem Staube schlief ich ein auf Spiegeln und Fenster- scheiben: Alles nimmt von mir, Nichts giebt, ich werde dünn, – fast gleiche ich einem Schatten. Dir aber, oh Zarathustra, flog und zog ich am läng- sten nach, und, verbarg ich mich schon vor dir, so war ich doch dein bester Schatten: wo du nur gesessen hast, saß ich auch. Mit dir bin ich in fern- sten, kältesten Welten umgegangen, einem Gespenste gleich, das freiwillig über Winterdächer und Schnee läuft. Mit dir strebte ich in jedes Ver- botene, Schlimmste, Fernste: und wenn irgend Etwas an mir Tugend ist, so ist es, daß ich vor keinem Verbote Furcht hatte. Mit dir zerbrach ich, was je mein Herz verehrte, alle Grenzsteine und Bilder warf ich um, den gefähr- lichsten Wünschen lief ich nach, – wahrlich, über jedwedes Verbrechen lief ich einmal hinweg. Mit dir verlernte ich den Glauben an Worte und Werthe und große Namen. Wenn der Teufel sich häutet, fällt da nicht auch sein Name ab? Der ist nämlich auch Haut. Der Teufel selber ist vielleicht – Haut. "Nichts ist wahr, Alles ist erlaubt": so sprach ich mir zu. In die kältesten Wasser stürzte ich mich, mit Kopf und Herzen. Ach, wie oft stand ich darob nackt als rother Krebs da! Ach, wohin kam mir alles Gute und alle Scham und aller Glaube an die Guten! Ach, wohin ist jene verlogne Unschuld, die ich einst besaß, die Unschuld der Guten und ihrer edlen Lügen! Zu oft, wahrlich, folgte ich der Wahrheit dicht auf dem Fuße: da trat sie mir vor den Kopf. Manchmal meinte ich zu lügen, und siehe! da erst traf ich – die Wahrheit. Zu Viel klärte sich mir auf: nun geht es mich Nichts mehr an. Nichts lebt mehr, das ich liebe, – wie sollte ich noch mich selber lie- ben? "Leben, wie ich Lust habe, oder gar nicht leben": so will ich's, so will's auch der Heiligste. Aber, wehe! wie habe ich noch – Lust? Habe ich – noch ein Ziel? Einen Hafen, nach dem mein Segel läuft? Einen guten Wind? Ach, nur wer weiß, wohin er fährt, weiß auch, welcher Wind gut und sein Fahrwind ist. Was blieb mir noch zurück? Ein Herz müde und frech; ein unstäter Wille; Flatter-Flügel; ein zerbrochnes Rückgrat. Dieß Suchen nach meinem Heim: oh Zarathustra, weißt du wohl, dieß Suchen war meine Heimsuchung, es frißt mich auf. "Wo ist – mein Heim?" Darnach frage und suche und suchte ich, das fand ich nicht. Oh ewiges Überall, oh ewiges Nirgendwo, oh ewiges – Umsonst!" Also sprach der Schatten, und Zarathustra's Gesicht verlängerte sich bei sei- nen Worten. "Du bist mein Schatten! sagte er endlich, mit Traurigkeit. Deine Gefahr ist keine kleine, du freier Geist und Wanderer! Du hast einen schlimmen Tag gehabt: sieh zu, daß dir nicht noch ein schlimmerer Abend kommt! Solchen Unstäten, wie du, dünkt zuletzt auch ein Gefängniß selig. Sahst du je, wie eingefangne Verbrecher schlafen? Sie schlafen ruhig, sie genießen ihre neue Sicherheit. Hüte dich, daß dich nicht am Ende noch ein enger Glaube einfängt, ein harter, strenger Wahn! Dich nämlich verführt und versucht nunmehr Jegliches, das eng und fest ist. Du hast

das Ziel verloren: wehe, wie wirst du diesen Verlust verscherzen und verschmerzen? Damit – haft du auch den Weg verloren! ◁▷ Du armer Schweifender, Schwärmender, du müder Schmetterling! willst du diesen Abend eine Rast und Heimstätte haben? So gehe hinauf zu meiner Höhle! ◁▷ Dorthin führt der Weg zu meiner Höhle. Und jetzo will ich schnell wieder von dir davonlaufen. Schon liegt es wie ein Schatten auf mir. ◁▷ Ich will allein laufen, daß es wieder hell um mich werde. Dazu muß ich noch lange lustig auf den Beinen sein. Des Abends aber wird bei mir – getanzt!" – –

ALSO SPRACH ZARATHUSTRA.

MITTAGS

UND Zarathustra lief und lief und fand Niemanden mehr und war allein und fand immer wieder sich und genoß und schlürfte seine Einsamkeit und dachte an gute Dinge, – stundenlang. Um die Stunde des Mittags aber, als die Sonne gerade über Zarathustra's Haupte stand, kam er an einem alten krummen und knorrichten Baume vorbei, der von der reichen Liebe eines Weinstocks rings umarmt und vor sich selber verborgen war: von dem hiengen gelbe Trauben in Fülle dem Wandernden entgegen. Da gelüstete ihn, einen kleinen Durst zu löschen und sich eine Traube abzubrechen; als er aber schon den Arm dazu ausstreckte, da gelüstete ihn etwas Anderes noch mehr: nämlich sich neben den Baum niederzulegen, um die Stunde des vollkommnen Mittags, und zu schlafen. ◁▷ Dieß that Zarathustra; und sobald er auf dem Boden lag, in der Stille und Heimlichkeit des bunten Grases, hatte er auch schon seinen kleinen Durst vergessen und schlief ein. Denn, wie das Sprichwort Zarathustra's sagt: Eins ist nothwendiger als das Andre. Nur daß seine Augen offen blieben: – sie wurden nämlich nicht satt, den Baum und die Liebe des Weinstocks zu sehn und zu preisen. Im Einschlafen aber sprach Zarathustra also zu seinem Herzen: ◁▷◁▷ „Still! Still! Ward die Welt nicht eben vollkommen? Was geschieht mir doch? ◁▷ Wie ein zierlicher Wind, ungesehn, auf getäfeltem Meere tanzt, leicht, federleicht: so – tanzt der Schlaf auf mir. ◁▷ Kein Auge drückt er mir zu, die Seele läßt er mir wach. Leicht ist er, wahrlich! federleicht. ◁▷ Er überredet mich, ich weiß nicht wie?, er betupft mich innewendig mit schmeichelnder Hand, er zwingt mich. Ja, er zwingt mich, daß meine Seele sich ausstreckt: – ◁▷ – wie sie mir lang und müde wird, meine wunderliche Seele! Kam ihr eines siebenten Tages Abend gerade am Mittage? Wandelte sie zu lange schon selig zwischen guten und reifen Dingen? ◁▷ Sie streckt sich lang aus, lang, – länger! sie liegt stille, meine wunderliche Seele. Zu viel Gutes hat sie schon geschmeckt, diese goldene Traurigkeit drückt sie, sie verzieht den Mund. ◁▷ – Wie ein Schiff, das in seine stillste Bucht einlief: – nun lehnt es sich an die Erde, der langen Reisen müde und der ungewissen Meere. Ist die Erde nicht treuer? ◁▷ Wie solch ein Schiff sich dem Lande anlegt, anschmiegt: – da genügt's, daß eine Spinne vom Lande her zu ihm ihren Faden spinnt. Keiner stärkeren Taue bedarf es da. ◁▷ Wie solch ein müdes Schiff in der stillsten Bucht: so ruhe auch ich nun der Erde nahe, treu, zutrauend, wartend, mit den leisesten Fäden ihr angebunden. ◁▷ Oh Glück! Oh Glück! Willst du wohl singen, oh meine Seele? Du liegst im Grase. Aber das ist die heimliche feierliche Stunde, wo kein Hirt seine Flöte bläst. ◁▷ Scheue dich! Heißer Mittag schläft auf den Fluren. Singe nicht! Still! Die Welt ist vollkommen. ◁▷ Singe nicht, du Gras-Geflügel, oh meine Seele! Flüstere nicht einmal! Sieh doch – still! der alte Mittag schläft, er bewegt den Mund: trinkt er nicht eben einen Tropfen Glücks – ◁▷ – einen alten braunen Tropfen goldenen Glücks, goldenen Weins? Es huscht über ihn hin, sein Glück lacht. So – lacht ein Gott. Still! – ⚜⚜ – „Zum Glück, wie wenig genügt schon zum Glücke!" So sprach ich einst und dünkte mich klug. Aber es war eine Lästerung: das lernte ich nun. Kluge Narrn reden besser. ⚜⚜ Das Wenigste gerade, das Leiseste, Leichteste, einer Eidechse Rascheln, ein Hauch, ein Husch, ein Augen-Blick – Wenig macht die Art des besten Glücks. Still! ⚜⚜ – Was geschah mir: Horch! Flog die Zeit wohl davon? Falle ich nicht? Fiel ich nicht – horch! in den Brunnen der Ewigkeit? ⚜⚜ – Was geschieht mir? Still! Es sticht mich – wehe – in's Herz? In's Herz! Oh zerbrich, zerbrich, Herz, nach solchem Glücke, nach solchem Stiche! ⚜⚜ – Wie? Ward die Welt nicht eben vollkommen? Rund und reif? Oh des goldenen runden Reifs – wohin fliegt er wohl? Laufe ich ihm nach! Husch! ⚜⚜ Still – –" (und hier dehnte sich Zarathustra und fühlte, daß er schlafe.) ⚜⚜ „Auf! sprach er zu sich selber, du Schläfer! Du Mittagsschläfer! Wohlan, wohlauf, ihr alten Beine! Zeit ist's und Überzeit, manch gut Stück Wegs blieb euch noch zurück – ⚜⚜ Nun schlieft ihr euch aus, wie lange doch? Eine halbe Ewigkeit! Wohlan, wohlauf nun, mein altes Herz! Wie lange erst darfst du nach solchem Schlaf – dich auswachen?" ⚜⚜ (Aber da schlief er schon von Neuem ein, und seine Seele sprach gegen ihn und wehrte sich und legte sich wieder hin) – „Laß mich doch! Still! Ward nicht die Welt eben vollkommen? Oh des golden runden Balls!" – ⚜⚜ „Steh auf, sprach Zarathustra, du kleine Diebin, du Tagediebin! Wie? Immer noch sich strecken, gähnen, seufzen, hinunterfallen in tiefe Brunnen? ⚜⚜ Wer bist du doch! Oh meine Seele!" (und hier erschrak er, denn ein Sonnenstrahl fiel vom Himmel herunter auf sein Gesicht.) ⚜⚜ „Oh Himmel über mir, sprach er seufzend und setzte sich aufrecht, du schaust mir zu? Du horchst meiner wunderlichen Seele zu? ⚜⚜ Wann trinkst du diesen Tropfen Thau's, der auf alle Erden-Dinge niederfiel, – wann trinkst du diese wunderliche Seele – ⚜⚜ – wann, Brunnen der Ewigkeit! du heiterer schauerlicher Mittags-Abgrund! wann trinkst du meine Seele in dich zurück?" ⚜⚜⚜ ALSO SPRACH ZARATHUSTRA und erhob sich von seinem Lager am Baume wie aus einer fremden Trunkenheit: und siehe, da stand die Sonne immer noch gerade über seinem Haupte. Es möchte aber Einer daraus mit Recht abnehmen, daß Zarathustra damals nicht lange geschlafen habe.

DIE BEGRÜSSUNG ⚜⚜⚜⚜⚜⚜

AM späten Nachmittage war es erst, daß Zarathustra, nach langem umsonstigen Suchen und Umherstreifen, wieder zu seiner Höhle heimkam. Als er aber derselben gegenüberstand, nicht zwanzig Schritt mehr von ihr ferne, da geschah Das, was er jetzt am wenigsten erwartete: von Neuem hörte er den großen Nothschrei. Und, erstaunlich! dieß Mal kam derselbige aus seiner eignen Höhle. Es war aber ein langer vielfältiger seltsamer Schrei, und Zarathustra unterschied deutlich, daß er sich aus vielen Stimmen zusammensetze: mochte er schon, aus der Ferne gehört, gleich dem Schrei aus einem einzigen Munde klingen. ⚜⚜ Da sprang Zarathustra auf seine Höhle zu, und siehe! welches Schauspiel erwartete ihn erst nach diesem Hörspiele! Denn da saßen sie allesammt bei einander, an denen er des Tags vorübergegangen war: der König zur Rechten und der König zur Linken, der alte Zauberer, der Papst, der freiwillige Bettler, der Schatten, der Gewissenhafte des Geistes, der traurige Wahrsager und der Esel; der häßlichste Mensch aber hatte sich eine Krone aufgesetzt und zwei Purpurgürtel umgeschlungen, – denn er liebte es, gleich allen Häßlichen, sich zu verkleiden und schön zu thun. Inmitten aber dieser betrübten Gesellschaft stand der Adler Zarathu-

136

ftra's, geſträubt und unruhig, denn er ſollte auf zu Vieles antworten, wofür ſein Stolz keine Antwort hatte; die kluge Schlange aber hieng um ſeinen Hals. Dieß Alles ſchaute Zarathuſtra mit großer Verwunderung; dann aber prüfte er jeden Einzelnen ſeiner Gäſte mit leutſeliger Neugierde, las ihre Seelen ab und wunderte ſich von Neuem. Inzwiſchen hatten ſich die Verſammelten von ihren Sitzen erhoben und warteten mit Ehrfurcht, daß Zarathuſtra reden werde. Zarathuſtra aber ſprach alſo: „Ihr Verzweifelnden! Ihr Wunderlichen! Ich hörte alſo euren Nothſchrei? Und nun weiß ich auch, wo Der zu ſuchen iſt, den ich umſonſt heute ſuchte: der höhere Menſch—: — in meiner eignen Höhle ſitzt er, der höhere Menſch! Aber was wundere ich mich! Habe ich ihn nicht ſelber zu mir gelockt, durch Honig-Opfer und liſtige Lockrufe meines Glücks? Doch dünkt mir, ihr taugt euch ſchlecht zur Geſellſchaft, ihr macht einander das Herz unwirſch, ihr Nothſchreienden, wenn ihr hier beiſammen ſitzt? Es muß erſt Einer kommen, — Einer, der euch wieder lachen macht, ein guter fröhlicher Hanswurſt, ein Tänzer und Wind und Wildfang, irgend ein alter Narr: — was dünket euch? Vergebt mir doch, ihr Verzweifelnden, daß ich vor euch mit ſolch kleinen Worten rede, unwürdig, wahrlich, ſolcher Gäſte! Aber ihr errathet nicht, was mein Herz muthwillig macht: — — ihr ſelber thut es und euer Anblick, vergebt es mir! Jeder nämlich wird muthig, der einem Verzweifelnden zuſchaut. Einem Verzweifelnden zuzuſprechen — dazu dünkt ſich Jeder ſtark genug. Mir ſelber gabt ihr dieſe Kraft, — eine gute Gabe, meine hohen Gäſte! Ein rechtſchaffnes Gaſtgeſchenk! Wohlan, ſo zürnt nun nicht, daß ich euch auch vom Meinigen anbiete. Dieß hier iſt mein Reich und meine Herrſchaft: was aber mein iſt, für dieſen Abend und dieſe Nacht ſoll es euer ſein. Meine Thiere ſollen euch dienen: meine Höhle ſei eure Ruheſtatt! Bei mir zu Heim und Hauſe ſoll Keiner verzweifeln, in meinem Reviere ſchütze ich Jeden vor ſeinen wilden Thieren. Und das iſt das Erſte, was ich euch anbiete: Sicherheit! Das Zweite aber iſt: mein kleiner Finger. Und habt ihr den erſt, ſo nehmt nur noch die ganze Hand, wohlan! und das Herz dazu! Willkommen hier, willkommen, meine Gaſtfreunde!" Alſo ſprach Zarathuſtra und lachte vor Liebe und Bosheit. Nach dieſer Begrüßung verneigten ſich ſeine Gäſte abermals und ſchwiegen ehrfürchtig; der König zur Rechten aber antwortete ihm in ihrem Namen. „Daran, oh Zarathuſtra, wie du uns Hand und Gruß boteſt, erkennen wir dich als Zarathuſtra. Du erniedrigteſt dich vor uns; faſt thateſt du unſerer Ehrfurcht wehe —: — wer aber vermöchte gleich dir ſich mit ſolchem Stolze zu erniedrigen? Das richtet uns ſelber auf, ein Labſal iſt es unſern Augen und Herzen. Dieß allein nur zu ſchaun, ſtiegen gern wir auf höhere Berge, als dieſer Berg iſt. Als Schauluſtige nämlich kamen wir, wir wollten ſehn, was trübe Augen hell macht. Und ſiehe, ſchon iſt es vorbei mit allem unſern Nothſchrein. Schon ſteht Sinn und Herz uns offen und iſt entzückt. Wenig fehlt: und unſer Muth wird muthwillig. Nichts, oh Zarathuſtra, wächſt Erfreulicheres auf Erden, als ein hoher ſtarker Wille: der iſt ihr ſchönſtes Gewächs. Eine ganze Landſchaft erquickt ſich an Einem ſolchen Baume. Der Pinie vergleiche ich, wer gleich dir, oh Zarathuſtra, aufwächſt: lang, ſchweigend, hart, allein, beſten biegſamſten Holzes, herrlich, — — zuletzt aber hinausgreifend mit ſtarken grünen Äſten nach ſeiner Herrſchaft, ſtarke Fragen fragend vor Winden und Wettern und was immer auf Höhen heimiſch iſt, — ſtärker antwortend, ein Befehlender, ein Siegreicher: oh wer ſollte nicht, ſolche Gewächſe zu ſchaun, auf hohe Berge ſteigen? Deines Baumes hier, oh Zarathuſtra, erlabt ſich auch der Düſtere, der Mißrathene, an deinem Anblicke wird auch der Unſtäte ſicher und heilt ſein Herz. Und wahrlich, zu deinem Berge und Baume richten ſich heute viele Augen; eine große Sehnſucht hat ſich aufgemacht, und Manche lernten fragen: wer iſt Zara-

thuſtra? Und wem du jemals dein Lied und deinen Honig in's Ohr ge-
träufelt: alle die Verſteckten, die Einſiedler, die Zweiſiedler ſprachen mit
Einem Male zu ihrem Herzen: „Lebt Zarathuſtra noch? Es lohnt ſich
nicht mehr zu leben, Alles iſt gleich, Alles iſt umſonſt: oder – wir müſſen mit
Zarathuſtra leben!“ „Warum kommt er nicht, der ſich ſo lange ankün-
digte? alſo fragen Viele; verſchlang ihn die Einſamkeit? Oder ſollen wir wohl
zu ihm kommen?“ Nun geſchieht's, daß die Einſamkeit ſelber mürbe
wird und zerbricht, einem Grabe gleich, das zerbricht und ſeine Todten nicht
mehr halten kann. Überall ſieht man Auferſtandene. Nun ſteigen und
ſteigen die Wellen um deinen Berg, oh Zarathuſtra. Und wie hoch auch deine
Höhe iſt, Viele müſſen zu dir hinauf; dein Nachen ſoll nicht lange mehr im
Trocknen ſitzen. Und daß wir Verzweifelnde jetzt in deine Höhle kamen
und ſchon nicht mehr verzweifeln: ein Wahr- und Vorzeichen iſt es nur, davon, daß Beſſere zu dir unterwegs ſind, – denn er ſelber iſt zu dir
unterwegs, der letzte Reſt Gottes unter Menſchen, das iſt: alle die Menſchen
der großen Sehnſucht, des großen Ekels, des großen Überdruſſes,
– Alle, die nicht leben wollen, oder ſie lernen wieder hoffen – oder ſie lernen
von dir, oh Zarathuſtra, die große Hoffnung!“ Alſo ſprach der König
zur Rechten und ergriff die Hand Zarathuſtra's, um ſie zu küſſen; aber Zarathuſtra wehrte ſeiner Verehrung und trat erſchreckt zurück, ſchweigend und
plötzlich wie in weite Fernen entfliehend. Nach einer kleinen Weile aber war
er ſchon wieder bei ſeinen Gäſten, blickte ſie mit hellen, prüfenden Augen an
und ſprach: „Meine Gäſte, ihr höheren Menſchen, ich will deutſch und
deutlich mit euch reden. Nicht auf euch wartete ich hier in dieſen Bergen.“
(„Deutſch und deutlich? Daß Gott erbarm! ſagte hier der König zur
Linken, bei Seite; man merkt, er kennt die lieben Deutſchen nicht, dieſer
Weiſe aus dem Morgenlande! Aber er meint „deutſch und derb“ –
wohlan! Das iſt heutzutage noch nicht der ſchlimmſte Geſchmack!“)
„Ihr mögt wahrlich insgeſammt höhere Menſchen ſein, fuhr Zarathuſtra fort:
aber für mich – ſeid ihr nicht hoch und ſtark genug. Für mich, das heißt:
für das Unerbittliche, das in mir ſchweigt, aber nicht immer ſchweigen wird.
Und gehört ihr zu mir, ſo doch nicht als mein rechter Arm. Wer nämlich
ſelber auf kranken und zarten Beinen ſteht, gleich euch, der will vor Allem,
ob er's weiß oder ſich verbirgt: daß er geſchont werde. Meine Arme
und meine Beine aber ſchone ich nicht, ich ſchone meine Krieger nicht: wieſo
könntet ihr zu meinem Kriege taugen? Mit euch verdürbe ich mir jeden
Sieg noch. Und Mancher von euch fiele ſchon um, wenn er nur den lauten
Schall meiner Trommeln hörte. Auch ſeid ihr mir nicht ſchön genug und
wohlgeboren. Ich brauche reine glatte Spiegel für meine Lehren; auf eurer
Oberfläche verzerrt ſich noch mein eignes Bildniß. Eure Schultern
drückt manche Laſt, manche Erinnerung; manch ſchlimmer Zwerg hockt in
euren Winkeln. Es giebt verborgenen Pöbel auch in euch. Und ſeid ihr
auch hoch und höherer Art: Vieles an euch iſt krumm und mißgeſtalt. Da iſt
kein Schmied in der Welt, der euch mir zurecht und gerade ſchlüge. Ihr
ſeid nur Brücken: mögen Höhere auf euch hinüber ſchreiten! Ihr bedeutet
Stufen: ſo zürnt Dem nicht, der über euch hinweg in ſeine Höhe ſteigt!
Aus eurem Samen mag auch mir einſt ein echter Sohn und vollkommener
Erbe wachſen: aber das iſt ferne. Ihr ſelber ſeid Die nicht, welchen mein Erb-
gut und Name zugehört. Nicht auf euch warte ich hier in dieſen Bergen,
nicht mit euch darf ich zum letzten Male niederſteigen. Als Vorzeichen kamt
ihr mir nur, daß ſchon Höhere zu mir unterwegs ſind, – – nicht die Menſchen der großen Sehnſucht, des großen Ekels, des großen Überdruſſes und
Das, was ihr den Überreſt Gottes nanntet, – nein! Nein! Drei Mal Nein!
Auf Andere warte ich hier in dieſen Bergen und will meinen Fuß nicht ohne
ſie von dannen heben, – auf Höhere, Stärkere, Sieghaftere, Wohl-

gemuthere, Solche, die rechtwinklig gebaut sind an Leib und Seele: lachende Löwen müssen kommen! ᚦᚦ Oh, meine Gaftfreunde, ihr Wunderlichen, – hörtet ihr noch Nichts von meinen Kindern? Und daß sie zu mir unterwegs sind? ᚦᚦ Sprecht mir doch von meinen Gärten, von meinen glückseligen Infeln, von meiner neuen schönen Art, – warum sprecht ihr mir nicht davon? ᚦᚦ Dieß Gaftgefchenk erbitte ich mir von eurer Liebe, daß ihr mir von meinen Kindern sprecht. Hierzu bin ich reich, hierzu ward ich arm: was gab ich nicht hin, ᚦᚦ – was gäbe ich nicht hin, daß ich Eins hätte: diese Kinder, diese lebendige Pflanzung, diese Lebensbäume meines Willens und meiner höchsten Hoffnung!" ᚦᚦ ALSO SPRACH ZARATHUSTRA und hielt plötzlich inne in seiner Rede: denn ihn überfiel seine Sehnsucht, und er schloß Augen und Mund vor der Bewegung seines Herzens. Und auch alle seine Gäfte schwiegen und standen still und beftürzt: nur daß der alte Wahrfager mit Händen und Gebärden Zeichen gab.

DAS ABENDMAHL

AN dieser Stelle nämlich unterbrach der Wahrfager die Begrüßung Zarathuftra's und seiner Gäfte: er drängte sich vor, wie Einer, der keine Zeit zu verlieren hat, faßte die Hand Zarathuftra's und rief: „Aber Zarathuftra! ᚦᚦ Eins ift nothwendiger als das Andre, so redeft du selber: wohlan, Eins ift mir jetzt nothwendiger als alles Andere. ᚦᚦ Ein Wort zur rechten Zeit: haft du mich nicht zum Mahle eingeladen? Und hier sind Viele, die lange Wege machten. Du willft uns doch nicht mit Reden abspeifen? ᚦᚦ Auch gedachtet ihr Alle mir schon zu viel des Erfrierens, Ertrinkens, Erftickens und andrer Leibes-Nothftände: Keiner aber gedachte meines Nothftandes, nämlich des Verhungerns –" ᚦᚦ (Also sprach der Wahrfager; wie die Thiere Zarathuftra's aber diese Worte hörten, liefen sie vor Schrecken davon. Denn sie sahen, daß was sie auch am Tage heimgebracht hatten, nicht genug sein werde, den Einen Wahrfager zu ftopfen.) ᚦᚦ „Eingerechnet das Verdurften, fuhr der Wahrfager fort. Und ob ich schon Waffer hier plätfchern höre, gleich Reden der Weisheit, nämlich reichlich und unermüdlich: ich – will Wein! ᚦᚦ Nicht Jeder ift gleich Zarathuftra ein geborner Waffertrinker. Waffer taugt auch nicht für Müde und Verwelkte: uns gebührt Wein, – der erft giebt plötzliches Genesen und ftegreife Gefundheit!" ᚦᚦ Bei dieser Gelegenheit, da der Wahrfager nach Wein begehrte, gefchah es, daß auch der König zur Linken, der Schweigsame, einmal zu Worte kam. „Für Wein, sprach er, trugen wir Sorge, ich sammt meinem Bruder, dem Könige zur Rechten: wir haben Weins genug, – einen ganzen Efel voll. So fehlt Nichts als Brod." ᚦᚦ „Brod? entgegnete Zarathuftra und lachte dazu. Nur gerade Brod haben Einfiedler nicht. Aber der Menfch lebt nicht vom Brod allein, sondern auch vom Fleifche guter Lämmer, deren ich zwei habe: ᚦᚦ – Die soll man gefchwinde fchlachten und würzig, mit Salbei, zubereiten: so liebe ich's. Und auch an Wurzeln und Früchten fehlt es nicht, gut genug felbft für Lecker- und Schmeckerlinge; noch an Nüffen und andern Räthseln zum Knacken. ᚦᚦ Also wollen wir in Kürze eine gute Mahlzeit machen. Wer aber mit effen will, muß auch mit Hand anlegen, auch die Könige. Bei Zarathuftra nämlich darf auch ein König Koch sein." ᚦᚦ Mit diesem Vorfchlage war Allen nach dem Herzen geredet: nur daß der freiwillige Bettler sich gegen Fleifch und Wein und Würzen fträubte. ᚦᚦ „Nun hört mir doch diesen Schlemmer Zarathuftra! sagte er fcherzhaft: geht man dazu in Höhlen und Hoch-Gebirge, daß man solche Mahlzeiten macht? ᚦᚦ Nun freilich verftehe ich, was er einft uns lehrte: „Gelobt sei die kleine Armuth!" und warum er die Bettler abfchaffen will." ᚦᚦ „Sei guter Dinge, antwortete

ihm Zarathustra, wie ich es bin. Bleibe bei deiner Sitte, du Trefflicher, malme deine Körner, trink dein Wasser, lobe deine Küche: wenn sie dich nur fröhlich macht! Ich bin ein Gesetz nur für die Meinen, ich bin kein Gesetz für Alle. Wer aber zu mir gehört, der muß von starken Knochen sein, auch von leichten Füßen, – – lustig zu Kriegen und Festen, kein Düsterling, kein Traum-Hans, bereit zum Schwersten wie zu seinem Feste, gesund und heil. Das Beste gehört den Meinen und mir; und giebt man's uns nicht, so nehmen wir's: – die beste Nahrung, den reinsten Himmel, die stärksten Gedanken, die schönsten Fraun!" – ALSO SPRACH ZARATHUSTRA; der König zur Rechten aber entgegnete: „Seltsam! Vernahm man je solche kluge Dinge aus dem Munde eines Weisen? Und wahrlich, das ist das Seltsamste an einem Weisen, wenn er zu alledem auch noch klug und kein Esel ist." Also sprach der König zur Rechten und wunderte sich; der Esel aber sagte zu seiner Rede mit bösem Willen I-A. Dieß aber war der Anfang von jener langen Mahlzeit, welche „das Abendmahl" in den Historien-Büchern genannt wird. Bei derselben aber wurde von nichts Anderem geredet als vom höheren Menschen.

VOM HÖHEREN MENSCHEN

ALS ich zum ersten Male zu den Menschen kam, da that ich die Einsiedler-Thorheit, die große Thorheit: ich stellte mich auf den Markt. Und als ich zu Allen redete, redete ich zu Keinem. Des Abends aber waren Seiltänzer meine Genossen, und Leichname; und ich selber fast ein Leichnam. Mit dem neuen Morgen aber kam mir eine neue Wahrheit: da lernte ich sprechen „Was geht mich Markt und Pöbel und Pöbel-Lärm und lange Pöbel-Ohren an!" Ihr höheren Menschen, Dieß lernt von mir: auf dem Markt glaubt Niemand an höhere Menschen. Und wollt ihr dort reden, wohlan! Der Pöbel aber blinzelt „wir sind alle gleich". „Ihr höheren Menschen, – so blinzelt der Pöbel – es giebt keine höheren Menschen, wir sind Alle gleich, Mensch ist Mensch, vor Gott – sind wir Alle gleich!" Vor Gott! – Nun aber starb dieser Gott! Vor dem Pöbel aber wollen wir nicht gleich sein. Ihr höheren Menschen, geht weg vom Markt!

2 Vor Gott! – Nun aber starb dieser Gott! Ihr höheren Menschen, dieser Gott war eure größte Gefahr. Seit er im Grabe liegt, seid ihr erst wieder auferstanden. Nun erst kommt der große Mittag, nun erst wird der höhere Mensch – Herr! Verstandet ihr dieß Wort, oh meine Brüder? Ihr seid erschreckt: wird euren Herzen schwindlig? Klafft euch hier der Abgrund? Kläfft euch hier der Höllenhund? Wohlan! Wohlauf! Ihr höheren Menschen! Nun erst kreißt der Berg der Menschen-Zukunft. Gott starb: nun wollen wir, – daß der Übermensch lebe.

3 Die Sorglichsten fragen heute: „wie bleibt der Mensch erhalten?" Zarathustra aber fragt als der Einzige und Erste: „wie wird der Mensch überwunden?" Der Übermensch liegt mir am Herzen, der ist mein Erstes und Einziges, – und nicht der Mensch: nicht der Nächste, nicht der Ärmste, nicht der Leidendste, nicht der Beste. – Oh meine Brüder, was ich lieben kann am Menschen, das ist, daß er ein Übergang ist und ein Untergang. Und auch an euch ist Vieles, das mich lieben und hoffen macht. Daß ihr verachtetet, ihr höheren Menschen, das macht mich hoffen. Die großen Verachtenden nämlich sind die großen Verehrenden. Daß ihr verzweifeltet, daran ist Viel zu ehren. Denn ihr lerntet nicht, wie ihr euch ergäbet, ihr lerntet die kleinen Klugheiten nicht. Heute nämlich wurden die kleinen Leute

140

Herr: die predigen Alle Ergebung und Bescheidung und Klugheit und Fleiß und Rückficht und das lange Und-fo-weiter der kleinen Tugenden. ◁◁ Was von Weibsart ift, was von Knechtsart ftammt und fonderlich der Pöbel-Mifchmafch: Das will nun Herr werden alles Menfchen-Schickfals – oh Ekel! Ekel! Ekel! ◁◁ Das frägt und frägt und wird nicht müde: „wie erhält fich der Menfch, am beften, am längften, am angenehmften?" Damit – find fie die Herrn von Heute. ◁◁ Diefe Herrn von Heute überwindet mir, oh meine Brüder, – diefe kleinen Leute: die find des Übermenfchen größte Gefahr! ◁◁ Überwindet mir, ihr höheren Menfchen, die kleinen Tugenden, die kleinen Klugheiten, die Sandkorn-Rückfichten, den Ameifen-Kribbelkram, das erbärmliche Behagen, das „Glück der Meiften"–! ◁◁ Und lieber verzweifelt, als daß ihr euch ergebt. Und, wahrlich, ich liebe euch dafür, daß ihr heute nicht zu leben wißt, ihr höheren Menfchen! So nämlich lebt ihr – am beften!

4 ◁◁◁ Habt ihr Muth, oh meine Brüder? Seid ihr herzhaft? Nicht Muth vor Zeugen, fondern Einfiedler- und Adler-Muth, dem auch kein Gott mehr zufieht? ◁◁ Kalte Seelen, Maulthiere, Blinde, Trunkene heißen mir nicht herzhaft. Herz hat, wer Furcht kennt, aber Furcht zwingt; wer den Abgrund fieht, aber mit Stolz. ◁◁ Wer den Abgrund fieht, aber mit Adlers-Augen, – wer mit Adlers-Krallen den Abgrund faßt: Der hat Muth. – –

5 ◁◁◁ „Der Menfch ift böfe" – fo fprachen mir zum Trofte alle Weifeften. Ach, wenn es heute nur noch wahr ift! Denn das Böfe ift des Menfchen befte Kraft. ◁◁ „Der Menfch muß beffer und böfer werden" – fo lehre ich. Das Böfefte ift nöthig zu des Übermenfchen Beftem. ◁◁ Das mochte gut fein für jenen Prediger der kleinen Leute, daß er litt und trug an des Menfchen Sünde. Ich aber erfreue mich der großen Sünde als meines großen Troftes. – ◁◁ Solches ift aber nicht für lange Ohren gefagt. Jedwedes Wort gehört auch nicht in jedes Maul. Das find feine ferne Dinge: nach denen follen nicht Schafs-Klauen greifen!

6 ◁◁◁ Ihr höheren Menfchen, meint ihr, ich fei da, gut zu machen, was ihr fchlecht machtet? ◁◁ Oder ich wollte fürderhin euch Leidende bequemer betten? ◁◁ Oder euch Unftäten, Verirrten, Verkletterten neue leichtere Fußfteige zeigen? ◁◁ Nein! Nein! Drei Mal Nein! Immer Mehr, immer Beffere eurer Art follen zu Grunde gehn, – denn ihr follt es immer fchlimmer und härter haben. So allein – ◁◁ – fo allein wächft der Menfch in die Höhe, wo der Blitz ihn trifft und zerbricht: hoch genug für den Blitz! ◁◁ Auf Weniges, auf Langes, auf Fernes geht mein Sinn und meine Sehnfucht: was gienge mich euer kleines, vieles, kurzes Elend an! ◁◁ Ihr leidet mir noch nicht genug! Denn ihr leidet an euch, ihr littet noch nicht am Menfchen. Ihr würdet lügen, wenn ihr's anders fagtet! Ihr leidet Alle nicht, woran ich litt. – –

7 ◁◁◁ Es ift mir nicht genug, daß der Blitz nicht mehr fchadet. Nicht ableiten will ich ihn: er foll lernen für mich – arbeiten. – ◁◁ Meine Weisheit fammelt fich lange fchon gleich einer Wolke, fie wird ftiller und dunkler. So thut jede Weisheit, welche einft Blitze gebären foll. – ◁◁ Diefen Menfchen von Heute will ich nicht Licht fein, nicht Licht heißen. Die – will ich blenden: Blitz meiner Weisheit! ftich ihnen die Augen aus!

8 ◁◁◁ Wollt Nichts über euer Vermögen: es giebt eine fchlimme Falfchheit bei Solchen, die über ihr Vermögen wollen. ◁◁ Sonderlich, wenn fie große Dinge wollen! Denn fie wecken Mißtrauen gegen große Dinge, diefe feinen Falfchmünzer und Schaufpieler: – ◁◁ – bis fie endlich falfch vor fich felber find, fchieläugig, übertünchter Wurmfraß, bemäntelt durch

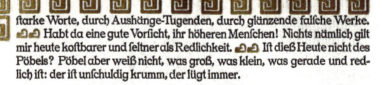

starke Worte, durch Aushänge-Tugenden, durch glänzende falsche Werke. ᚱᚱ Habt da eine gute Vorsicht, ihr höheren Menschen! Nichts nämlich gilt mir heute kostbarer und seltner als Redlichkeit. ᚱᚱ Ist dieß Heute nicht des Pöbels? Pöbel aber weiß nicht, was groß, was klein, was gerade und redlich ist: der ist unschuldig krumm, der lügt immer.

9 ᚱᚱᚱ Habt heute ein gutes Mißtrauen, ihr höheren Menschen, ihr Beherzten! Ihr Offenherzigen! Und haltet eure Gründe geheim! Dieß Heute nämlich ist des Pöbels. ᚱᚱ Was der Pöbel ohne Gründe einst glauben lernte, wer könnte ihm durch Gründe Das – umwerfen? ᚱᚱ Und auf dem Markte überzeugt man mit Gebärden. Aber Gründe machen den Pöbel mißtrauisch. ᚱᚱ Und wenn da einmal Wahrheit zum Siege kam, so fragt euch mit gutem Mißtrauen: „welch starker Irrthum hat für sie gekämpft?" ᚱᚱ Hütet euch auch vor den Gelehrten! Die hassen euch: denn sie sind unfruchtbar! Sie haben kalte vertrocknete Augen, vor ihnen liegt jeder Vogel entfedert. ᚱᚱ Solche brüsten sich damit, daß sie nicht lügen: aber Ohnmacht zur Lüge ist lange noch nicht Liebe zur Wahrheit. Hütet euch! ᚱᚱ Freiheit von Fieber ist lange noch nicht Erkenntniß! Ausgekälteten Geistern glaube ich nicht. Wer nicht lügen kann, weiß nicht, was Wahrheit ist.

10 ᚱᚱᚱ Wollt ihr hoch hinaus, so braucht die eignen Beine! Laßt euch nicht empor tragen, setzt euch nicht auf fremde Rücken und Köpfe! ᚱᚱ Du aber stiegst zu Pferde? Du reitest nun hurtig hinauf zu deinem Ziele? Wohlan, mein Freund! Aber dein lahmer Fuß sitzt auch mit zu Pferde! ᚱᚱ Wenn du an deinem Ziele bist, wenn du von deinem Pferde springst: auf deiner Höhe gerade, du höherer Mensch, – wirst du stolpern!

11 ᚱᚱᚱ Ihr Schaffenden, ihr höheren Menschen! Man ist nur für das eigne Kind schwanger. ᚱᚱ Laßt euch Nichts vorreden, einreden! Wer ist denn euer Nächster? Und handelt ihr auch „für den Nächsten", – ihr schafft doch nicht für ihn! ᚱᚱ Verlernt mir doch dieß „Für", ihr Schaffenden: eure Tugend gerade will es, daß ihr kein Ding mit „für" und „um" und „weil" thut. Gegen diese falschen kleinen Worte sollt ihr euer Ohr zukleben. ᚱᚱ Das „für den Nächsten" ist die Tugend nur der kleinen Leute: da heißt es „gleich und gleich" und „Hand wäscht Hand": – sie haben nicht Recht noch Kraft zu eurem Eigennutz! ᚱᚱ In eurem Eigennutz, ihr Schaffenden, ist der Schwangeren Vorsicht und Vorsehung! Was Niemand noch mit Augen sah, die Frucht: die schirmt und schont und nährt eure ganze Liebe. ᚱᚱ Wo eure ganze Liebe ist, bei eurem Kinde, da ist auch eure ganze Tugend! Euer Werk, euer Wille ist euer „Nächster": laßt euch keine falschen Werthe einreden!

12 ᚱᚱᚱ Ihr Schaffenden, ihr höheren Menschen! Wer gebären muß, der ist krank; wer aber geboren hat, ist unrein. ᚱᚱ Fragt die Weiber: man gebiert nicht, weil es Vergnügen macht. Der Schmerz macht Hühner und Dichter gackern. ᚱᚱ Ihr Schaffenden, an euch ist viel Unreines. Das macht, ihr mußtet Mütter sein. ᚱᚱ Ein neues Kind: oh wie viel neuer Schmutz kam auch zur Welt! Geht bei Seite! Und wer geboren hat, soll seine Seele rein waschen!

13 ᚱᚱᚱ Seid nicht tugendhaft über eure Kräfte! Und wollt Nichts von euch wider die Wahrscheinlichkeit! ᚱᚱ Geht in den Fußtapfen, wo schon eurer Väter Tugend gieng! Wie wolltet ihr hoch steigen, wenn nicht eurer Väter Wille mit euch steigt? ᚱᚱ Wer aber Erstling sein will, sehe zu, daß er nicht auch Letztling werde! Und wo die Laster eurer Väter sind, darin sollt ihr nicht Heilige bedeuten wollen! ᚱᚱ Wessen Väter es mit Weibern hielten

und mit ſtarken Weinen und Wildſchweinen: was wäre es, wenn Der von ſich Keuſchheit wollte? ◗◖ Eine Narrheit wäre es! Viel, wahrlich, dünkt es mich für einen Solchen, wenn er Eines oder zweier oder dreier Weiber Mann iſt. ◗◖ Und ſtiftete er Klöſter und ſchriebe über die Thür: „der Weg zum Heiligen“, – ich ſpräche doch: wozu! es iſt eine neue Narrheit! ◗◖ Er ſtiftete ſich ſelber ein Zucht- und Fluchthaus: wohl bekomm’s! Aber ich glaube nicht daran. ◗◖ In der Einſamkeit wächſt, was Einer in ſie bringt, auch das innere Vieh. Solchergeſtalt widerräth ſich Vielen die Einſamkeit. ◗◖ Gab es Schmutzigeres bisher auf Erden als Wüſten-Heilige? Um die herum war nicht nur der Teufel los, – ſondern auch das Schwein.

14 ◗◖◗◖ Scheu, beſchämt, ungeſchickt, einem Tiger gleich, dem der Sprung mißrieth: alſo, ihr höheren Menſchen, ſah ich oft euch bei Seite ſchleichen. Ein Wurf mißrieth euch. ◗◖ Aber, ihr Würfelſpieler, was liegt daran! Ihr lerntet nicht ſpielen und ſpotten, wie man ſpielen und ſpotten muß! Sitzen wir nicht immer an einem großen Spott- und Spieltiſche? ◗◖ Und wenn euch Großes mißrieth, ſeid ihr ſelber darum – mißrathen? Und mißriethet ihr ſelber, mißrieth darum – der Menſch? Mißrieth aber der Menſch: wohlan! wohlauf!

15 ◗◖◗◖ Je höher von Art, je ſeltener geräth ein Ding. Ihr höheren Menſchen hier, ſeid ihr nicht alle – mißgerathen? ◗◖ Seid guten Muths, was liegt daran! Wie Vieles iſt noch möglich! Lernt über euch ſelber lachen, wie man lachen muß! ◗◖ Was Wunders auch, daß ihr mißriethet und halb geriethet, ihr Halb-Zerbrochenen! Drängt und ſtößt ſich nicht in euch – des Menſchen Zukunft? ◗◖ Des Menſchen Fernſtes, Tiefſtes, Sternen-Höchſtes, ſeine ungeheure Kraft: ſchäumt Das nicht alles gegen einander in eurem Topfe? ◗◖ Was Wunders, daß mancher Topf zerbricht! Lernt über euch lachen, wie man lachen muß! Ihr höheren Menſchen, oh wie Vieles iſt noch möglich! ◗◖ Und wahrlich, wie Viel gerieth ſchon! Wie reich iſt dieſe Erde an kleinen guten vollkommenen Dingen, an Wohlgerathenem! ◗◖ Stellt kleine gute vollkommene Dinge um euch, ihr höheren Menſchen! Deren goldene Reife heilt das Herz. Vollkommnes lehrt hoffen.

16 ◗◖◗◖ Welches war hier auf Erden bisher die größte Sünde? War es nicht das Wort Deſſen, der ſprach: „Wehe Denen, die hier lachen!“ ◗◖ Fand er zum Lachen auf der Erde ſelber keine Gründe? So ſuchte er nur ſchlecht. Ein Kind findet hier noch Gründe. ◗◖ Der – liebte nicht genug: ſonſt hätte er auch uns geliebt, die Lachenden! Aber er haßte und höhnte uns, Heulen und Zähneklappern verhieß er uns. ◗◖ Muß man denn gleich fluchen, wo man nicht liebt? Das – dünkt mich ein ſchlechter Geſchmack. Aber ſo that er, dieſer Unbedingte. Er kam vom Pöbel. ◗◖ Und er ſelber liebte nur nicht genug: ſonſt hätte er weniger gezürnt, daß man ihn nicht liebe. Alle große Liebe will nicht Liebe: – die will mehr. ◗◖ Geht aus dem Wege allen ſolchen Unbedingten! Das iſt eine arme kranke Art, eine Pöbel-Art: ſie ſehn ſchlimm dieſem Leben zu, ſie haben den böſen Blick für dieſe Erde. ◗◖ Geht aus dem Wege allen ſolchen Unbedingten! Sie haben ſchwere Füße und ſchwüle Herzen: – ſie wiſſen nicht zu tanzen. Wie möchte Solchen wohl die Erde leicht ſein!

17 ◗◖◗◖ Krumm kommen alle guten Dinge ihrem Ziele nahe. Gleich Katzen machen ſie Buckel, ſie ſchnurren innewendig vor ihrem nahen Glücke, – alle guten Dinge lachen. ◗◖ Der Schritt verräth, ob Einer ſchon auf ſeiner Bahn ſchreitet: ſo ſeht mich gehn! Wer aber ſeinem Ziel nahe kommt, der tanzt. ◗◖ Und, wahrlich, zum Standbild ward ich nicht, noch ſtehe ich nicht da, ſtarr, ſtumpf, ſteinern, eine Säule; ich liebe geſchwindes Laufen. ◗◖

Und wenn es auf Erden auch Moor und dicke Trübsal giebt: wer leichte Füße hat, läuft über Schlamm noch hinweg und tanzt wie auf gefegtem Eise. ✺✺ Erhebt eure Herzen, meine Brüder, hoch! höher! Und vergeßt mir auch die Beine nicht! Erhebt auch eure Beine, ihr guten Tänzer, und besser noch: ihr steht auch auf dem Kopf!

18 ✺✺✺ Diese Krone des Lachenden, diese Rosenkranz-Krone: ich selber setzte mir diese Krone auf, ich selber sprach heilig mein Gelächter. Keinen Anderen fand ich heute stark genug dazu. ✺✺ Zarathustra der Tänzer, Zarathustra der Leichte, der mit den Flügeln winkt, ein Flugbereiter, allen Vögeln zuwinkend, bereit und fertig, ein Selig-Leichtfertiger: — ✺✺ Zarathustra der Wahrsager, Zarathustra der Wahrlacher, kein Ungeduldiger, kein Unbedingter, Einer, der Sprünge und Seitensprünge liebt: ich selber setzte mir diese Krone auf!

19 ✺✺✺ Erhebt eure Herzen, meine Brüder, hoch! höher! Und vergeßt mir auch die Beine nicht! Erhebt auch eure Beine, ihr guten Tänzer, und besser noch: ihr steht auch auf dem Kopf! ✺✺ Es giebt auch im Glück schweres Gethier, es giebt Plumpfüßler von Anbeginn. Wunderlich mühn sie sich ab, einem Elephanten gleich, der sich müht auf dem Kopf zu stehn. ✺✺ Besser aber noch närrisch sein vor Glücke, als närrisch vor Unglücke, besser plump tanzen als lahm gehn. So lernt mir doch meine Weisheit ab: auch das schlimmste Ding hat zwei gute Kehrseiten, — ✺✺ — auch das schlimmste Ding hat gute Tanzbeine: so lernt mir doch euch selbst, ihr höheren Menschen, auf eure rechten Beine stellen! ✺✺ So verlernt mir doch Trübsal-Blasen und alle Pöbel-Traurigkeit! Oh wie traurig dünken mich heute des Pöbels Hanswürste noch! Dieß Heute aber ist des Pöbels.

20 ✺✺✺ Dem Winde thut mir gleich, wenn er aus seinen Berghöhlen stürzt: nach seiner eignen Pfeife will er tanzen, die Meere zittern und hüpfen unter seinen Fußtapfen. ✺✺ Der den Eseln Flügel giebt, der Löwinnen melkt, gelobt sei dieser gute unbändige Geist, der allem Heute und allem Pöbel wie ein Sturmwind kommt, — ✺✺ — der Distel- und Tiftelköpfen feind ist und allen welken Blättern und Unkräutern: gelobt sei dieser wilde gute freie Sturmgeist, welcher auf Mooren und Trübsalen wie auf Wiesen tanzt! ✺✺ Der die Pöbel-Schwindhunde haßt und alles mißrathene düstere Gezücht: gelobt sei dieser Geist aller freien Geister, der lachende Sturm, welcher allen Schwarzsichtigen, Schwärsüchtigen Staub in die Augen bläst! ✺✺ Ihr höheren Menschen, euer Schlimmstes ist: ihr lerntet Alle nicht tanzen, wie man tanzen muß — über euch hinweg tanzen! Was liegt daran, daß ihr mißriethet! ✺✺ Wie Vieles ist noch möglich! So lernt doch über euch hinweg lachen! Erhebt eure Herzen, ihr guten Tänzer, hoch! höher! Und vergeßt mir auch das gute Lachen nicht! ✺✺ Diese Krone des Lachenden, diese Rosenkranz-Krone: euch, meinen Brüdern, werfe ich diese Krone zu! Das Lachen sprach ich heilig; ihr höheren Menschen, lernt mir — lachen!

DAS LIED DER SCHWERMUTH

ALS Zarathustra diese Reden sprach, stand er nahe dem Eingange seiner Höhle; mit den letzten Worten aber entschlüpfte er seinen Gästen und floh für eine kurze Weile in's Freie. ✺✺ „Oh reine Gerüche um mich, rief er aus, oh selige Stille um mich! Aber wo sind meine Thiere? Heran, heran, mein Adler und meine Schlange! ✺✺ Sagt mir doch, meine Thiere: diese höheren Menschen insgesammt — riechen sie vielleicht nicht gut? Oh reine

Gerüche um mich! Jetzo weiß und fühle ich erst, wie ich euch, meine Thiere, liebe." – Und Zarathustra sprach nochmals: „ich liebe euch, meine Thiere!" Der Adler aber und die Schlange drängten sich an ihn, als er diese Worte sprach, und sahen zu ihm hinauf. Solchergestalt waren sie zu drei still beisammen und schnüffelten und schlürften mit einander die gute Luft. Denn die Luft war hier draußen besser als bei den höheren Menschen.

2.

Kaum aber hatte Zarathustra seine Höhle verlassen, da erhob sich der alte Zauberer, sah listig umher und sprach: „Er ist hinaus! Und schon, ihr höheren Menschen – daß ich euch mit diesem Lob- und Schmeichel-Namen kitzle, gleich ihm selber – schon fällt mich mein schlimmer Trug- und Zaubergeist an, mein schwermüthiger Teufel, – welcher diesem Zarathustra ein Widersacher ist aus dem Grunde: vergebt es ihm! Nun will er vor euch zaubern, er hat gerade seine Stunde; umsonst ringe ich mit diesem bösen Geiste. Euch Allen, welche Ehren ihr euch mit Worten geben mögt, ob ihr euch „die freien Geister" nennt oder „die Wahrhaftigen" oder „die Büßer des Geistes" oder „die Entfesselten" oder „die großen Sehnsüchtigen", – euch Allen, die ihr am großen Ekel leidet gleich mir, denen der alte Gott starb und noch kein neuer Gott in Wiegen und Windeln liegt, – euch Allen ist mein böser Geist und Zauber-Teufel hold. Ich kenne euch, ihr höheren Menschen, ich kenne ihn, – ich kenne auch diesen Unhold, den ich wider Willen liebe, diesen Zarathustra: er selber dünkt mich öfter gleich einer schönen Heiligen-Larve, – gleich einem neuen wunderlichen Mummenschanze, in dem sich mein böser Geist, der schwermüthige Teufel, gefällt: – ich liebe Zarathustra, so dünkt mich oft, um meines bösen Geistes willen. – Aber schon fällt der mich an und zwingt mich, dieser Geist der Schwermuth, dieser Abend-Dämmerungs-Teufel: und, wahrlich, ihr höheren Menschen, es gelüstet ihn – macht nur die Augen auf! – es gelüstet ihn, nackt zu kommen, ob männlich, ob weiblich, noch weiß ich's nicht: aber er kommt, er zwingt mich, wehe! macht eure Sinne auf! Der Tag klingt ab, allen Dingen kommt nun der Abend, auch den besten Dingen; hört nun und seht, ihr höheren Menschen, welcher Teufel, ob Mann, ob Weib, dieser Geist der Abend-Schwermuth ist!" Also sprach der alte Zauberer, sah listig umher und griff dann zu seiner Harfe.

3.

Bei abgehellter Luft,
wenn schon des Thau's Tröstung
zur Erde niederquillt,
unsichtbar, auch ungehört –
denn zartes Schuhwerk trägt
der Tröster Thau gleich allen Trost-Milden –:
gedenkst du da, gedenkst du, heißes Herz,
wie einst du durstetest,
nach himmlischen Thränen und Thau-Geträufel
versengt und müde durstetest,
dieweil auf gelben Gras-Pfaden
boshaft abendliche Sonnenblicke
durch schwarze Bäume um dich liefen,
blendende Sonnen-Gluthblicke, schadenfrohe?

„Der Wahrheit Freier? Du? – so höhnten sie –
Nein! Nur ein Dichter!

ein Thier, ein liftiges, raubendes, fchleichendes,
das lügen muß,
das wiffentlich, willentlich lügen muß:
nach Beute lüftern,
bunt verlarvt,
fich felber Larve,
fich felbft zur Beute –
Das – der Wahrheit Freier?
Nein! Nur Narr! nur Dichter!
nur Buntes redend,
aus Narren-Larven bunt herausfchreiend,
herumfteigend auf lügnerifchen Wort-Brücken,
auf bunten Regenbogen,
zwifchen falfchen Himmeln
und falfchen Erden,
herumfchweifend, herumfchwebend, –
nur Narr! nur Dichter!

Das – der Wahrheit Freier?
Nicht ftill, ftarr, glatt, kalt,
zum Bilde worden,
zur Gottes-Säule,
nicht aufgeftellt vor Tempeln,
eines Gottes Thürwart:
nein! feindfelig folchen Wahrheits-Standbildern,
in jeder Wildniß heimifcher als vor Tempeln,
voll Katzen-Muthwillens,
durch jedes Fenfter fpringend
hufch! in jeden Zufall,
jedem Urwalde zufchnüffelnd,
füchtig-fehnfüchtig zufchnüffelnd,
daß du in Urwäldern
unter buntgefleckten Raubthieren
fündlich-gefund und bunt und fchön liefeft,
mit lüfternen Lefzen,
felig-höhnifch, felig-höllifch, felig-blutgierig,
raubend, fchleichend, lugend liefeft: –

Oder dem Adler gleich, der lange,
lange ftarr in Abgründe blickt,
in feine Abgründe: – –
oh wie fie fich hier hinab,
hinunter, hinein,
in immer tiefere Tiefen ringeln! –
dann,
plötzlich, geraden Zugs,
gezückten Flugs,
auf Lämmer ftoßen,
jach hinab, heißhungrig,
nach Lämmern lüftern,
gram allen Lamms-Seelen,
grimmig-gram Allem, was blickt
fchafmäßig, lammäugig, krauswollig,
grau, mit Lamms-Schafs-Wohlwollen!

Also
adlerhaft, pantherhaft
sind des Dichters Sehnsüchte,
sind deine Sehnsüchte unter tausend Larven,
du Narr! du Dichter!

Der du den Menschen schautest
so Gott als Schaf—:
den Gott zerreißen im Menschen
wie das Schaf im Menschen,
und zerreißend lachen —

Das, Das ist deine Seligkeit!
Eines Panthers und Adlers Seligkeit!
Eines Dichters und Narren Seligkeit!" — —

Bei abgehellter Luft,
wenn schon des Monds Sichel
grün zwischen Purpurröthen
und neidisch hinschleicht:
— dem Tage feind,
mit jedem Schritte heimlich
an Rosen-Hängematten
hinsichelnd, bis sie sinken,
Nacht-abwärts blaß hinabsinken: —

So sank ich selber einstmals
aus meinem Wahrheits-Wahnsinne,
aus meinen Tages-Sehnsüchten,
des Tages müde, krank vom Lichte,
— sank abwärts, abendwärts, schattenwärts:
von Einer Wahrheit
verbrannt und durstig:
— gedenkst du noch, gedenkst du, heißes Herz,
wie da du durstetest? —
daß ich verbannt sei
von aller Wahrheit,
nur Narr!
Nur Dichter!

VON DER WISSENSCHAFT

ALSO sang der Zauberer; und Alle, die beisammen waren, giengen gleich Vögeln unvermerkt in das Netz seiner listigen und schwermüthigen Wollust. Nur der Gewissenhafte des Geistes war nicht eingefangen: er nahm flugs dem Zauberer die Harfe weg und rief „Luft! Laßt gute Luft herein! Laßt Zarathustra herein! Du machst diese Höhle schwül und giftig, du schlimmer alter Zauberer! Du verführst, du Falscher, Feiner, zu unbekannten Begierden und Wildnissen. Und wehe, wenn Solche wie du, von der Wahrheit Redens und Wesens machen! Wehe allen freien Geistern, welche nicht vor solchen Zauberern auf der Hut sind! Dahin ist es mit ihrer Freiheit: du lehrst und lockst zurück in Gefängnisse, — — du alter schwermüthiger Teufel, aus deiner Klage klingt eine Lockpfeife, du gleichst Solchen, welche mit ihrem Lobe der Keuschheit heimlich zu Wollüsten laden!" Also

147

sprach der Gewissenhafte; der alte Zauberer aber blickte um sich, genoß seines Sieges und verschluckte darüber den Verdruß, welchen ihm der Gewissenhafte machte. „Sei still! sagte er mit bescheidener Stimme, gute Lieder wollen gut widerhallen; nach guten Liedern soll man lange schweigen. So thun es diese Alle, die höheren Menschen. Du aber hast wohl Wenig von meinem Lied verstanden? In dir ist Wenig von einem Zaubergeiste." „Du lobst mich, entgegnete der Gewissenhafte, indem du mich von dir abtrennst, wohlan! Aber ihr Anderen, was sehe ich? Ihr sitzt alle noch mit lüsternen Augen da –: Ihr freien Seelen, wohin ist eure Freiheit! Fast, dünkt mich's, gleicht ihr Solchen, die lange schlimmen tanzenden nackten Mädchen zusahn: eure Seelen tanzen selber! In euch, ihr höheren Menschen, muß mehr von Dem sein, was der Zauberer seinen bösen Zauber- und Truggeist nennt: – wir müssen wohl verschieden sein. Und wahrlich, wir sprachen und dachten genug mitsammen, ehe Zarathustra heimkam zu seiner Höhle, als daß ich nicht wüßte: wir sind verschieden. Wir suchen Verschiednes auch hier oben, ihr und ich. Ich nämlich suche mehr Sicherheit, deßhalb kam ich zu Zarathustra. Der nämlich ist noch der festeste Thurm und Wille – – heute, wo Alles wackelt, wo alle Erde bebt. Ihr aber, wenn ich eure Augen sehe, die ihr macht, fast dünkt mich's, ihr sucht mehr Unsicherheit, – mehr Schauder, mehr Gefahr, mehr Erdbeben. Euch gelüstet, fast dünkt mich's so, vergebt meinem Dünkel, ihr höheren Menschen, – – euch gelüstet nach dem schlimmsten gefährlichsten Leben, das mir am meisten Furcht macht, nach dem Leben wilder Thiere, nach Wäldern, Höhlen, steilen Bergen und Irr-Schlünden. Und nicht die Führer aus der Gefahr gefallen euch am besten, sondern die euch von allen Wegen abführen, die Verführer. Aber, wenn solch Gelüsten an euch wirklich ist, so dünkt es mich trotzdem unmöglich. Furcht nämlich – das ist des Menschen Erb- und Grundgefühl; aus der Furcht erklärt sich Jegliches, Erbsünde und Erbtugend. Aus der Furcht wuchs auch meine Tugend, die heißt: Wissenschaft. Die Furcht nämlich vor wildem Gethier – die wurde dem Menschen am längsten angezüchtet, einschließlich das Thier, das er in sich selber birgt und fürchtet: – Zarathustra heißt es „das innere Vieh". Solche lange alte Furcht, endlich fein geworden, geistlich, geistig – heute, dünkt mich, heißt sie: Wissenschaft." – Also sprach der Gewissenhafte; aber Zarathustra, der eben in seine Höhle zurückkam und die letzte Rede gehört und errathen hatte, warf dem Gewissenhaften eine Hand voll Rosen zu und lachte ob seiner „Wahrheiten". „Wie! rief er, was hörte ich da eben? Wahrlich, mich dünkt, du bist ein Narr oder ich selber bin's: und deine „Wahrheit" stelle ich rucks und flugs auf den Kopf. Furcht nämlich – ist unsre Ausnahme. Muth aber und Abenteuer und Lust am Ungewissen, am Ungewagten, – Muth dünkt mich des Menschen ganze Vorgeschichte. Den wildesten muthigsten Thieren hat er alle ihre Tugenden abgeneidet und abgeraubt: so erst wurde er – zum Menschen. Dieser Muth, endlich fein geworden, geistlich, geistig, dieser Menschen-Muth mit Adler-Flügeln und Schlangen-Klugheit: der, dünkt mich, heißt heute –" „Zarathustra"! schrien Alle, die beisammen saßen, wie aus Einem Munde und machten dazu ein großes Gelächter; es hob sich aber von ihnen wie eine schwere Wolke. Auch der Zauberer lachte und sprach mit Klugheit: „Wohlan! Er ist davon, mein böser Geist! Und habe ich euch nicht selber vor ihm gewarnt, als ich sagte, daß er ein Betrüger sei, ein Lug- und Truggeist? Sonderlich nämlich, wenn er sich nackend zeigt. Aber was kann ich für seine Tücken! Habe ich ihn und die Welt geschaffen? Wohlan! Seien wir wieder gut und guter Dinge! Und ob schon Zarathustra böse blickt – seht ihn doch! er ist mir gram –: – bevor die Nacht kommt, lernt er wieder mich lieben und loben, er kann nicht lange leben, ohne solche Thorheiten zu thun. Der – liebt seine Feinde: diese Kunst versteht er

148

am besten von Allen, die ich sah. Aber er nimmt Rache dafür – an seinen Freunden!" Also sprach der alte Zauberer, und die höheren Menschen zollten ihm Beifall: so daß Zarathustra herumgieng und mit Bosheit und Liebe seinen Freunden die Hände schüttelte, – gleichsam als Einer, der an Allen Etwas gutzumachen und abzubitten hat. Als er aber dabei an die Thür seiner Höhle kam, siehe, da gelüstete ihn schon wieder nach der guten Luft da draußen und nach seinen Thieren, – und er wollte hinaus schlüpfen.

ALSO SPRACH ZARATHUSTRA.

UNTER TÖCHTERN DER WÜSTE

GEHE nicht davon! sagte da der Wanderer, der sich den Schatten Zarathustra's nannte, bleibe bei uns, – es möchte sonst uns die alte dumpfe Trübsal wieder anfallen. Schon gab uns jener alte Zauberer von seinem Schlimmsten zum Besten, und siehe doch, der gute fromme Papst da hat Thränen in den Augen und sich ganz wieder auf's Meer der Schwermuth eingeschifft. Diese Könige da mögen wohl vor uns noch gute Miene machen: das lernten Die nämlich von uns Allen heute am besten! Hätten sie aber keine Zeugen, ich wette, auch bei ihnen fienge das böse Spiel wieder an – – das böse Spiel der ziehenden Wolken, der feuchten Schwermuth, der verhängten Himmel, der gestohlenen Sonnen, der heulenden Herbst-Winde, – das böse Spiel unsres Heulens und Nothschreiens: bleibe bei uns, oh Zarathustra! Hier ist viel verborgenes Elend, das reden will, viel Abend, viel Wolke, viel dumpfe Luft! Du nährtest uns mit starker Manns-Kost und kräftigen Sprüchen: laß es nicht zu, daß uns zum Nachtisch die weichlichen weiblichen Geister wieder anfallen! Du allein machst die Luft um dich herum stark und klar! Fand ich je auf Erden so gute Luft als bei dir in deiner Höhle? Viele Länder sah ich doch, meine Nase lernte vielerlei Luft prüfen und abschätzen: aber bei dir schmecken meine Nüstern ihre größte Luft! Es sei denn, – es sei denn –, oh vergieb eine alte Erinnerung! Vergieb mir ein altes Nachtisch-Lied, das ich einst unter Töchtern der Wüste dichtete: – bei denen nämlich gab es gleich gute helle morgenländische Luft; dort war ich am fernsten vom wolkigen feuchten schwermüthigen Alt-Europa! Damals liebte ich solcherlei Morgenland-Mädchen und andres blaues Himmelreich, über dem keine Wolken und keine Gedanken hängen. Ihr glaubt es nicht, wie artig sie dasaßen, wenn sie nicht tanzten, tief, aber ohne Gedanken, wie kleine Geheimnisse, wie bebänderte Räthsel, wie Nachtisch-Nüsse – bunt und fremd fürwahr! aber ohne Wolken: Räthsel, die sich rathen lassen: solchen Mädchen zu Liebe erdachte ich damals einen Nachtisch-Psalm." Also sprach der Wanderer und Schatten; und ehe Jemand ihm antwortete, hatte er schon die Harfe des alten Zauberers ergriffen, die Beine gekreuzt und blickte gelassen und weise um sich: – mit den Nüstern aber zog er langsam und fragend die Luft ein, wie Einer, der in neuen Ländern neue fremde Luft kostet. Darauf hob er mit einer Art Gebrüll zu singen an.

2.

DIE WÜSTE WÄCHST: WEH DEM, DER WÜSTEN BIRGT!

–Ha! Feierlich!
In der That feierlich!
Ein würdiger Anfang!
Afrikanisch feierlich!
Eines Löwen würdig
oder eines moralischen Brüllaffen –

— aber Nichts für euch,
ihr allerliebsten Freundinnen,
zu deren Füßen mir
zum ersten Male,
einem Europäer unter Palmen,
zu sitzen vergönnt ist. Sela.

Wunderbar wahrlich!
Da sitze ich nun,
der Wüste nahe, und bereits
so ferne wieder der Wüste,
auch in Nichts noch verwüstet:
nämlich hinabgeschluckt
von dieser kleinsten Oasis —:
— sie sperrte gerade gähnend
ihr liebliches Maul auf,
das wohlriechendste aller Mäulchen:
da fiel ich hinein,
hinab, hindurch — unter euch,
ihr allerliebsten Freundinnen! Sela.

Heil, Heil jenem Walfische,
wenn er also es seinem Gaste
wohl sein ließ! — ihr versteht
meine gelehrte Anspielung?
Heil seinem Bauche,
wenn er also
ein so lieblicher Oasis-Bauch war
gleich diesem: was ich aber in Zweifel ziehe,
— dafür komme ich aus Europa,
das zweifelsüchtiger ist als alle
ältlichen Eheweibchen.
Möge Gott es bessern!
Amen!

Da sitze ich nun,
in dieser kleinsten Oasis,
einer Dattel gleich,
braun, durchsüßt, goldschwürig, lüstern
nach einem runden Mädchenmunde,
mehr noch aber nach mädchenhaften
eiskalten schneeweißen schneidigen
Beißzähnen: nach denen nämlich
lechzt das Herz allen heißen Datteln. Sela.

Den genannten Südfrüchten
ähnlich, allzuähnlich
liege ich hier, von kleinen
Flügelkäfern
umschnüffelt und umspielt,
insgleichen von noch kleineren
thörichteren sündhafteren
Wünschen und Einfällen, —
umlagert von euch,
ihr stummen, ihr ahnungsvollen

150

Mädchen-Katzen,
Dudu und Suleika,
— umsphinxt, daß ich in Ein Wort
viel Gefühle stopfe:
(— vergebe mir Gott
diese Sprach-Sünde!)
— sitze hier, die beste Luft schnüffelnd,
Paradieses-Luft wahrlich,
lichte leichte Luft, goldgestreifte,
so gute Luft nur je
vom Monde herabfiel —
sei es aus Zufall,
oder geschah es aus Übermuthe?
wie die alten Dichter erzählen.
Ich Zweifler aber ziehe es
in Zweifel, dafür aber komme ich
aus Europa,
das zweifelsüchtiger ist als alle
ältlichen Eheweibchen.
Möge Gott es bessern!
Amen!

Diese schönste Luft trinkend,
mit Nüstern geschwellt gleich Bechern,
ohne Zukunft, ohne Erinnerungen,
so sitze ich hier, ihr
allerliebsten Freundinnen,
und sehe der Palme zu,
wie sie, einer Tänzerin gleich,
sich biegt und schmiegt und in der Hüfte wiegt,
— man thut es mit, sieht man lange zu!
Einer Tänzerin gleich, die, wie mir scheinen will,
zu lange schon, gefährlich lange
immer, immer nur auf Einem Beine stand?
— da vergaß sie darob, wie mir scheinen will,
das andre Bein?
Vergebens wenigstens
suchte ich das vermißte
Zwillings-Kleinod
— nämlich das andre Bein —
in der heiligen Nähe
ihres allerliebsten, allerzierlichsten
Fächer- und Flatter- und Flitterröckchens.
Ja, wenn ihr mir, ihr schönen Freundinnen,
ganz glauben wollt:
sie hat es verloren!
Es ist dahin!
auf ewig dahin!
das andre Bein!
Oh schade um das liebliche andere Bein!
Wo — mag es wohl weilen und verlassen trauern?
das einsame Bein?
In Furcht vielleicht vor einem
grimmen blondgelockten
Löwen-Unthiere? Oder gar schon

abgenagt, abgeknabbert —
erbärmlich, wehe! wehe! abgeknabbert! Sela.

Oh weint mir nicht,
weiche Herzen!
Weint mir nicht, ihr
Dattel-Herzen! Milch-Busen!
Ihr Süßholz-Herz-
Beutelchen!
Weine nicht mehr,
bleiche Dudu!
Sei ein Mann, Suleika! Muth! Muth!
— Oder sollte vielleicht
etwas Stärkendes, Herz-Stärkendes
hier am Platze sein?
Ein gesalbter Spruch?
Ein feierlicher Zuspruch? —

Ha! Herauf, Würde!
Tugend-Würde! Europäer-Würde!
Blase, blase wieder,
Blasebalg der Tugend!
Ha!
Noch Ein Mal brüllen,
moralisch brüllen!
als moralischer Löwe
vor den Töchtern der Wüste brüllen!
— Denn Tugend-Geheul,
ihr allerliebsten Mädchen,
ist mehr als Alles
Europäer-Inbrunst, Europäer-Heißhunger!
Und da stehe ich schon,
Als Europäer,
ich kann nicht anders, Gott helfe mir!
Amen!

DIE WÜSTE WÄCHST: WEH DEM, DER WÜSTEN BIRGT!

DIE ERWECKUNG

NACH dem Liede des Wanderers und Schattens wurde die Höhle mit Einem Male voll Lärmens und Lachens; und da die versammelten Gäste alle zugleich redeten, und auch der Esel, bei einer solchen Ermuthigung, nicht mehr still blieb, überkam Zarathustra ein kleiner Widerwille und Spott gegen seinen Besuch: ob er sich gleich ihrer Fröhlichkeit erfreute. Denn sie dünkte ihm ein Zeichen der Genesung. So schlüpfte er hinaus in's Freie und sprach zu seinen Thieren. „Wo ist nun ihre Noth hin? sprach er, und schon athmete er selber von seinem kleinen Überdrusse auf, — bei mir verlernten sie, wie mich dünkt, das Nothschrein! — wenn auch, leider, noch nicht das Schrein." Und Zarathustra hielt sich die Ohren zu, denn eben mischte sich das I-A des Esels wunderlich mit dem Jubel-Lärm dieser höheren Menschen. „Sie sind lustig, begann er wieder, und wer weiß? vielleicht auf ihres Wirthes Unkosten; und lernten sie von mir lachen, so ist es doch nicht mein Lachen, das sie lernten. Aber was liegt daran! Es sind alte Leute: sie genesen

152

auf ihre Art, fie lachen auf ihre Art; meine Ohren haben fchon Schlimmeres erduldet und wurden nicht unwirfch. Diefer Tag ift ein Sieg: er weicht fchon, er flieht, der Geift der Schwere, mein alter Erzfeind! Wie gut will diefer Tag enden, der fo fchlimm und fchwer begann! Und enden will er. Schon kommt der Abend: über das Meer her reitet er, der gute Reiter! Wie er fich wiegt, der Selige, Heimkehrende, in feinen purpurnen Sätteln! Der Himmel blickt klar dazu, die Welt liegt tief: oh all ihr Wunderlichen, die ihr zu mir kamt, es lohnt fich fchon, bei mir zu leben!" ALSO SPRACH ZARATHUSTRA. Und wieder kam da das Gefchrei und Gelächter der höheren Menfchen aus der Höhle: da begann er von Neuem. „Sie beißen an, mein Köder wirkt, es weicht auch ihnen ihr Feind, der Geift der Schwere. Schon lernen fie über fich felber lachen: höre ich recht? Meine Manns-Koft wirkt, mein Saft- und Kraft-Spruch: und wahrlich, ich nährte fie nicht mit Bläh-Gemüfen! Sondern mit Krieger-Koft, mit Eroberer-Koft: neue Begierden weckte ich. Neue Hoffnungen find in ihren Armen und Beinen, ihr Herz ftreckt fich aus. Sie finden neue Worte, bald wird ihr Geift Muthwillen athmen. Solche Koft mag freilich nicht für Kinder fein, noch auch für fehnfüchtige alte und junge Weibchen. Denen überredet man anders die Eingeweide; deren Arzt und Lehrer bin ich nicht. Der Ekel weicht diefen höheren Menfchen: wohlan! das ift mein Sieg. In meinem Reiche werden fie ficher, alle dumme Scham läuft davon, fie fchütten fich aus. Sie fchütten ihr Herz aus, gute Stunden kehren ihnen zurück, fie feiern und käuen wieder, — fie werden dankbar. Das nehme ich als das befte Zeichen: fie werden dankbar. Nicht lange noch, und fie denken fich Fefte aus und ftellen Denkfteine ihren alten Freuden auf. Es find Genefende!" ALSO SPRACH ZARATHU-STRA fröhlich zu feinem Herzen und fchaute hinaus; feine Thiere aber drängten fich an ihn und ehrten fein Glück und fein Stillfchweigen. 2. Plötzlich aber erfchrak das Ohr Zarathuftra's: die Höhle nämlich, welche bisher voller Lärmens und Gelächters war, wurde mit Einem Male todtenftill; — feine Nafe aber roch einen wohlriechenden Qualm und Weihrauch, wie von brennenden Pinien-Zapfen. „Was gefchieht? Was treiben fie?" fragte er fich und fchlich zum Eingange heran, daß er feinen Gäften, unvermerkt, zufehn könne. Aber, Wunder über Wunder! was mußte er da mit feinen eignen Augen fehn! „Sie find Alle wieder fromm geworden, fie beten, fie find toll!" — fprach er und verwunderte fich über die Maaßen. Und, fürwahr! alle diefe höheren Menfchen, die zwei Könige, der Papft außer Dienft, der fchlimme Zauberer, der freiwillige Bettler, der Wanderer und Schatten, der alte Wahrfager, der Gewiffenhafte des Geiftes und der häßlichfte Menfch: fie lagen Alle gleich Kindern und gläubigen alten Weibchen auf den Knien und beteten den Efel an. Und eben begann der häßlichfte Menfch zu gurgeln und zu fchnauben, wie als ob etwas Unausfprechliches aus ihm heraus wolle; als er es aber wirklich bis zu Worten gebracht hatte, fiehe, da war es eine fromme feltfame Litanei zur Lobpreifung des angebeteten und angeräucherten Efels. Diefe Litanei aber klang alfo: Amen! Und Lob und Ehre und Weisheit und Dank und Preis und Stärke fei unferm Gott, von Ewigkeit zu Ewigkeit! — Der Efel aber fchrie dazu I-A. Er trägt unfre Laft, er nahm Knechtsgeftalt an, er ift geduldfam von Herzen und redet niemals Nein; und wer feinen Gott liebt, der züchtigt ihn. — Der Efel aber fchrie dazu I-A. Er redet nicht: es fei denn, daß er zur Welt, die er fchuf, immer Ja fagt: alfo preift er feine Welt. Seine Schlauheit ift es, die nicht redet: fo bekömmt er felten Unrecht. — Der

Efel aber fchrie dazu I-A. ⟶ Unfcheinbar geht er durch die Welt. Grau ift die Leib-Farbe, in welche er feine Tugend hüllt. Hat er Geift, fo verbirgt er ihn; Jedermann aber glaubt an feine langen Ohren. ⟶ – Der Efel aber fchrie dazu I-A. ⟶ Welche verborgene Weisheit ift das, daß er lange Ohren trägt und allein Ja und nimmer Nein fagt! Hat er nicht die Welt er-fchaffen nach feinem Bilde, nämlich fo dumm als möglich? ⟶ – Der Efel aber fchrie dazu I-A. ⟶ Du gehft gerade und krumme Wege; es kümmert dich wenig, was uns Menfchen gerade oder krumm dünkt. Jenfeits von Gut und Böfe ift dein Reich. Es ift deine Unfchuld, nicht zu wiffen, was Unfchuld ift. ⟶ – Der Efel aber fchrie dazu I-A. ⟶ Siehe doch, wie du Nieman-den von dir ftößeft, die Bettler nicht, noch die Könige. Die Kindlein läffeft du zu dir kommen, und wenn dich die böfen Buben locken, fo fprichft du ein-fältiglich I-A. ⟶ – Der Efel aber fchrie dazu I-A. ⟶ Du liebft Efelinnen und frifche Feigen, du bift kein Koftverächter. Eine Diftel kitzelt dir das Herz, wenn du gerade Hunger haft. Darin liegt eines Gottes Weisheit. ⟶ – Der Efel aber fchrie dazu I-A.

DAS ESELSFEST

A N diefer Stelle der Litanei aber konnte Zarathuftra fich nicht länger be-meiftern, fchrie felber I-A, lauter noch als der Efel, und fprang mitten unter feine tollgewordenen Gäfte. „Aber was treibt ihr da, ihr Menfchen-kinder? rief er, indem er die Betenden vom Boden empor riß. Wehe, wenn euch jemand Anderes zufähe als Zarathuftra: ⟶ Jeder würde urtheilen, ihr wäret mit eurem neuen Glauben die ärgften Gottesläfterer oder die thö-richtften aller alten Weiblein! ⟶ Und du felber, du alter Papft, wie ftimmt Das mit dir felber zufammen, daß du folchergeftalt einen Efel hier als Gott anbeteft?" – ⟶ „Oh Zarathuftra, antwortete der Papft, vergib mir, aber in Dingen Gottes bin ich aufgeklärter noch als du. Und fo ift's billig. ⟶ Lieber Gott alfo anbeten, in diefer Geftalt, als in gar keiner Geftalt! Denke über diefen Spruch nach, mein hoher Freund: du erräthft gefchwind, in fol-chem Spruch fteckt Weisheit. ⟶ Der, welcher fprach „Gott ift ein Geift" – der machte bisher auf Erden den größten Schritt und Sprung zum Unglau-ben: folch Wort ift auf Erden nicht leicht wieder gut zu machen! ⟶ Mein altes Herz fpringt und hüpft darob, daß es auf Erden noch Etwas anzubeten giebt. Vergieb das, oh Zarathuftra, einem alten frommen Papft-Herzen! –" ⟶ – „Und du, fagte Zarathuftra zu dem Wanderer und Schatten, du nennft und wähnft dich einen freien Geift? Und treibft hier folchen Götzen- und Pfaffendienft? ⟶ Schlimmer, wahrlich, treibft du's hier noch als bei deinen fchlimmen braunen Mädchen, du fchlimmer neuer Gläubiger!" ⟶ „Schlimm genug, antwortete der Wanderer und Schatten, du haft Recht: aber was kann ich dafür! Der alte Gott lebt wieder, oh Zarathuftra, du magft reden, was du willft. ⟶ Der häßlichfte Menfch ift an Allem fchuld: der hat ihn wieder auferweckt. Und wenn er fagt, daß er ihn einft getödtet habe: Tod ift bei Göttern immer nur ein Vorurtheil." ⟶ – „Und du, fprach Zarathuftra, du fchlimmer alter Zauberer, was thateft du! Wer foll, in diefer freien Zeit, fürderhin an dich glauben, wenn du an folche Götter-Efeleien glaubft? ⟶ Es war eine Dummheit, was du thateft; wie konnteft du, du Kluger, eine folche Dummheit thun!" ⟶ „Oh Zarathuftra, antwortete der kluge Zauberer, du haft Recht, es war eine Dummheit, – fie ift mir auch fchwer genug geworden." ⟶ – „Und du gar, fagte Zarathuftra zu dem Gewiffenhaften des Geiftes, erwäge doch und lege den Finger an deine Nafe! Geht hier denn Nichts wider dein Gewiffen? Ift dein Geift nicht zu reinlich für dieß Beten und den Dunft diefer Betbrüder?" ⟶ „Es ift Etwas

daran, antwortete der Gewiſſenhafte und legte den Finger an die Naſe, es
iſt Etwas an dieſem Schauſpiele, das meinem Gewiſſen ſogar wohlthut.
Vielleicht, daß ich an Gott nicht glauben darf: gewiß aber iſt, daß Gott mir
in dieſer Geſtalt noch am glaubwürdigſten dünkt. Gott ſoll ewig ſein,
nach dem Zeugniſſe der Frömmſten: wer ſo viel Zeit hat, läßt ſich Zeit. So
langſam und ſo dumm als möglich: damit kann ein Solcher es doch ſehr weit
bringen. Und wer des Geiſtes zu viel hat, der möchte ſich wohl in die
Dumm- und Narrheit ſelber vernarren. Denke über dich ſelber nach, oh Zarathuſtra! Du ſelber – wahrlich! auch du könnteſt wohl aus Überfluß und
Weisheit zu einem Eſel werden. Geht nicht ein vollkommner Weiſer
gern auf den krümmſten Wegen? Der Augenſchein lehrt es, oh Zarathuſtra,
– dein Augenſchein!" – „Und du ſelber zuletzt, ſprach Zarathuſtra und
wandte ſich gegen den häßlichſten Menſchen, der immer noch auf dem Boden
lag, den Arm zu dem Eſel emporhebend (er gab ihm nämlich Wein zu trinken). Sprich, du Unausſprechlicher, was haſt du da gemacht! Du dünkſt
mich verwandelt, dein Auge glüht, der Mantel des Erhabenen liegt um deine
Häßlichkeit: was thateſt du? Iſt es denn wahr, was Jene ſagen, daß
du ihn wieder auferweckteſt? Und wozu? War er nicht mit Grund abge-
tödtet und abgethan? Du ſelber dünkſt mich aufgeweckt: was thateſt
du? was kehrteſt du um? Was bekehrteſt du dich? Sprich, du Unausſprechlicher!" „Oh Zarathuſtra, antwortete der häßlichſte Menſch, du biſt
ein Schelm! Ob Der noch lebt oder wieder lebt oder gründlich todt
iſt, – wer von uns Beiden weiß Das am beſten? Ich frage dich. Eins
aber weiß ich, – von dir ſelber lernte ich's einſt, oh Zarathuſtra: wer am
gründlichſten tödten will, der lacht. „Nicht durch Zorn, ſondern durch
Lachen tödtet man" – ſo ſprachſt du einſt. Oh Zarathuſtra, du Verborgener,
du Vernichter ohne Zorn, du gefährlicher Hei-
liger, – du biſt ein Schelm!" 2.
Da aber geſchah es, daß
Zarathuſtra, verwundert über lauter ſolche
Schelmen-Antworten, zur Thür ſeiner Höhle zurück ſprang und, gegen
alle ſeine Gäſte gewendet, mit ſtarker Stimme ſchrie: „Oh ihr
Schalks-Narren alleſammt, ihr Poſſenreißer! Was verſtellt und verſteckt ihr
euch vor mir! Wie doch einem Jeden von euch das Herz zappel-
te vor Luſt und Bosheit, darob, daß ihr endlich einmal wieder wurdet
wie die Kindlein, nämlich fromm, – – daß ihr endlich wieder thatet
wie Kinder thun, nämlich betetet, hände-faltetet und „lieber Gott" ſagtet!
Aber nun laßt mir dieſe Kinderſtube, meine eigne Höhle, wo heute
alle Kinderei zu Hauſe iſt. Kühlt hier draußen euren heißen Kinder-Über-
muth und Herzenslärm ab! Freilich: ſo ihr nicht werdet wie die Kindlein, ſo kommt ihr nicht in das Himmelreich. (Und Zarathuſtra zeigte mit
den Händen nach Oben.) Aber wir wollen auch gar nicht in's Himmelreich: Männer ſind wir worden, – ſo wol-
len wir das Erdenreich." 3.
Und noch einmal hob Za-
rathuſtra an zu reden. „Oh meine neuen Freun-
de, ſprach er, – ihr Wunderlichen, ihr höheren Menſchen, wie gut gefallt ihr
mir nun, – – ſeit ihr wieder fröhlich wurdet! Ihr ſeid wahrlich Alle auf-
geblüht: mich dünkt, ſolchen Blumen, wie ihr ſeid, thun neue Feſte noth,
– ein kleiner tapferer Unſinn, irgend ein Gottesdienſt und Eſelsfeſt, irgend
ein alter fröhlicher Zarathuſtra-Narr, ein Brauſewind, der euch die Seelen
hell bläſt. Vergeßt dieſe Nacht und dieß Eſelsfeſt nicht, ihr höheren
Menſchen! Das erfandet ihr bei mir, Das nehme ich als gutes Wahrzeichen,

— Solcherlei erfinden nur Genesende! ᚕᚕ Und feiert ihr es abermals, dieses Eselsfest, thut's euch zu Liebe, thut's auch mir zu Liebe! Und zu meinem Gedächtniß!"

ALSO SPRACH ZARATHUSTRA.

DAS TRUNKNE LIED

INZWISCHEN aber war Einer nach dem Andern hinausgetreten in's Freie und in die kühle nachdenkliche Nacht; Zarathustra selber aber führte den häßlichsten Menschen an der Hand, daß er ihm seine Nacht-Welt und den großen runden Mond und die silbernen Wasserstürze bei seiner Höhle zeige. Da standen sie endlich still bei einander, lauter alte Leute, aber mit einem getrösteten tapferen Herzen und verwundert bei sich, daß es ihnen auf Erden so wohl war; die Heimlichkeit der Nacht aber kam ihnen näher und näher an's Herz. Und von Neuem dachte Zarathustra bei sich: „oh wie gut sie mir nun gefallen, diese höheren Menschen!" — aber er sprach es nicht aus, denn er ehrte ihr Glück und ihr Stillschweigen. — ᚕᚕ Da aber geschah Das, was an jenem erstaunlichen langen Tage das Erstaunlichste war: der häßlichste Mensch begann noch ein Mal und zum letzten Mal zu gurgeln und zu schnauben, und als er es bis zu Worten gebracht hatte, siehe, da sprang eine Frage rund und reinlich aus seinem Munde, eine gute tiefe klare Frage, welche Allen, die ihm zuhörten, das Herz im Leibe bewegte. ᚕᚕ „Meine Freunde insgesammt, sprach der häßlichste Mensch, was dünket euch? Um dieses Tags willen — ich bin's zum ersten Male zufrieden, daß ich das ganze Leben lebte. ᚕᚕ Und daß ich so viel bezeuge, ist mir noch nicht genug. Es lohnt sich auf der Erde zu leben: Ein Tag, Ein Fest mit Zarathustra lehrte mich die Erde lieben. ᚕᚕ „War Das — das Leben?" will ich zum Tode sprechen. „Wohlan! Noch Ein Mal!" ᚕᚕ Meine Freunde, was dünket euch? Wollt ihr nicht gleich mir zum Tode sprechen: War Das — das Leben? Um Zarathustra's willen, wohlan! Noch Ein Mal!" — — ᚕᚕ Also sprach der häßlichste Mensch; es war aber nicht lange vor Mitternacht. Und was glaubt ihr wohl, daß damals sich zutrug? Sobald die höheren Menschen seine Frage hörten, wurden sie sich mit Einem Male ihrer Verwandlung und Genesung bewußt, und wer ihnen dieselbe gegeben habe: da sprangen sie auf Zarathustra zu, dankend, verehrend, liebkosend, ihm die Hände küssend, so wie es der Art eines Jeden eigen war: also, daß Einige lachten, Einige weinten. Der alte Wahrsager aber tanzte vor Vergnügen; und wenn er auch, wie manche Erzähler meinen, damals voll süßen Weines war, so war er gewißlich noch voller des süßen Lebens und hatte aller Müdigkeit abgesagt. Es giebt sogar Solche, die erzählen, daß damals der Esel getanzt habe: nicht umsonst nämlich habe ihm der häßlichste Mensch vorher Wein zu trinken gegeben. Dieß mag sich nun so verhalten oder auch anders; und wenn in Wahrheit an jenem Abende der Esel nicht getanzt hat, so geschahen doch damals größere und seltsamere Wunderdinge, als es das Tanzen eines Esels wäre. Kurz, wie das Sprichwort Zarathustra's lautet: „was liegt daran!"

2 ᚕᚕ Zarathustra aber, als sich dieß mit dem häßlichsten Menschen zutrug, stand da wie ein Trunkener: sein Blick erlosch, seine Zunge lallte, seine Füße schwankten. Und wer möchte auch errathen, welche Gedanken dabei über Zarathustra's Seele liefen? Ersichtlich aber wich sein Geist zurück und floh voraus und war in weiten Fernen und gleichsam „auf hohem Joche, wie geschrieben steht, zwischen zwei Meeren, ᚕᚕ — zwischen Vergangenem

und Zukünftigem als schwere Wolke wandelnd". Allgemach aber, während
ihn die höheren Menschen in den Armen hielten, kam er ein Wenig zu sich
selber zurück und wehrte mit den Händen dem Gedränge der Verehrenden
und Besorgten; doch sprach er nicht. Mit Einem Male aber wandte er schnell
den Kopf, denn er schien Etwas zu hören: da legte er den Finger an den
Mund und sprach: „Kommt!" Und alsbald wurde es rings still und heimlich; aus der Tiefe aber kam langsam der Klang einer Glocke herauf. Zarathustra horchte darnach, gleich den höheren Menschen; dann aber legte er
zum andern Male den Finger an den Mund und sprach wiederum: „Kommt!
Kommt! Es geht gen Mitternacht!"—und seine Stimme hatte sich verwandelt.
Aber immer noch rührte er sich nicht von der Stelle: da wurde es noch stiller
und heimlicher, und Alles horchte, auch der Esel, und Zarathustra's Ehren-
thiere, der Adler und die Schlange, insgleichen die Höhle Zarathustra's und
der große kühle Mond und die Nacht selber. Zarathustra aber legte zum dritten Male die Hand an den Mund und sprach: Kommt! Kommt! Kommt!
Laßt uns jetzo wandeln! Es ist die Stunde: laßt uns in die Nacht wandeln!

3 Ihr höheren Menschen, es geht gen Mitternacht: da will ich
euch Etwas in die Ohren sagen, wie jene alte Glocke es mir in's Ohr sagt,—
— so heimlich, so schrecklich, so herzlich, wie jene Mitternachts-Glocke
zu mir es redet, die mehr erlebt hat als Ein Mensch: — welche schon
eurer Väter Herzens-Schmerzens-Schläge abzählte—ach! ach! wie sie seufzt!
wie sie im Traume lacht! die alte tiefe tiefe Mitternacht! Still! Still! Da
hört sich Manches, das am Tage nicht laut werden darf; nun aber, bei kühler
Luft, da auch aller Lärm eurer Herzen stille ward,— — nun redet es,
nun hört es sich, nun schleicht es sich in nächtliche überwache Seelen: ach!
ach! wie sie seufzt! wie sie im Traume lacht! — hörst du's nicht, wie
sie heimlich, schrecklich, herzlich zu dir redet, die alte tiefe tiefe Mitternacht?
Oh Mensch, gieb Acht!

4 Wehe mir! Wo ist die Zeit hin? Sank ich nicht in tiefe Brunnen?
Die Welt schläft— Ach! Ach! Der Hund heult, der Mond scheint. Lieber
will ich sterben, sterben, als euch sagen, was mein Mitternachts-Herz eben
denkt. Nun starb ich schon. Es ist dahin. Spinne, was spinnst du um mich?
Willst du Blut? Ach! Ach! Der Thau fällt, die Stunde kommt — — die
Stunde, wo mich fröstelt und friert, die fragt und fragt und fragt: „wer hat
Herz genug dazu? — wer soll der Erde Herr sein? Wer will sagen: so
sollt ihr laufen, ihr großen und kleinen Ströme!" — die Stunde naht: oh
Mensch, du höherer Mensch, gieb Acht! diese Rede ist für feine Ohren, für
deine Ohren — was spricht die tiefe Mitternacht?

5 Es trägt mich dahin, meine Seele tanzt. Tagewerk! Tagewerk!
Wer soll der Erde Herr sein? Der Mond ist kühl, der Wind schweigt.
Ach! Ach! Flogt ihr schon hoch genug? Ihr tanztet: aber ein Bein ist doch
kein Flügel. Ihr guten Tänzer, nun ist alle Lust vorbei: Wein ward Hefe,
jeder Becher ward mürbe, die Gräber stammeln. Ihr flogt nicht hoch
genug: nun stammeln die Gräber „erlöst doch die Todten! Warum ist so lange
Nacht? Macht uns nicht der Mond trunken?" Ihr höheren Menschen,
erlöst doch die Gräber, weckt die Leichname auf! Ach, was gräbt noch der
Wurm? Es naht, es naht die Stunde, — — es brummt die Glocke, es
schnarrt noch das Herz, es gräbt noch der Holzwurm, der Herzenswurm.
Ach! Ach! Die Welt ist tief!

6 🌀🌀🌀 Süße Leier! Süße Leier! Ich liebe deinen Ton, deinen trunkenen Unken-Ton! — wie lang her, wie fern her kommt mir dein Ton, weit her, von den Teichen der Liebe! 🌀🌀 Du alte Glocke, du süße Leier! Jeder Schmerz riß dir in's Herz, Vaterschmerz, Väterschmerz, Urväterschmerz; deine Rede wurde reif, — 🌀🌀 — reif gleich goldenem Herbste und Nachmittage, gleich meinem Einsiedlerherzen — nun redest du: die Welt selber ward reif, die Traube bräunt, 🌀🌀 — nun will sie sterben, vor Glück sterben. Ihr höheren Menschen, riecht ihr's nicht? Es quillt heimlich ein Geruch herauf, 🌀🌀 — ein Duft und Geruch der Ewigkeit, ein rosenseliger brauner Gold-Wein-Geruch von altem Glücke, 🌀🌀 — von trunkenem Mitternachts-Sterbeglücke, welches singt: die Welt ist tief, und tiefer als der Tag gedacht!

7 🌀🌀🌀 Laß mich! Laß mich! Ich bin zu rein für dich. Rühre mich nicht an! Ward meine Welt nicht eben vollkommen? 🌀🌀 Meine Haut ist zu rein für deine Hände. Laß mich, du dummer tölpischer dumpfer Tag! Ist die Mitternacht nicht heller? 🌀🌀 Die Reinsten sollen der Erde Herrn sein, die Unerkanntesten, Stärksten, die Mitternachts-Seelen, die heller und tiefer sind als jeder Tag. 🌀🌀 Oh Tag, du tappst nach mir? Du tastest nach meinem Glücke? Ich bin dir reich, einsam, eine Schatzgrube, eine Goldkammer? 🌀🌀 Oh Welt, du willst mich? Bin ich dir weltlich? Bin ich dir geistlich? Bin ich dir göttlich! Aber Tag und Welt, ihr seid zu plump, — 🌀🌀 — habt klügere Hände, greift nach tieferem Glücke, nach tieferem Unglücke, greift nach irgend einem Gotte, greift nicht nach mir: 🌀🌀 — mein Unglück, mein Glück ist tief, du wunderlicher Tag, aber doch bin ich kein Gott, keine Gottes-Hölle: tief ist ihr Weh.

8 🌀🌀🌀 Gottes Weh ist tiefer, du wunderliche Welt! Greife nach Gottes Weh, nicht nach mir! Was bin ich! Eine trunkene süße Leier, — 🌀🌀 — eine Mitternachts-Leier, eine Glocken-Unke, die Niemand versteht, aber welche reden muß, vor Tauben, ihr höheren Menschen! Denn ihr versteht mich nicht! 🌀🌀 Dahin! Dahin! Oh Jugend! Oh Mittag! Oh Nachmittag! Nun kam Abend und Nacht und Mitternacht, — der Hund heult, der Wind: 🌀🌀 — ist der Wind nicht ein Hund? Er winselt, er kläfft, er heult. Ach! Ach! wie sie seufzt! wie sie lacht, wie sie röchelt und keucht, die Mitternacht! 🌀🌀 Wie sie eben nüchtern spricht, diese trunkene Dichterin! sie übertrank wohl ihre Trunkenheit? sie wurde überwach? sie käut zurück? 🌀🌀 — ihr Weh käut sie zurück, im Traume, die alte tiefe Mitternacht, und mehr noch ihre Lust. Lust nämlich, wenn schon Weh tief ist: Lust ist tiefer noch als Herzeleid.

9 🌀🌀🌀 Du Weinstock! Was preisest du mich? Ich schnitt dich doch! Ich bin grausam, du blutest —: was will dein Lob meiner trunkenen Grausamkeit? 🌀🌀 „Was vollkommen ward, alles Reife — will sterben!" so redest du. Gesegnet, gesegnet sei das Winzermesser! Aber alles Unreife will leben wehe! 🌀🌀 Weh spricht: „Vergeh! Weg, du Wehe!" Aber Alles, was leidet, will leben, daß es reif werde und lustig und sehnsüchtig, 🌀🌀 — sehnsüchtig nach Fernerem, Höherem, Hellerem. „Ich will Erben, so spricht Alles, was leidet, ich will Kinder, ich will nicht mich," — 🌀🌀 Lust aber will nicht Erben, nicht Kinder, — Lust will sich selber, will Ewigkeit, will Wiederkunft, will Alles-sich-ewig-gleich. 🌀🌀 Weh spricht: „Brich, blute, Herz! Wandle, Bein! Flügel, flieg! Hinan! Hinauf! Schmerz!" Wohlan! Wohlauf! Oh mein altes Herz: Weh spricht: „vergeh!"

10   Ihr höheren Menſchen, was dünket euch? Bin ich ein Wahr-ſager? Ein Träumender? Trunkener? Ein Traumdeuter? Eine Mitternachts-Glocke?   Ein Tropfen Thau's? Ein Dunſt und Duft der Ewigkeit? Hört ihr's nicht? Riecht ihr's nicht? Eben ward meine Welt vollkommen, Mitter-nacht iſt auch Mittag, –   Schmerz iſt auch eine Luſt, Fluch iſt auch ein Segen, Nacht iſt auch eine Sonne, – geht davon oder ihr lernt: ein Weiſer iſt auch ein Narr.   Sagtet ihr jemals Ja zu Einer Luſt? Oh, meine Freunde, ſo ſagtet ihr Ja auch zu allem Wehe. Alle Dinge ſind verkettet, verfädelt, ver-liebt, –   – wolltet ihr jemals Ein Mal zweimal, ſpracht ihr jemals „du gefällſt mir, Glück! Huſch! Augenblick!" ſo wolltet ihr Alles zurück!   – Alles von neuem, Alles ewig, Alles verkettet, verfädelt, verliebt, oh ſo liebtet ihr die Welt, –   – ihr Ewigen, liebt ſie ewig und allezeit: und auch zum Weh ſprecht ihr: vergeh, aber komm zurück! Denn alle Luſt will – Ewigkeit!

11   Alle Luſt will aller Dinge Ewigkeit, will Honig, will Hefe, will trunkene Mitternacht, will Gräber, will Gräber-Thränen-Troſt, will vergül-detes Abendroth –   – was will nicht Luſt! ſie iſt durſtiger, herzlicher, hungriger, ſchrecklicher, heimlicher als alles Weh, ſie will ſich, ſie beißt in ſich, des Ringes Wille ringt in ihr, –   – ſie will Liebe, ſie will Haß, ſie iſt über-reich, ſchenkt, wirft weg, bettelt, daß Einer ſie nimmt, dankt dem Nehmen-den, ſie möchte gern gehaßt ſein, –   – ſo reich iſt Luſt, daß ſie nach Wehe durſtet, nach Hölle, nach Haß, nach Schmach, nach dem Krüppel, nach Welt, – denn dieſe Welt, oh ihr kennt ſie ja!   Ihr höheren Menſchen, nach euch ſehnt ſie ſich, die Luſt, die unbändige, ſelige, – nach eurem Weh, ihr Miß-rathenen! Nach Mißrathenem ſehnt ſich alle ewige Luſt.   Denn alle Luſt will ſich ſelber, drum will ſie auch Herzeleid! Oh Glück, oh Schmerz! Oh brich, Herz! Ihr höheren Menſchen, lernt es doch, Luſt will Ewigkeit,   – Luſt will aller Dinge Ewigkeit, will tiefe, tiefe Ewigkeit!

12   Lerntet ihr nun mein Lied? Erriethet ihr, was es will? Wohl-an! Wohlauf! Ihr höheren Menſchen, ſo ſingt mir nun meinen Rundgeſang!   Singt mir nun ſelber das Lied, deß Name iſt „Noch ein Mal", deß Sinn iſt „in alle Ewigkeit!" – ſingt, ihr höheren Menſchen, Zarathuſtra's Rundgeſang!

OH MENSCH! GIEB ACHT!
WAS SPRICHT DIE TIEFE MITTERNACHT?
„ICH SCHLIEF, ICH SCHLIEF –,
„AUS TIEFEM TRAUM BIN ICH ERWACHT: –
„DIE WELT IST TIEF,
„UND TIEFER ALS DER TAG GEDACHT.
„TIEF IST IHR WEH –,
„LUST – TIEFER NOCH ALS HERZELEID:
„WEH SPRICHT: VERGEH!
„DOCH ALLE LUST WILL EWIGKEIT –,
„– WILL TIEFE, TIEFE EWIGKEIT!"

DAS ZEICHEN

DES Morgens aber nach diefer Nacht fprang Zarathuftra von feinem Lager auf, gürtete fich die Lenden und kam heraus aus feiner Höhle, glühend und ftark, wie eine Morgenfonne, die aus dunklen Bergen kommt. „Du großes Geftirn, fprach er, wie er einftmals gefprochen hatte, du tiefes Glücks-Auge, was wäre all dein Glück, wenn du nicht Die hätteft, welchen du leuchteft! Und wenn fie in ihren Kammern blieben, während du fchon wach bift und kommft und fchenkft und austheilft: wie würde darob deine ftolze Scham zürnen! Wohlan! fie fchlafen noch, diefe höheren Menfchen, während ich wach bin: das find nicht meine rechten Gefährten! Nicht auf fie warte ich hier in meinen Bergen. Zu meinem Werke will ich, zu meinem Tage: aber fie verftehen nicht, was die Zeichen meines Morgens find, mein Schritt — ift für fie kein Weckruf. Sie fchlafen noch in meiner Höhle, ihr Traum trinkt noch an meinen trunkenen Liedern. Das Ohr doch, das nach mir horcht, — das gehorchende Ohr fehlt in ihren Gliedern." — Dieß hatte Zarathuftra zu feinem Herzen gefprochen, als die Sonne aufgieng: da blickte er fragend in die Höhe, denn er hörte über fich den fcharfen Ruf feines Adlers. „Wohlan! rief er hinauf, fo gefällt und gebührt es mir. Meine Thiere find wach, denn ich bin wach. Mein Adler ift wach und ehrt gleich mir die Sonne. Mit Adlers-Klauen greift er nach dem neuen Lichte. Ihr feid meine rechten Thiere; ich liebe euch. Aber noch fehlen mir meine rechten Menfchen!" — ALSO SRPACH ZARATHUSTRA; da aber gefchah es, daß er fich plötzlich wie von unzähligen Vögeln umfchwärmt und umflattert hörte, — das Gefchwirr fo vieler Flügel aber und das Gedräng um fein Haupt war fo groß, daß er die Augen fchloß. Und wahrlich, einer Wolke gleich fiel es über ihn her, einer Wolke von Pfeilen gleich, welche fich über einen neuen Feind ausfchüttet. Aber fiehe, hier war es eine Wolke der Liebe, und über einen neuen Freund. „Was gefchieht mir?" dachte Zarathuftra in feinem erftaunten Herzen und ließ fich langfam auf dem großen Steine nieder, der neben dem Ausgange feiner Höhle lag. Aber, indem er mit den Händen um fich und über fich und unter fich griff und den zärtlichen Vögeln wehrte, fiehe, da gefchah ihm etwas noch Seltfameres: er griff nämlich dabei unvermerkt in ein dichtes warmes Haar-Gezottel hinein; zugleich aber erfcholl vor ihm ein Gebrüll, — ein fanftes langes Löwen-Brüllen. „Das Zeichen kommt" fprach Zarathuftra, und fein Herz verwandelte fich. Und in Wahrheit, als es helle vor ihm wurde, da lag ihm ein gelbes mächtiges Gethier zu Füßen und fchmiegte das Haupt an feine Knie und wollte nicht von ihm laffen vor Liebe, und that einem Hunde gleich, welcher feinen alten Herrn wiederfindet. Die Tauben aber waren mit ihrer Liebe nicht minder eifrig als der Löwe; und jedes Mal, wenn eine Taube über die Nafe des Löwen hufchte, fchüttelte der Löwe das Haupt und wunderte fich und lachte dazu. Zu dem Allen fprach Zarathuftra nur Ein Wort: „meine Kinder find nahe, meine Kinder" —, dann wurde er ganz ftumm. Sein Herz aber war gelöft, und aus feinen Augen tropften Thränen herab und fielen auf feine Hände. Und er achtete keines Dings mehr und faß da, unbeweglich und ohne daß er fich noch gegen die Thiere wehrte. Da flogen die Tauben ab und zu und fetzten fich ihm auf die Schulter und liebkoften fein weißes Haar und wurden nicht müde mit Zärtlichkeit und Frohlocken. Der ftarke Löwe aber leckte immer die Thränen, welche auf die Hände Zarathuftra's herabfielen und brüllte und brummte fchüchtern dazu. Alfo trieben es diefe Thiere. — Dieß Alles dauerte eine lange Zeit, oder eine kurze Zeit: denn, recht gefprochen, giebt es für dergleichen Dinge auf Erden keine Zeit —. Inzwifchen aber waren die höheren Menfchen in der Höhle Zarathuftra's wach geworden und ordneten fich mit einander zu

160

einem Zuge an, daß sie Zarathustra entgegen giengen und ihm den Morgen-
gruß böten: denn sie hatten gefunden, als sie erwachten, daß er schon nicht
mehr unter ihnen weilte. Als sie aber zur Thür der Höhle gelangten, und das
Geräusch ihrer Schritte ihnen voranlief, da stutzte der Löwe gewaltig, kehrte
sich mit Einem Male von Zarathustra ab und sprang, wild brüllend, auf die
Höhle los; die höheren Menschen aber, als sie ihn brüllen hörten, schrien alle
auf, wie mit Einem Munde, und flohen zurück und waren im Nu verschwunden. ❧❧ Zarathustra selber aber, betäubt und fremd, erhob sich von seinem
Sitze, sah um sich, stand staunend da, fragte sein Herz, besann sich und war
allein. „Was hörte ich doch? sprach er endlich langsam, was geschah mir
eben?" ❧❧ Und schon kam ihm die Erinnerung, und er begriff mit Einem
Blicke Alles, was zwischen Gestern und Heute sich begeben hatte. „Hier ist
ja der Stein, sprach er und strich sich den Bart, auf dem saß ich gestern am
Morgen; und hier trat der Wahrsager zu mir, und hier hörte ich zuerst den
Schrei, den ich eben hörte, den großen Nothschrei. ❧❧ Oh ihr höheren Menschen, von eurer Noth war's ja, daß gestern am Morgen jener alte Wahrsager
mir wahrsagte, — ❧❧ — zu eurer Noth wollte er mich verführen und versuchen: oh Zarathustra, sprach er zu mir, ich komme, daß ich dich zu deiner
letzten Sünde verführe. ❧❧ Zu meiner letzten Sünde? rief Zarathustra und
lachte zornig über sein eigenes Wort: was blieb mir doch aufgespart als
meine letzte Sünde?" ❧❧ — Und noch ein Mal versank Zarathustra in sich
und setzte sich wieder auf den großen Stein nieder und sann nach. Plötzlich
sprang er empor, — ❧❧ „Mitleiden! Das Mitleiden mit dem höheren Menschen! schrie er auf, und sein Antlitz verwandelte sich in Erz. Wohlan! Das
— hatte seine Zeit! ❧❧ Mein Leid und mein Mitleiden — was liegt daran!
Trachte ich denn nach Glücke? Ich trachte nach meinem Werke! ❧❧ Wohlan! Der Löwe kam, meine Kinder sind nahe, Zarathustra ward reif, meine
Stunde kam: — ❧❧ Dieß ist mein Morgen, mein Tag hebt an: herauf nun,
herauf, du großer Mittag!" — —

ALSO SPRACH ZARATHUSTRA UND VERLIESS SEINE HÖHLE,
GLÜHEND UND STARK, WIE EINE MORGENSONNE,
DIE AUS DUNKLEN BERGEN KOMMT.

INHALT 〖

〗 ERSTER THEIL
ZARATHUSTRA'S VORREDE
VOM ÜBERMENSCHEN UND VOM LETZTEN MENSCHEN   5
  DIE REDEN ZARATHUSTRA'S
VON DEN DREI VERWANDLUNGEN   14
VON DEN LEHRSTÜHLEN DER TUGEND   15
VON DEN HINTERWELTLERN   16
VON DEN VERÄCHTERN DES LEIBES   17
VON DEN FREUDEN- UND LEIDENSCHAFTEN   18
VOM BLEICHEN VERBRECHER   19
VOM LESEN UND SCHREIBEN   20
VOM BAUM AM BERGE   21
VON DEN PREDIGERN DES TODES   22
VOM KRIEG UND KRIEGSVOLKE   23
VOM NEUEN GÖTZEN   24
VON DEN FLIEGEN DES MARKTES   26
VON DER KEUSCHHEIT   27
VOM FREUNDE   28
VON TAUSEND UND EINEM ZIELE   29
VON DER NÄCHSTENLIEBE   30
VOM WEGE DES SCHAFFENDEN   31
VON ALTEN UND JUNGEN WEIBLEIN   32
VOM BISS DER NATTER   33
VON KIND UND EHE   34
VOM FREIEN TODE   35
VON DER SCHENKENDEN TUGEND   36

〗 ZWEITER THEIL
DAS KIND MIT DEM SPIEGEL   42
AUF DEN GLÜCKSELIGEN INSELN   43
VON DEN MITLEIDIGEN   44
VON DEN PRIESTERN   45
VON DEN TUGENDHAFTEN   47
VOM GESINDEL   48
VON DEN TARANTELN   50
VON DEN BERÜHMTEN WEISEN   51
DAS NACHTLIED   52
DAS TANZLIED   53
DAS GRABLIED   55
VON DER SELBST-ÜBERWINDUNG   56
VON DEN ERHABENEN   58
VOM LANDE DER BILDUNG   59
VON DER UNBEFLECKTEN ERKENNTNISS   60
VON DEN GELEHRTEN   62
VON DEN DICHTERN   63
VON GROSSEN EREIGNISSEN   64
DER WAHRSAGER   66
VON DER ERLÖSUNG   68
VON DER MENSCHEN-KLUGHEIT   70
DIE STILLSTE STUNDE   72

] DRITTER THEIL

DER WANDERER 76
VOM GESICHT UND RÄTHSEL 77
VON DER SELIGKEIT WIDER WILLEN 80
VOR SONNEN-AUFGANG 81
VON DER VERKLEINERNDEN TUGEND 83
AUF DEM ÖLBERGE 85
VOM VORÜBERGEHEN 87
VON DEN ABTRÜNNIGEN 88
DIE HEIMKEHR 90
VON DEN DREI BÖSEN 92
VOM GEIST DER SCHWERE 94
VON ALTEN UND NEUEN TAFELN 96
DER GENESENDE 105
VON DER GROSSEN SEHNSUCHT 108
DAS ANDERE TANZLIED 109
DIE SIEBEN SIEGEL – ODER: DAS JA- UND AMEN-LIED 111

] VIERTER UND LETZTER THEIL

DAS HONIG-OPFER 116
DER NOTHSCHREI 117
GESPRÄCH MIT DEN KÖNIGEN 119
DER BLUTEGEL 121
DER ZAUBERER 123
AUSSER DIENST 127
DER HÄSSLICHSTE MENSCH 129
DER FREIWILLIGE BETTLER 131
DER SCHATTEN 133
MITTAGS 135
DIE BEGRÜSSUNG 136
DAS ABENDMAHL 139
VOM HÖHEREN MENSCHEN 140
DAS LIED DER SCHWERMUTH 144
VON DER WISSENSCHAFT 147
UNTER TÖCHTERN DER WÜSTE 149
DIE ERWECKUNG 152
DAS ESELSFEST 154
DAS TRUNKNE LIED 156
DAS ZEICHEN 160

FÜR DIESE AUSGABE DES „ZARATHUSTRA" WURDE DIE SCHRIFT IM JAHRE 1900 VON G. LEMMEN GEZEICHNET UND UNTER MITWIRKUNG VON HARRY GRAF KESSLER GESCHNITTEN. HENRY VAN DE VELDE ENTWARF TITEL, VORTITEL, ORNAMENTE UND EINBAND UND LEITETE DIE DRUCKLEGUNG. GEDRUCKT WURDEN, IN DER OFFIZIN W. DRUGULIN ZU LEIPZIG, 530 EXEMPLARE, VON DENEN NUMMER 1–100 IN LEDER, NUMMER 101–530 IN PERGAMENT GEBUNDEN WURDEN. – DIES IST NUMMER 471